Michael J. Ritt | Kirk Landers

Die autorisierte und offizielle Biografie von

NAPOLEON HILL

Michael J. Ritt | Kirk Landers

Die autorisierte und offizielle Biografie von Napoleon Hill

Ein Leben voller Reichtum

FBV

Bibliografische Information der Deutschen Nationalbibliothek
Die Deutsche Nationalbibliothek verzeichnet diese Publikation in der Deutschen Nationalbibliografie. Detaillierte bibliografische Daten sind im Internet über http://dnb.d-nb.de abrufbar.

Für Fragen und Anregungen:
info@finanzbuchverlag.de

1. Auflage 2020

Nymphenburger Straße 86
D-80636 München
Tel.: 089 651285-0
Fax: 089 652096

Die Originalausgabe erschien 1995 bei The Napoleon Hill Foundation unter dem Titel *A Lifetime of Riches*.

Übersetzung: Birgit Schöbitz
Redaktion: Matthias Höhne
Korrektorat: Anja Hilgarth
Umschlaggestaltung: Sonja Vallant
Umschlagabbildung: © The Napoleon Hill Foundation
Satz: ZeroSoft, Timisoara
Druck: GGP Media GmbH, Pößneck
Printed in Germany

ISBN Print 978-3-95972-358-9
ISBN E-Book (PDF) 978-3-96092-659-7
ISBN E-Book (EPUB, Mobi) 978-3-96092-660-3

Weitere Informationen zum Verlag finden Sie unter

www.finanzbuchverlag.de

Beachten Sie auch unsere weiteren Verlage unter www.m-vg.de.

Inhalt

Geleitwort

Ich kann mich glücklich schätzen, dass ich der erste Mitarbeiter von Napoleon Hill Associates wurde. Als Dr. Napoleon Hill und W. Clement Stone dieses Unternehmen 1952 mit dem Ziel gründeten, ihre Philosophie für Erfolg durch positives Denken zu veröffentlichen und zu vertreiben, war ich noch für Mr. Stone tätig. Mein Aufgabenbereich war die Leitung der Abteilung für audiovisuelle Medien der Versicherungsgesellschaft Combined Insurance Company of America. Doch als die beiden mich baten, ihre Vorträge aufzunehmen und ihnen bei der Ausarbeitung von Seminaren und Schulungen behilflich zu sein, ergriff ich diese einmalige Gelegenheit.

Ganze zehn Jahre reiste ich mit diesen faszinierenden Männern quer durch Amerika, nahm ihre Reden auf, unterstützte sie bei ihren Seminaren und bei der Gestaltung ihres Werbe- und Unterrichtsmaterials. Nur sehr wenigen Menschen ist es gegönnt, eine solche Erfahrung machen zu dürfen – und ich werde sie zeit meines Lebens zu schätzen wissen. Ich konnte und kann mir nichts Schöneres vorstellen, als mit solch außergewöhnlichen Menschen zusammenzuarbeiten und sie dabei zu unterstützen, das Leben von Millionen Menschen auf der ganzen Welt zu bereichern.

Als die Napoleon Hill Foundation letztendlich so organisiert war, dass sie als Mittel dienen konnte, um Dr. Hills Arbeiten zusammenzutragen und seine Philosophie persönlicher Leistungen unters Volk zu bringen, bat mich seine Frau Annie Lou, Mitglied des Vorstands zu werden. Ich genoss das Privileg, zum Geschäftsführer ernannt zu werden, und bekleide diese Position noch heute.

Im Laufe der Jahre haben wir nicht nur zahlreiche Bücher von Dr. Hill neu aufgelegt, sondern auf Grundlage seiner Vorträge, Seminare, Schulungsunterlagen und anderen Archivmaterials neue Bücher von ihm auf den Markt gebracht. Sie alle wurden von Abertausenden von treuen Lesern begeistert aufgenommen, deren Leben sich zum Besseren gewandelt hatte, nachdem sie die von Dr. Hill aufgestellten Prinzipien des Erfolgs verstanden und angewandt hatten, die er zeit seines Lebens erforschte und beschrieb. Dr. Hill war ein inspirierender Redner, der Millionen Menschen dazu gebracht hat, ihr Leben in die eigene Hand zu nehmen und ihre Zukunft ganz nach ihren Wünschen zu gestalten. Obgleich ich ihn unzählige Reden habe halten hören, während wir ganz Amerika bereisten, um seine Botschaft zu verkünden, habe ich bei jedem einzelnen Vortrag etwas Neues gelernt – und war jedes Mal erneut von ihm inspiriert.

Das Material für diese Biografie zusammenzustellen, bot mir die Gelegenheit, viele wunderschöne Augenblicke mit ihm erneut zu durchleben und mich mit neuer Kraft meiner Aufgabe zu widmen, die Philosophie, die dieser einzigartige Mensch ersonnen hat, unsterblich werden zu lassen. Außerdem konnte ich auf diese Weise Zeit mit Dr. Hills Sohn David verbringen, dem es zu verdanken ist, dass dieses Buch nur präzise historische Fakten enthält.

Napoleon Hill war und ist ein amerikanischer Wohltäter. Er war Vertrauter amerikanischer Präsidenten und Staatsmänner. Berühmte Persönlichkeiten unterschiedlicher Generationen offenbarten ihm freimütig ihre Erfolgsgeheimnisse. Doch trotz alledem hat er niemals vergessen, aus welch ärmlichen Verhältnissen er stammte. Er sah es als seine heilige Pflicht an, sein Wissen über die menschliche Leistungsfähigkeit, das er sich im Laufe seines interessanten und abwechslungsreichen Lebens angeeignet hatte, mit der ganzen Welt zu teilen.

Ich bin unendlich dankbar dafür, dass ich das Privileg hatte, diesen großartigen Mann persönlich kennenlernen zu dürfen, und ich hoffe sehr, dass auch Sie, werte Leser, sich nach der Lektüre seiner Biografie ein klares Bild von diesem Wohltäter machen können, der Millionen ganz normaler Sterblicher dabei geholfen hat herauszufinden, was alles in ihnen steckt.

Michael J. Ritt jr.

Einleitung

Lange bevor ich Napoleon Hill persönlich kennenlernte, wusste ich um die unglaubliche Wirkung seiner Ideen. Wir schrieben das Jahr 1937, und obgleich ich schon an die 15 Jahre als Geschäftsmann arbeitete, war es ein schwerer Kampf für mich – und die meisten anderen Geschäftsmänner –, sich von der Great Depression[1] zu erholen. Doch dann geschah etwas, was mein Leben für immer verändern sollte.

Ich erinnere mich noch heute so gut daran, als wäre es erst gestern gewesen. Morris Pickus, ein bekannter Verkaufsleiter und Vertriebsexperte, hatte sich an mich gewandt, um mir ein Buch zu verkaufen, das er vor allem Vertriebsorganisationen anbot. Mir gefiel es aber nicht, weshalb ich es auch nicht kaufte. Beim Gehen schenkte mir Mr. Pickus ein Buch eines noch unbekannten Autors namens Napoleon Hill, das den Titel *Think and Grow Rich* trug. Hills Ausführungen überwältigten mich geradezu! Seite für Seite beschlich mich das Gefühl, ich hielte das kollektive Wissen der größten Erfolgsmenschen meiner Zeit in den Händen. Und das Beste war: Jeder konnte die Prinzipien, die sie für ihren Erfolg einsetzten, nutzen. Sie ließen sich von jedermann entsprechend anpassen und anwenden – sofern man sich gründlich mit ihnen auseinandergesetzt und sie verstanden hatte.

Beim Lesen von *Think and Grow Rich* stach mir ins Auge, dass Hills Philosophie gänzlich mit der meinen übereinstimmte. Ihm ging es um Hoffnung, die von bewährten, umsetzbaren Prinzipien genährt wird. Er wusste, dass der menschliche Geist alles, was er sich vorstellen kann, auch in die

1 Great Depression (»Große Depression«): die am 24. Oktober 1929 (»Schwarzer Donnerstag«) einsetzende schwere Wirtschaftskrise.

Tat umsetzen kann, sofern diese Prinzipien beharrlich von all denen angewendet werden, die sich des positiven Denkens befleißigen.

Mich fesselte vor allem die von Dr. Hill so genannte »Mastermind«-Allianz – das heißt, zwei oder mehr Personen arbeiten in perfekter Harmonie auf ein gemeinsames Ziel hin. Mir war augenblicklich klar, dass ich enorm profitieren könnte, wenn ich meine Interessen mit denen von anderen bündeln und auf diese Weise Dr. Hills Prinzipien anwenden würde. Mit der Unterstützung von anderen bliebe mir mehr Zeit, mich anderen Aufgaben zu widmen. In einem ersten Schritt schenkte ich jedem meiner Vertriebsleute ein Exemplar von *Think and Grow Rich*. Nach einer erstaunlich kurzen Zeit zeigten sich bereits beeindruckende Ergebnisse. Der Inhalt dieses Buchs inspirierte diejenigen, die bereit waren, die erläuterten Prinzipien anzuerkennen, nachzuvollziehen, sich zu eigen zu machen und anzuwenden. Das Buch motivierte sie, sich mit vollem Einsatz ihrem Ziel – dem finanziellen und persönlichen Erfolg – zu widmen.

Meine Vertriebsleiter bildeten wahre Meister unter den Verkäufern aus. Ihre Umsätze waren phänomenal. Sie erreichten das, was alle, denen die hohe Schule der Motivation fremd war, schlicht für unmöglich hielten. Sie stellten neue Rekorde im Verkauf auf, um sie gleich wieder zu brechen. Schon damals war mir bewusst, dass Napoleon Hill zu Großem bestimmt war.

Durch die schier unglaublichen Umsätze meiner Vertriebsleute wurde auch mein Leben auf den Kopf gestellt. Die Zeiten, in denen ich um mein Überleben kämpfte, waren ein für alle Mal vorbei. Stattdessen beschäftigte ich bald über 1000 Verkäufer. Ich konnte meine Rechnungen bezahlen, investierte so viel wie nie zuvor, und dennoch stieg mein Vermögen beständig an. Ich konnte mir sogar ein Urlaubsdomizil in Florida kaufen. In mir reifte die Erkenntnis, dass die einzigen Grenzen, die mir zu schaffen machen würden, die waren, die ich mir selbst auferlegte.

Es sollte 15 Jahre dauern, bis ich den Mann traf, dessen Buch mein Leben verändert hatte. Ich hatte nicht damit gerechnet, ihm über den Weg zu laufen, als ich in einem Außenbezirk von Chicago eine Rede hielt. Mit Freuden hatte ich die Einladung dazu angenommen, wusste jedoch nicht, dass auch Napoleon Hill dort sein würde.

Die Wahrheit ist, ich wusste damals weder, wo Dr. Hill lebte, noch war mir bekannt, ob er überhaupt noch am Leben war. Wie ich feststellte, war er nach wie vor quicklebendig und nahm aktiv am gesellschaftlichen Leben teil, auch wenn er mit zunehmendem Alter sein Tempo ein gutes Stück gedrosselt hatte. Wir stellten recht schnell fest, dass unsere Philosophien, seit ich sein Buch meinen Vertriebsleuten überreicht hatte, nahezu deckungsgleich geblieben waren.

Noch bevor das gemeinsame Mittagessen vorüber war, wollte ich Dr. Hill aus seinem Ruhestand locken und bat ihn, er möge der Welt doch weiterhin seine eindringliche Botschaft über menschliche Leistungen verkünden. Obwohl Dr. Hill genau wusste, welches Opfer ich da von ihm verlangte, zögerte er keinen Augenblick und sagte zu, vorausgesetzt, ich würde ihm als Geschäftsführer zur Seite stehen. Wir haben noch eine weitere Gemeinsamkeit: Wir sind beide Männer der Tat, was erklärt, dass wir uns schon einig waren, bevor das Essen endete.

In dem Jahrzehnt unserer Zusammenarbeit bot sich uns die Gelegenheit, mit Abertausenden von Leuten über die Prinzipien persönlicher Leistungen zu reden. Ich weiß aus erster Hand, dass wir viele von ihnen dazu brachten, ihr Potenzial zu realisieren und jedes ihrer selbst aufgestellten Ziele zu erreichen, solange sie dabei nicht gegen Gottes Gesetze oder die Rechte anderer verstießen. Ich weiß das deshalb, weil mir auch drei Jahrzehnte später noch immer Geschichten zu Ohren kommen, wie Dr. Hills Philosophie das Leben von Menschen zum Guten wandelte.

Es war mir eine Ehre, als Präsident der Napoleon Hill Foundation tätig zu sein und meinen Beitrag zur weltweiten Verbreitung dieser wunderbar praktischen Philosophie menschlicher Leistungen beisteuern zu dürfen. Ich bin Napoleon Hill auf alle Zeit dankbar dafür, wie sehr er mein Leben bereichert hat.

Dr. Hill verstarb 1970 im Alter von 87 Jahren, doch seine Ideen sind unsterblich. Sie sind noch immer so voller Energie und Kraft wie damals, als er sie vor so vielen Jahren zum ersten Mal vorstellte. Es hat mir unglaublich viel Freude bereitet, jeder neuen Generation dabei zuzusehen, wie sie die großen Wahrheiten entdeckte, die in seinen Schriften stecken. Seine Philosophie wird es wohl für immer geben.

Eines lässt sich zweifelsohne über Napoleon Hill sagen: Er hat unsere Welt verbessert, denn sein Wirken hat einen Unterschied gemacht. Und daran wird sich für uns und die kommenden Generationen nichts ändern. Ich bin mir sicher, dass es Ihnen Freude bereitet, seine Lebensgeschichte zu erfahren, und ich weiß auch, dass Sie von den Erfolgsprinzipien, über die er so zahlreiche Bücher geschrieben hat, enorm profitieren werden – sofern Sie ihnen einen Platz in Ihrem Leben einräumen und sie stets anwenden.

Ich wünsche Ihnen von Herzen viel Erfolg!

W. Clement Stone

Kapitel 1

1883 bis 1895

Napoleon Hill kämpfte sich am 26. Oktober 1883 in eine turbulente, im Wandel begriffene Welt. Er war der Erstgeborene von Sara und James Hill aus Wise County, Virginia.

Es war eine merkwürdige und schwierige Zeit, als er das Licht der Welt erblickte. Im Westen des Landes gingen die Vereinigten Staaten die letzten Schritte ihrer offenkundigen Bestimmung. Es war erst sieben Jahre her, dass George Armstrong Custer in der Schlacht am Little Bighorn den Tod gefunden hatte. Sein Bezwinger Sitting Bull war erst kurz vor Hills Geburt in ein Reservat verbannt worden. Geronimo und andere Häuptlinge der Apachen kämpften im Südwesten Amerikas noch immer um ihre Freiheit, und aufgrund ihrer Hit-and-Run-Guerillataktik[1] dauerten die Indianerkriege noch Jahre.

Doch selbst als Amerika seine Expansion in westlicher Richtung festigte, wandte sich die breite Masse dem Osten des Landes zu. Dort verschoben sich die Machtverhältnisse vom alteingesessenen Land- und Geldadel hin zu einer neuen Generation von Industriemagnaten, die wild entschlossen waren, sich mithilfe der Fertigung von und des Handels mit Konsumgütern ihr eigenes Imperium zu schaffen.

1 A. d. Ü.: Die »typische« Guerillataktik besteht darin, dass kleine, selbstständige Kampfeinheiten den überlegenen Gegner in seinem Hinterland mit »nadelstichartigen« militärischen Aktionen zermürben und sich sofort nach jedem Einsatz wieder zurückziehen. Dieses Vorgehen wird auch als »Hit and Run« bezeichnet.

Zur Zeit von Napoleon Hills Geburt kam es immer wieder zu Spannungen in den Fabriken und Werken der Ausbeuter, die ihren blutigen Höhepunkt im sogenannten Haymarket Riot vom 1. Mai 1886 fanden, bei dem sechs der streikenden Arbeiter erschossen wurden. Zu Hills Lebzeiten kam es immer wieder zu solchen gewalttätigen Auseinandersetzungen zwischen Arbeitern und Fabrikbesitzern. Doch die 1880er- und 1890er-Jahre zeigten auch eine ganz andere Seite: Der amerikanische Traum wurde öfter als je zuvor verwirklicht, und zwar auch von ganz normalen Bürgern, die mächtige Positionen erklommen und sich großen Reichtums erfreuten. Zu den bekanntesten dürfte Thomas Edison zählen, dessen Format und Wohlstand als Erfinder nichts zu wünschen übrig ließen, als Hill auf die Welt kam. Nur wenige Monate vor Hills Geburt erleuchteten Edisons Glühbirnen ein Spielfeld in Fort Wayne, Indiana, wo das erste Baseballspiel mitten in der Nacht stattfand.

Nicht minder berühmt war Andrew Carnegie, ein Selfmade-Millionär, der in Schottland auf die Welt gekommen war und sein ganzes hart verdientes Geld 1873 in ein junges Unternehmen einer neuen Branche steckte. Als Hill zehn Jahre später das Licht der Welt erblickte, zählte die Carnegie Steel Company bereits zu den besten Stahlproduzenten weltweit, und Andrew Carnegie war auf dem besten Wege, das größte Vermögen anzuhäufen, das je ein Einzelner besessen hatte.

Wie Millionen Amerikaner, die in bescheidenen oder ärmlichen Verhältnissen aufgewachsen waren, konnte auch Hill nicht umhin, berühmten Persönlichkeiten wie Edison, Carnegie, Henry Ford und Dutzenden anderen Männern gleichen Schlags seine Bewunderung zu zollen, um nicht zu sagen, ihnen zu huldigen. Und wie Millionen Amerikaner war auch Hill äußerst interessiert zu erfahren, weshalb manche Menschen dort Erfolg hatten, wo andere scheiterten, und wie er sein Leben führen müsste, um sich seinen Platz zwischen all den Reichen und Mächtigen zu erobern. Wie Millionen Amerikaner träumte auch er davon, diese Menschen einmal zu treffen und zu beeindrucken, um dann von ihrer Weisheit zu profitieren, die sie auf ihren schier unglaublichen Erfolgskurs gebracht hatte.

Doch anders als die meisten dieser Millionen von Amerikanern beließ es Hill nicht dabei, erfolgreiche Menschen zu bewundern und über ihr Erfolgsgeheimnis zu grübeln. Nein, Napoleon Hill war wild entschlossen, seine Träume wahr werden zu lassen. Aus diesem Grund beschränkte er sich nicht darauf, die erfolgreichsten Amerikaner – genauer gesagt Dutzende von ihnen – zu treffen und zu beeindrucken, sondern widmete sein ganzes Leben als Erwachsener der Aufgabe, ihre Geheimnisse zu lüften und sie der ganzen Welt zu verraten.

* * *

Wise County lag an der Grenze zu Kentucky in den Blue Ridge Mountains, wo sich Fuchs und Hase Gute Nacht sagten. An diesem abgeschiedenen Ort bekam niemand etwas davon mit, welche drastischen Änderungen sich in den Städten Amerikas vollzogen. Wer dorthin wollte, musste sich über 100 Meilen durch dichte Wälder kämpfen, tiefe Täler, Schluchten und weitläufige Höhlen überwinden. Die »Straßen« nach Wise County waren entweder holprige, ausgefahrene Pfade oder tiefe Flussbetten, die nur benutzt werden konnten, solange es nicht regnete.

Im Vergleich zum Leben in der Stadt war das Leben dort sehr primitiv. In den 1880er-Jahren lebten die meisten Familien in einem Blockhaus mit nur einem oder zwei Räumen, manche Einwohner bauten schlichte Unterschlüpfe aus den Stämmen großer umgestürzter Bäume. Die Lebenserwartung war sehr niedrig, die Kindersterblichkeit sehr hoch, und Zehntausende der Landbewohner Virginias litten an chronischen Erkrankungen wie Malaria oder Pellagra – einer Krankheit, die auf Mangelernährung zurückgeht – oder waren vom Hakenwurm befallen.

Nur in einigen größeren Städten boten die öffentlichen Schulen kein Bild des Jammers. Die Grundschulen standen den Schulkindern nur etwa vier Monate im Jahr offen, eine Schulpflicht existierte nicht. Im ganzen Bundesstaat gab es weniger als 100 Highschools, und bei den meisten dauerte die Schulzeit nur zwei oder drei Jahre. Selbst 20 Jahre nach Hills Geburt gab es in ganz Virginia lediglich zehn Highschools, die eine vierjährige Schulausbildung vorsahen.

In Wise County waren Tauschgeschäfte weitaus üblicher als das Nutzen von Geld als Zahlungsmittel, denn es gab nur wenig betuchte Familien. Die meisten beheizten ihr Zuhause mit Kohle, die sie draußen auf den Halden gefunden hatten. Der kommerzielle Kohleabbau setzte in Amerika erst gegen Ende der Dekade ein und erreichte den Südwesten Virginias in den 1890er-Jahren. Die meisten Familien lebten von dem, was sie auf ihrer kleinen Farm anbauten oder von der Jagd mit nach Hause brachten. Die Ackerkrume, durchsetzt mit viel Steinen, und die zerklüfteten Flächen erschwerten den Anbau selbst in guten Zeiten. Für die amerikanische Landwirtschaft waren die 1880er-Jahre alles andere als gut. Die niedrigen Getreidepreise trieben eine stetig steigende Anzahl von Familien weg von ihren Farmen in die Städte, wo sie verzweifelt nach Jobs suchten, die ihr Überleben sicherten.

In Wise County und den Appalachen konnten die Farmer, die sich zum Bleiben entschlossen hatten, ihr Überleben nur dann sichern, wenn sie das wenige Getreide, das sie ernten konnten, in etwas von deutlich höherem Wert verwandelten – schwarz gebrannten Schnaps. Obgleich der Zusammenhalt unter den Einheimischen prinzipiell großgeschrieben wurde, entzündeten sich immer wieder Streitigkeiten und Zerwürfnisse, die in langjähriger Feindschaft endeten. Tatsächlich kam es kurz vor Napoleons Geburt nur zwei oder drei Tagesritte von Wise County entfernt zwischen den Hatfields und den McCoys zu der wohl berüchtigtsten Fehde von allen, die nahezu zwei Jahrzehnte vor sich hin loderte.

Vor diesem Hintergrund überrascht es nicht weiter, dass Napoleon Hill später einmal sagte, er sei in einer Blockhütte mit nur zwei Räumen und der Kultur einer Bergregion groß geworden, die berühmt für drei Dinge gewesen sei: Fehden, schwarz gebrannten Schnaps und ungebildete Menschen.

> Meine Familie wuchs über drei Generation in Armut und Unwissenheit auf, war auch des Lesens nicht kundig und starb nach einem bitteren Kampf ums

Überleben, ohne auch nur einen Fuß aus ihrem Dorf heraus in die Welt gesetzt zu haben«, schrieb Hill in seiner unveröffentlichten Biografie. »Sie lebte von dem, was der Boden so hergab. Geld bekamen meine Leute nur in die Finger, wenn sie schwarz gebrannten Schnaps verkauften … In ihrer Heimat gab es keine Eisenbahn, kein Telefon, kein elektrisches Licht und keine befestigten Straßen.

Hill kam in seinen Artikeln, Büchern und Vorträgen oft auf seine frühe Kindheit zu sprechen. Seine – oberflächliche und ausschließlich negative – Erinnerung, unter welchen Umständen er aufgewachsen war, verlieh seiner Schilderung, wie er es vom Tellerwäscher zum Millionär geschafft hatte, etwas Dramatisches. In gewisser Weise spiegelte sie die Gefühle eines Mannes wider, der schon als kleines Kind keinen Zugang zu der Lebensweise der Bergbewohner gefunden hatte.

Doch Napoleons Vater James Monroe Hill war weder ungebildet noch Analphabet. Außerdem ist es unwahrscheinlich, dass er jemals Schnaps gebrannt hat. Er war eines von sechs Kindern von James Madison Hill, einem in England geborenen Drucker, der in den 1840er-Jahren gemeinsam mit zwei seiner Brüder nach Amerika ausgewandert war und sich in den Black Mountains an der Grenze zwischen Kentucky und Virginia niedergelassen hatte.

James Monroe Hill gewöhnte sich an das Leben in den Bergen, wie es Napoleon nie möglich gewesen war. Nicht anders als seine Nachbarn bestellte James Hill nicht nur seine Farm, sondern besserte sein Einkommen auch mit anderen Geschäften und Diensten auf, die in dieser abgelegenen Gegend nachgefragt wurden. Als Junge hatte er das Druckgewerbe von seinem Vater gelernt, der ihm aber auch das Jagen, Fischen und die Liebe zur Natur beigebracht hatte. Er besuchte kurze Zeit sogar eine Schule, die aus einem einzelnen Raum bestand und nur rudimentäres Wissen vermittelte. Im Alter von 14 Jahren war seine Schulzeit zu Ende, und er begann in der Druckerei seines Vaters zu arbeiten.

Mit 17 war James mit Sara Sylvania Blair verheiratet und hatte weit abgelegen eine Blockhütte am Guest River gebaut, aus der später ein Weiler namens Lipps wurde. Im gleichen Jahr baute er aus alten Schrifttypen und einer Holzpresse seine eigene Druckerpresse zusammen, um damit die erste Zeitung von Wise Count, den *Zephyr*, zu drucken. Neben Kontaktanzeigen, örtlichen Nachrichten und einem kurzen Wetterbericht gab es darin auch einen ebenfalls kurzen Leitartikel. Nicht nur, dass er die komplette Zeitung selbst schrieb, gestaltete und druckte, nein, der junge Unternehmer lieferte jedes Exemplar persönlich auf dem Rücken seines Pferdes an seine rund 100 Abonnenten aus.

Die Produktion des *Zephyr* war für James mehr eine Gefälligkeit, denn sie verschlang viel Zeit und brachte ihm wenig Geld ein. Als drei Jahre später sein erstgeborener Sohn das Licht der Welt erblickte, stellte er die Veröffentlichung der Zeitung ein und widmete seine ganze Energie dem Vorhaben, seine junge Familie zu ernähren. Er hatte kein Problem, sein Talent anderweitig zu nutzen, und fand genug Arbeit. Als Napoleon geboren wurde, war James als Schmied und Farmer tätig; später verhalf er Lipps zu mehr Bekanntheit und Ansehen, indem er den Aufbau eines Postamts unterstützte, in dem er letzten Endes viele Jahre arbeitete. Außerdem verdingte er sich auch als Händler und Kaufmann und führte einen kleinen Gemischtwarenladen. Er war gut in allem, was er anpackte. Ganz nach der Tradition der Bergbewohner hatte er sich fast alles selbst beigebracht, und seine Kreativität und Intelligenz machten die mangelnde Schulbildung mehr als wett. Sein Antrieb war, Lösungen für eigene Probleme und die seiner Nachbarn zu finden.

Sara und James tauften ihren Erstgeborenen auf den Namen Oliver Napoleon, wobei sein zweiter Vorname auf einen Onkel von James zurückging, der mit dessen Vater aus England nach Amerika ausgewandert war und in der ganzen Familie als Erfolgsmensch galt. Oliver Napoleon wurde in der ganzen Familie nur mit seinem zweiten Vornamen angesprochen – womöglich in der Hoffnung, auch er möge sein Glück machen –, sodass sein erster Vorname »Oliver« mit der Zeit vollkommen in Vergessenheit geriet.

Doch Napoleons Kindheit war alles andere als von Erfolg durchsetzt. Er war ein ungestümer, vielleicht sogar hyperaktiver Junge, der in der ganzen Familie und der Nachbarschaft bekannt war wie ein bunter Hund, weil er andauernd Unfug trieb. Eine seiner Lieblingsbeschäftigungen war es, Steine einen Hügel hinunterrollen zu lassen. Eines Tages warf er einen Stein so heftig auf einen großen Felsbrocken, dass dieser ins Rollen kam, mehrere Zäune niederriss und um Haaresbreite in das Nachbarhaus gedonnert wäre, zum Glück aber kurz davor anhielt. Hills eigenen Erzählungen zufolge schickten ihn seine Eltern bereits mit vier in die Schule, »damit sie in der Zeit ungestört auf dem Feld arbeiten konnten«.

Gut möglich, dass Hills Ungestüm zumindest teilweise daher stammte, dass seine Mutter häufig krank und sehr zerbrechlich war. Allerdings ist von Sara Hill nur wenig bekannt. Sicher ist, dass sie Napoleon und seinem Bruder Vivian das Leben schenkte und verstarb, als Napoleon neun war. Damals hielt sich Napoleon für den härtesten Jungen im County, der sich von niemandem, auch nicht von seinem Vater, etwas sagen ließ.

Regelrecht betäubt und auch einsam nach dem Tod seiner Mutter, ließ Napoleons Faible für Lausbubenstreiche und gröbsten Unfug schon erahnen, was einmal passieren würde. In einem Landstrich, wo selbst kleine Jungen mit dem Gewehr auf die Jagd gingen, entdeckte Napoleon eine Möglichkeit, jedermanns Aufmerksamkeit zu erregen. Er verließ das Haus nicht mehr ohne Pistole – genauer gesagt ohne Revolver – und sah sich selbst in der Rolle seines Helden Jesse James. Ein Jahr später, als sein Vater erneut heiratete, war Napoleon dank seiner wachsenden Treffsicherheit und Wildheit der Schrecken von Guest River geworden, was sowohl James Hill als auch andere Familienmitglieder wieder und wieder fassungslos den Kopf schütteln ließ, die allesamt vergebens versucht hatten, Napoleons Leben eine neue Richtung zu geben.

Ihre Sorge, welchen Weg Napoleon später einmal einschlagen würde, war mehr als berechtigt. Auch wenn es sich bei der Mehrzahl der Siedler, die sich in den 1880er- und 1890er-Jahren im Grenzgebiet zwischen Virginia und Kentucky niederließen, um arbeitsame, findige und gottesfürchtige Leute handelte, gab es doch zahlreiche gesetzlose Herumtreiber, die mit Pistolen und Messern im Gepäck durch die Wälder ritten und skrupellos raubten und mordeten. Sollte der junge Napoleon sich auch als Jugendlicher auf die Seite der Gesetzlosen schlagen wollen, würde er jede Menge »Vorbilder« – und Gelegenheiten – sprichwörtlich vor der eigenen Haustür finden.

Als Napoleons mieser Ruf seinen Höhepunkt erreichte, trat eine bemerkenswerte Frau in sein Leben. Ein Jahr nach Saras Tod heiratete James Hill Martha Ramey Banner, die Witwe eines Schuldirektors und Tochter eines Arztes aus Coeburn, Virginia.

Ihre wohlbehütete, gutbürgerliche Kindheit und Jugend hatten sie in keinster Weise auf das Leben in den Bergen vorbereitet. Doch sie ließ sich nicht unterkriegen – nicht einmal von einem zehn Jahre alten Stiefsohn, der mit einer Pistole herumfuchtelte. Als gut erzogene und lebhafte Frau sah Martha in James Hill einen netten und anständigen Mann mit einem unglaublichen Erfindergeist und handwerklichem Geschick. In ihrem ältesten Stiefsohn dagegen, dem Schrecken des ganzen Landstrichs, sah sie einen ruhelosen und sehr wütenden Jungen auf dem Weg in die Selbstzerstörung. In ihren Augen waren Armut und Orientierungslosigkeit im Hause Hill eine Gefahr für die Kinder, deren Weg dadurch vorgezeichnet zu sein schien: Sie würden nie lesen lernen, ihr Leben lang harte körperliche Arbeit verrichten müssen und letzten Endes scheitern. Eine weniger resolute Frau hätte mit Sicherheit darauf gehofft, dass sich dieses Problem irgendwie von selbst in Luft auflösen würde, aber Martha war fest entschlossen, die Dinge in die Hand zu nehmen. Schon bald nach ihrer Hochzeit rief Martha Hill die Familie zusammen und verkündete ihr Vorhaben, die geistige, spirituelle und finanzielle Lage der ganzen Familie zu verändern.

Kurze Zeit später passierten gleich mehrere Dinge auf einmal. James gründete das Postamt in Lipps und begann, mit Gemischtwaren zu handeln. Auf Marthas Drängen engagierte sich die ganze Familie in der Kirche, genauer gesagt der Three Forks of Powell River Primitive Baptist Church. Und Martha Hill erkor Napoleon zu ihrem Lieblingsprojekt.

Keine Frage, die Kirche war Martha eine große Hilfe dabei, Napoleons kriminelles Verhalten einzudämmen; dort erhielt er in den Bibelstunden eine religiöse Bildung, es gab regelmäßige Gottesdienste, doch weitaus wichtiger war, dass die Kirche als Kitt diente, der die Dorfgemeinschaft größtenteils zusammenhielt. Nach ein paar feurigen Predigten gewöhnten es sich die Gläubigen an, auf Klagen über ungebührliches Verhalten entsprechend zu reagieren. Änderte sich das Benehmen des Übeltäters nicht wie gewünscht, wurde er aus der Kirche verbannt, durfte an keinen kirchlichen Veranstaltungen mehr teilnehmen und wurde auch außerhalb der Kirche gemieden wie das Weihwasser vom Teufel. Auch wenn es dafür keinerlei Beweise gibt, gilt es doch als gesichert, dass Napoleon des Öfteren Thema der öffentlichen Sitzungen war, und um seiner Familie die Schmach seines Kirchenausschlusses zu ersparen, musste er seine Vergehen eingestehen und Besserung geloben.

Doch Marthas Bemühungen um Napoleon erschöpften sich nicht mit der Kirche und dem Druck der Gemeinde. Geduldig baute sie eine enge, einzigartige Beziehung zu ihrem schwierigen Stiefsohn auf. Sie zwang den eigensinnigen, cholerischen Jungen zu nichts, da sie davon ausging, er würde an den meisten Aufgaben scheitern. Stattdessen behandelte sie ihn wie die Person, die er in ihren Augen einmal sein sollte – ein intelligenter, hart arbeitender, selbstständiger Jüngling, der sich selbst erreichbare Ziele setzte und sie dann auch erreichte. Ihre Geduld und ihr Respekt zahlten sich aus. Als Napoleon elf Jahre alt war, rief ihn Martha ins Wohnzimmer, weil sie mit ihm reden wollte.

»Die Leute hier verkennen dich«, sagte sie zu ihm. »Sie heißen dich den schlimmsten Jungen im Ort, aber das stimmt nicht. Du bist aber sehr wohl der lebhafteste Knabe hier. Du solltest dir ein sinnvolles Ziel setzen.« Im Laufe ihrer Unterredung schlug Martha Napoleon vor, eine Laufbahn als Autor einzuschlagen, da er über eine blühende Fantasie verfügte und vor Unternehmungslust strotzte. »Wenn du das machst und dich ebenso sehr für das Lesen und Schreiben begeistern kannst wie jetzt für die Streiche, die du unseren Nachbarn spielst, wirst du es noch weit bringen. Eines Tages wirst du womöglich erleben, dass du Einfluss auf unser ganzes Land nimmst.«

Marthas Vision war eine Offenbarung für den jungen Napoleon. Es war das erste Mal, dass jemand anderes als James oder Sara erkannte, dass etwas Gutes in ihm steckte. Und ihm kam zum ersten Mal in den Sinn, dass er außerhalb der Grenzen von Wise County zu Ruhm gelangen könnte. Obwohl er nach wie vor mit seinem Revolver das Schießen übte, widmete er sich mit einer Entschlossenheit, die man zuvor nicht von ihm kannte, dem Lernen und legte sich auch bei den Unterrichtsstunden daheim mächtig ins Zeug, wo ihm Martha wesentlich mehr beibrachte, als er in der Schule lernte.

Wie so manches andere in Napoleons Leben fiel ihm auch das Lernen schwer. Es mangelte ihm zunächst an der nötigen Disziplin und Konzentration, doch mit Marthas Unterstützung kämpfte er mutig gegen sein Naturell an und hatte allmählich Erfolg damit.

Als Napoleon zwölf wurde, erkannte Martha, dass er bereit für den nächsten Schritt war. Wieder einmal bat sie ihn zu einem Gespräch unter vier Augen und schlug ihm dann vor, dass er eine Schreibmaschine – 1895 noch ein seltenes und sehr teures Gerät – von ihr bekäme, wenn er ihr im Gegenzug seinen Revolver aushändigte. »Wenn du die Schreibmaschine einmal so gut beherrschst wie jetzt deinen Revolver, wirst du eines Tages reich und weit über die Grenzen Amerikas hinaus berühmt sein.«

Napoleon konnte dieser Versuchung beim besten Willen nicht widerstehen. Bereits im Alter von zwölf Jahren dürstete es ihn nach Ruhm und Geld. Da er das Lesen mittlerweile sehr gut beherrschte, kannte er fantastische Bücher und Schriftsteller – und er hatte erfahren, dass sich manche von ihnen weit über die Staatsgrenzen und sogar über ihren Tod hinaus einen Namen gemacht hatten. Martha hielt Napoleon eine mitreißende Rede darüber und sorgte dafür, dass er sich ausmalte, was einmal aus ihm werden könnte.

Später in seinem Leben wurde Napoleon Hill für das Motto bekannt: »Was immer sich ein Mann vorstellen kann, kann er auch tun.« Und genauso erging es dem jungen Napoleon. Der Same, den seine Stiefmutter in seinem Kopf gesät hatte, begann zu wachsen und zu gedeihen.

Ohne zu zögern, überreichte Napoleon seiner Stiefmutter seinen Revolver und stimmte ihrem Vorschlag zu. In diesem Augenblick war sein Leben als gesetzloser Hinterwäldler ein für alle Mal zu Ende, und er stieß die erste

Tür in eine glanzvolle Zukunft auf – weit weg von den Blue Ridge Mountains, dem schwarz gebrannten Schnaps und dem Kampf ums Überleben mit dem wenigen, was die Erde so hergab.

Vermutlich war niemand so überrascht vom Wandel seines Sohnes wie James Hill. Obwohl er mit Erstaunen mehrere Jahre lang zugesehen hatte, welche Wunder Martha bei Napoleon bewirkte, traute er seinen Augen nicht, als er mitbekam, mit welcher Begeisterung sein einst im ganzen Dorf gefürchteter Sohn die Ankunft seiner Schreibmaschine erwartete – eine Waffe, mit der das gedruckte Wort weitaus mächtiger wurde, als es ein Schwert sein konnte.

Kapitel 2

1895 bis 1908

Nostalgische Schreiberlinge würden das Jahrzehnt, in dem Napoleon Hill bewusst wurde, dass es eine Welt da draußen gab, die nichts mit den Bergen und Tälern der Appalachen und Wise County zu tun hatte, als die heiteren 1890er-Jahre bezeichnen. Doch für Amerika waren es in Wahrheit eher Jahre wachsenden Schmerzes als Jahre der Heiterkeit. Wie Napoleon taumelte auch die Nation in unkontrollierten Wachstumsschüben gen Mündigkeit, wobei sich unterschiedliche Teile ihres Körpers unterschiedlich schnell entwickelten. Wie ein Heranwachsender verfügte auch Amerika über eine schier endlose Energie und nie enden wollende Begeisterung, was die mangelnde Erfahrung wettmachen sollte. Deshalb ist es nicht weiter verwunderlich, dass Amerika in den 1890er-Jahren und bis zum Anfang des 20. Jahrhunderts atemlos von einer unerwarteten wirtschaftlichen, sozialen und politischen Hürde zur nächsten raste, ein paar davon umgehen konnte, in viele andere jedoch mit voller Wucht hineinkrachte.

Es war unvermeidlich, dass die zahlreichen Sprünge nach oben, gefolgt von heftigen Abstürzen, sich auf die Amerikaner aller Schichten auswirkten. Ganze Leben und Karrieren wurden auf den Kopf gestellt. Doch nur wenige Menschen wurden derart von dieser schwankenden Wirtschaftslage beeinflusst wie der junge Napoleon, denn jeder Aufschwung und jeder Abschwung sorgte dafür, dass er sich seinem einzigartigen Schicksal mehr und mehr näherte.

Während die Familie Hill 1895 die Ankunft von Napoleons Schreibmaschine und die Geburt ihres Sohnes Paul erwartete, erholte sich Amerika allmählich von der »Panik von 1893«[1], einer der zahlreichen Wirtschaftskrisen Ende des 19. Jahrhunderts. Damals hatten ausländische Investoren unmittelbar auf die Insolvenz der Unternehmen Philadelphia and Reading Railroad und National Cordage Company reagiert, das Vertrauen in US-Wertpapiere und -Staatsanleihen verloren und sie als Notverkauf abgestoßen, wodurch der amerikanischen Wirtschaft Investitionskapital im zweistelligen Millionenbereich fehlte. Die Preise für Getreide, Stahl, Baumwolle und andere Wirtschaftsgüter fielen ins Bodenlose. Immer mehr Landwirte gingen bankrott. Marktbeherrschende Konzerne, die dafür sorgen sollten, dass die Preise stabil blieben, mussten einer nach dem anderen Konkurs anmelden. Bahngesellschaften rutschten in die Zwangsverwaltung. Die Schwerindustrie stagnierte, was die Zahl der Arbeitslosen drastisch in die Höhe steigen ließ. Innerhalb nur eines Jahres gingen über 600 Banken und 15.000 Unternehmen bankrott, worunter vor allem der Süden und der Westen Amerikas zu leiden hatten.

Selbst die Einwohner von Wise County waren nicht länger vor dem Chaos der Welt dort draußen gefeit. Als die Getreidepreise auf unglaublich niedrige 36 Cent je Scheffel fielen, war die Schwarzbrennerei für viele Farmer die einzige Möglichkeit, sich vor dem Konkurs oder der Obdachlosigkeit zu retten. Die einsetzende Depression wirkte sich verheerend auf die ersten Versuche des kommerziellen Kohleabbaus aus und machte die Hoffnung zahlreicher Bewohner der Bergregion auf bessere Zeiten zunichte, die, wie Martha Hill, die finanzielle Lage ihrer Familie verbessern wollten und dabei auf Bildung setzten.

Doch die Hills begruben ihre Hoffnungen und Träume trotz alledem nicht. Genau wie Henry Ford, der die Entwicklung seines ersten Ottomo-

1 A. d. Ü.: Die Panik des Jahres 1893 war eine ernste Wirtschaftskrise in den Vereinigten Staaten, die im Jahre 1893 ihren Anfang nahm. Ähnlich wie die Panik von 1873 war sie gekennzeichnet von Überproduktionen und wackligen Finanzierungen im Eisenbahnsektor, was zu einer Reihe von Bankenpleiten führte.

tors kurz vor der Panik von 1893 abgeschlossen hatte und die Jahre der Depression mit der Arbeit an einem Auto verbrachte, die er 1896 abschloss, machten auch die Hills unbeirrt weiter.

* * *

Napoleons grenzenlose Begeisterung für seine neue Schreibmaschine ließ ihn rasch vergessen, wie mühsam es war, ihre Bedienung zu erlernen. Dass die Buchstaben und Wörter auf den Papierseiten so sauber, ordentlich und damit hübsch anzusehen waren, brachte auch Ordnung und Form in seine Gedanken und Ideen und machte aus dem unausgegorenen Gekritzel eines Schuljungen auf mysteriöse Weise die wohlgeordnete Welt eines Autors. Napoleons Vater hatte 15 Jahre zuvor eine ähnliche Erfahrung gemacht, als er die erste Seite des frisch gedruckten *Zephyr* in Händen hielt. Noch Jahre später schwärmte er in höchsten Tönen von diesem Gefühl.

In seinem Bemühen, die Schreibmaschine zu beherrschen, wurde Napoleon von Martha angeleitet, ermutigt und gedrängt, die dabei auch ihre größte Weisheit mit ihm teilte: Geduld und Beharrlichkeit, so lehrte sie ihn, sind die Werkzeuge, mit deren Hilfe es der Mensch aufgrund seiner angeborenen Intelligenz vermag, selbst die komplexesten Probleme zu lösen.

Mit 13 nahm Napoleon seinen ersten Job an – gleich nach Schulschluss arbeitete er in der Kohlemine. Obwohl er nicht darüber reden wollte, wie lange er diesen Job hatte, dürfte es nur eine kurze Zeit gewesen sein. Es war ein Knochenjob, gefährlich und schmutzig. Die Arbeiter waren der Willkür ihrer Vorarbeiter und der Minenbesitzer auf Gedeih und Verderb ausgeliefert, sowohl was die Sicherheit ihres Arbeitsplatzes als auch ihre persönliche Sicherheit betraf. Aufzusteigen war praktisch unmöglich. Napoleon erhielt den lächerlichen Betrag von 1 Dollar am Tag, wobei er seinem Arbeitgeber die Hälfte davon für Kost und Logis abgeben musste.

Sollte Napoleon irgendwelche Zweifel gehegt haben, ob es die richtige Entscheidung wäre, die Schule gegen die zweifelhafte Freude an einem regelmäßigen Einkommen in den Kohleminen zu tauschen, beantwortete sich diese Frage im darauffolgenden Jahr von selbst. Im Osten des Landes kam es in den Kohleminen zu langwierigen Streiks. An sich war das nichts Neues, doch jetzt gab es so viele wie nie zuvor, und die Arbeiter waren so wütend wie nie zuvor. Aus ihrer Wut wurde Gewalt, und die endete in Blutvergießen. Der traurige Höhepunkt war erreicht, als Hilfssheriffs 1897 in einer Bergbaustadt in Pennsylvania 20 streikende Arbeiter brutal ermordeten. Letzten Endes erreichten die Arbeiter die Einführung des Acht-Stunden-Tags, eine zweiwöchentliche Auszahlung ihres Lohns und das Ende der betriebseigenen Lebensmittelgeschäfte, doch Napoleon hatte mehr als genug gesehen. Seine erste Erfahrung mit dem Leben als Arbeiter sollte zugleich auch seine letzte gewesen sein. Für ihn war die Arbeit in den Kohleminen gleichbedeutend mit einem sinnlosen Leben, und seine Erfahrung damit hatte ihn gelehrt, dass Martha Hill mit ihren Predigten darüber, wie wichtig Schulbildung und eine Ausbildung seien, goldrichtig lag.

Auch wenn er auf die harte Tour lernen musste, dass Martha recht hatte mit ihren Ausführungen, offenbarte sich Napoleon zu dieser Zeit doch die erste klare Vision, wie es findigen und entschlossenen Leuten gelingen kann, ihre bitteren Lebensumstände weit hinter sich zu lassen.

Alles begann damit, dass seine Stiefmutter eines Tages ihr künstliches Gebiss fallen ließ, das daraufhin zerbrach. Da bei den Hills Geld immer knapp war und der nächstgelegene Zahnarzt mehr als einen Tagesritt von ihnen entfernt lag, war dieses Missgeschick mehr als nur lästig – es war eine Katastrophe. Doch da James Hill sein ganzes Leben in einer Einöde verbracht hatte, in der alle größtenteils auf sich selbst gestellt waren, war er es gewohnt, solche Dinge selbst in die Hand zu nehmen.

Napoleon erinnerte sich noch genau, wie sein Vater die Gebissteile aufhob, sie auf seine Hand legte und etwa eine Minute lang anstarrte. »Ich glaube, ich kann dir ein neues Gebiss machen.«

Darauf erwiderte Martha: »Das glaub ich dir aufs Wort.«

Er hatte nicht zu viel versprochen. Zunächst schnitzte er eine provisorische Gaumenplatte aus Holz und bestellte das Material für eine passende

Brücke bei einem Dentallabor. In seiner unveröffentlichten Biografie beschreibt Napoleon, wie er kurze Zeit später von der Schule nach Hause kam und seinen Vater in der Küche antraf, wo dieser einen »merkwürdig aussehenden Kessel« auf dem Herd erhitzte.

»Als ich wissen wollte, was das für ein Ding sei, lautete seine Antwort: ›Ein Vulkanisierkessel‹«, schrieb Hill. »Darin befanden sich künstliche Zähne, die er für meine Stiefmutter angefertigt hatte ... Kurze Zeit später nahm er die Gaumenplatte aus dem Kessel, schliff sie mit Sandpapier ab und setzte dann das Gebiss meiner Stiefmutter ein. Kaum zu glauben, aber es passte genauso gut wie das alte, weshalb Martha es mehrere Jahre trug.«

So bemerkenswert diese Geschichte auch war, sie war damit noch nicht zu Ende. Auf Marthas Drängen hin reagierte James auf eine dreizeilige Werbeannonce, in der stand: »Füllen Sie Ihre Zahnlöcher selbst! Für nur 50 Cent erhalten Sie Füllmaterial für 20 Zähne.«

»Ich gab die Bestellung auf«, erinnerte sich James Jahrzehnte später, »und bekam zwei Stricknadeln mit abgeflachter Spitze zugeschickt, dazu noch eine kleine Flasche mit Quecksilber und ein paar Metallpulver.«

James Hill, Vater von vier Kindern, Schmied, Drucker, Farmer und Händler in einer Person, startete mit diesen bescheidenen Mitteln eine neue Karriere als selbst ernannter Zahnarzt, der sich sein Handwerk selbst beigebracht hatte. Sobald sein Geschäft lief, fertigte er optimierte zahnärztliche Instrumente in seiner Schmiede an und verfasste ein Buch mit rund 1200 Seiten zu diesem Thema.

Napoleon konnte es kaum fassen, doch James Hill gelang es, seine eigene Praxis in der Einöde aufzubauen, obwohl er noch fleißig am Lernen war. Er war nicht nur der einzige Zahnarzt in Wise County und im Umkreis von zig Meilen, sondern er war auch der Einzige, der Hausbesuche machte – im ganzen Südwesten von Virginia bis hinein ins östliche Kentucky. Er war oft tagelang allein in der Wildnis der Appalachen unterwegs, behandelte viele Patienten, die ihn dafür nicht entlohnen konnten, und geriet mit der Sorte übelster Hinterwäldler aneinander, die genau so waren, wie Napoleon in seinen schlimmsten Träumen einmal hätte enden können. Doch er hielt durch und gewann letzten Endes das Vertrauen und die Dankbarkeit fast aller, mit denen er zu tun hatte. Und so entgingen die Hills bitterster Armut.

James Hills neu gewonnener Erfolg veränderte das Leben der Hills aber auch in anderer Hinsicht. Ende der 1890er-Jahre zog die Familie aus der Blockhütte in ein Holzhaus am Außenbezirk von Gladeville. Die Stadt erhielt später den Namen Wise und wurde zur Kreisstadt. James und Martha waren dort allseits bekannt und beliebt, richteten sich gemütlich in ihrem neuen Zuhause ein und waren bereit, ihre Kinder zum Lernen anzuspornen und auf ein erfolgreiches Leben vorzubereiten.

Doch die Sache mit dem Erfolg war nicht so einfach für die älteren Hills und auch nicht für Napoleon. In der Zeit, als James seine inoffizielle Zahnarztpraxis aufbaute, legte Napoleon den Grundstein für seine eigene erstaunliche Karriere. Im zarten Alter von 15 Jahren nutzte er seine geliebte Schreibmaschine, um als freiberuflicher Journalist Artikel über Wise County zu schreiben.

Selbst im abgelegenen westlichen Virginia gab es dafür viele potenzielle Kunden. Die zahlreichen Wirtschaftskrisen und Depressionen des späten 19. Jahrhunderts hatten zur Bildung der Farmers' Alliance geführt, einer Vorläuferin der landwirtschaftlichen Genossenschaft, die Läden einrichtete, landwirtschaftliche Geräte vertrieb und Zeitungen speziell für Landwirte herausgab. Virginia war eine der Hochburgen dieser Bewegung, und es gab jede Menge lokale Zeitungen, die alle darauf brannten, Nachrichten aus Quellen zu verbreiten, die ihnen für wenig Geld gute Artikel liefern konnten.

Diese Lücke füllte nun der junge Oliver Napoleon Hill, ein bereitwilliger Reporter, der sich im Hinterland von Virginia so gut auskannte wie in seiner Westentasche und der bereits auf der Suche nach einer Alternative zur Fronarbeit auf dem Feld oder in den Kohleminen war.

Ebenso wie bei James und seiner Zahnarztpraxis gingen auch Napoleons erste Schritte in Richtung Journalismus auf Martha Hill zurück, die den Jungen schon vor langer Zeit ermutigt hatte, über das Geschehen und die Menschen aus der näheren Umgebung zu berichten. Sie war es, die ihm vorgeschlagen hatte, diese Geschichten an den Herausgeber eines wöchentlich erscheinenden Rundschreibens zu senden, das an unterschiedliche Zeitungen weitergeleitet wurde.

Kurze Zeit später war Napoleon zu einer produktiven Quelle aller möglichen Storys geworden. Sein Schreibstil war ungeschliffen, um nicht zu sagen unbeholfen, aber er machte dieses Manko durch seine lebhafte Fantasie und seine grenzenlose Begeisterung wett. Er erinnerte sich später noch gut daran, dass er sich sogar Geschichten ausdachte, wenn es ansonsten nichts zu berichten gab.

Freunde und Nachbarn räumten dem Teenager jede Menge Spielraum in seiner Berichterstattung ein. Schließlich war aus dem ehemaligen Taugenichts ein angehender Journalist geworden, dessen Schreibmaschine wesentlich weniger furchteinflößend war als eine Pistole. Trotzdem hatte auch ihre Toleranz Grenzen, auf die Napoleon innerhalb relativ kurzer Zeit stieß, was wiederum typisch für ihn war. Einer seiner Artikel über die Schwarzbrennerei in der Nachbarschaft wurde von mehreren Zeitungen gedruckt und enthielt – wie sich im Nachhinein herausstellte – zu viele Tatsachen. Das rief zahlreiche Steuerfahnder auf den Plan, was wiederum zur Folge hatte, dass die Schwarzbrenner vor Wut schäumend an die Haustür der Hills klopften. Im Verlaufe des hitzigen Wortgefechts stellten sie eines klar: Sollte Napoleon jemals wieder auch nur ein einziges Wort über ihre Schwarzbrennerei schreiben, würden sie ihn zusammen mit seiner Schreibmaschine in den Fluss werfen.

Auch wenn der junge Nap, so lautete sein Spitzname, nie wieder den Zorn der Hinterwäldler auf sich zog, indem er über sie schrieb, war das Kapitel »Ärger machen« für ihn noch nicht abgeschlossen. Nicht lange nach der Sache mit den Schwarzbrennern suchte ein wutschnaubender Vater die Hills auf und beschuldigte Napoleon, seine Tochter geschwängert zu haben. Napoleons Unschuldsbeteuerungen waren nicht überzeugend genug, um den Anschuldigungen der jungen Frau etwas entgegenzusetzen und ihren Vater von seinen Mordplänen abzubringen. Schneller als er es fassen konnte, war Napoleon verheiratet und werdender Vater – mit 15!

Napoleon war am Boden zerstört. Seine Ausbildungszeit war vorbei. Seine Ehe bedeutete für ihn, er müsste mit der Schreiberei aufhören und stattdessen auf dem Feld oder in der Kohlemine schuften. Die Heirat war für ihn gleichbedeutend mit der Verurteilung zu einem Leben in Armut und Not, was seinem Traum von Wohlstand und Ruhm, weit weg von den Hinterwäldlern, zu denen er noch nie gepasst hatte und nie passen würde, ein jähes Ende setzte.

Doch das Schicksal – vielleicht aber auch James und Martha – gewährte Napoleon unverhofft eine Galgenfrist. Kurz nach der Hochzeit ließ Napoleons Frau ihn wissen, dass er nicht der Vater ihres Kindes sei. Ihre Beichte hatte zur Folge, dass ihre Ehe annulliert wurde, was seinem Traum vom Leben in Wohlstand neuen Auftrieb verlieh.

Seinem schrecklichen Schicksal gerade noch entronnen, war Napoleon jetzt in der Lage, für zwei Jahre eine Highschool zu besuchen, als die Hills nach Gladeville zogen. Der Highschool-Besuch stand in Wise County Ende des 19. und Anfang des 20. Jahrhunderts nicht automatisch für persönliches Vorankommen, die Schüler mussten sich schon auf ihren Hosenboden setzen. Doch Napoleon brauchte keinen Anschub von seinem Vater und seiner Stiefmutter, um seine Schulbildung fortzusetzen. Sich im Unterricht zu konzentrieren, fiel Hill meist schwer, aber er ging die Sache mutig an. Später behauptete er oft, er hätte die Highschool nur mit »Ach und Krach« geschafft, aber einer seiner Lehrer bezeichnete ihn und seine Geschwister Jahre später als »die einzigen talentierten Schüler dieser Schule«.

Napoleons Sorgfalt und der Zufall sorgten für einen Jahrhundertwechsel von enormer symbolischer Bedeutung. Im Laufe des Jahres 1900 wurde Oliver Napoleon Hill 17 Jahre alt, schloss die Highschool ab und verließ Wise County, um die Handelsschule in Tazewell, Virginia, zu besuchen. Tazewell lag keine 160 Kilometer von seiner Heimatstadt am Clinch River entfernt, und Napoleon kehrte im neuen Jahrtausend oft dorthin zurück – aber nur auf Besuch. Für Napoleon begann das 20. Jahrhundert mit einem

Schlussstrich unter sein altes Leben, als er dem einzigen Ort, den er im 19. Jahrhundert kennengelernt hatte, für immer den Rücken kehrte.

Auf dem Stundenplan der Handelsschule in Tazewell standen Buchhaltung, Stenografie, Maschinenschreiben und die Vorbereitung der Schüler auf Sekretariatsaufgaben, was in der damaligen Zeit gewissermaßen die Eintrittskarte in die Handels- und Geschäftswelt Amerikas war, auch für junge Männer wie Napoleon, die schon in den Dimensionen großer Wirtschaftsbosse dachten. Und Napoleon war förmlich vom Ehrgeiz zerfressen. Er war felsenfest entschlossen, nur als anerkannter, erfolgreicher Geschäftsmann nach Wise County zurückzukehren.

Als der Zeitpunkt näher rückte, an dem Napoleon die Handelsschule abschließen würde, hatte er sich überlegt, für Rufus Ayres arbeiten zu wollen, einen bekannten Anwalt, der als Generalstaatsanwalt von Virginia tätig gewesen war und sich dann aktiv für die Kohlereviere im Südwesten dieses Bundesstaates engagierte. Im Jahr 1901 war Ayres einer der einflussreichsten und mächtigsten Männer der Region. Sein Unternehmen verwaltete zahlreiche Banken und Zechen, an denen er persönlich Beteiligungen hielt. Ayres war genau das, was sich die Hills und ihre Nachbarn vorstellten, wenn sie voller Ehrfurcht von den »großen Männern« sprachen. Napoleon fiel nichts Besseres ein, als – zunächst – zu versuchen, die Aufmerksamkeit und Gunst dieses Giganten zu gewinnen.

Gesagt, getan! Und so setzte sich Napoleon hin und schrieb einen gewagten Brief an Ayres, mit dem er nur eines erreichen wollte: dessen Aufmerksamkeit erregen. Die Sache mit der Gunst würde er später angehen.

»Ich habe vor Kurzem die Handelsschule abgeschlossen, was mich dafür qualifiziert, als Sekretär für Sie zu arbeiten – eine Position, an der mir sehr gelegen ist«, schrieb er. »Mir ist bewusst, dass ich zumindest am Anfang mehr davon habe, wenn ich für Sie arbeiten dürfte, als Sie von meiner Arbeit, da ich über keinerlei Berufserfahrung verfüge. Aus diesem Grund bin ich bereit, Ihnen für dieses Privileg einen Obolus zu bezahlen.

Es steht Ihnen frei, jeden Betrag zu fordern, der Ihnen angemessen scheint, vorausgesetzt, diese Summe entspricht nach dem Ablauf von drei Monaten meinem Monatsgehalt. Die Summe, die ich Ihnen schulde, wird dann mit meinem Gehalt verrechnet.«

Ayres gefiel der forsche Stil dieses jungen Mannes, und er stellte ihn unverzüglich ein – gegen Bezahlung. Napoleon fing in Ayres' Kanzlei in Big Stone Gap an und erwies sich als Glücksgriff. Er war einer der Ersten, die zur Arbeit kamen. Er war ein ausgezeichneter Buchhalter, penibel bis ins letzte Detail und bereit, »immer eine Schippe draufzupacken und mehr zu tun als das, wofür er bezahlt wurde« – ein Grundsatz, der eines Tages zu einem seiner Erfolgsprinzipien wurde.

Für Napoleon waren die ersten Monate seiner Tätigkeit für Ayres ein grandioser Erfolg. Seine Arbeit brachte ihm Ansehen und Respekt, und er hatte all das erreicht, was er sich in seinen kühnsten Träumen vorgestellt hatte. Sobald Napoleon wusste, was zu tun war, übernahm er die Verantwortung und demonstrierte seinem Arbeitgeber damit, dass er aus dem gleichen Holz geschnitzt war wie so manche Führungskraft. Napoleon tat wirklich alles, um diesen Eindruck noch weiter zu verstärken. Er riss sich förmlich um neue, verantwortungsvolle Aufgaben. Er war mit Begeisterung bei der Sache und erwies sich als anständiger junger Mann. Seine Jugend und seine mit 1,67 Meter geringe Körpergröße machte er dadurch wett, dass sein Äußeres perfekt dem einer ernsthaften jungen Führungskraft entsprach: Er hielt sich kerzengerade, trug einen makellosen zweireihigen Anzug, perfekt gebügelte Hemden sowie konservative Fliegen, und in der Brusttasche steckte ein ordentlich gefaltetes Taschentuch. Nach weniger als sechs Monaten wurde er schon zum Bürovorsteher einer Zeche in Richlands befördert, die rund 80 Kilometer östlich von Wise lag.

Hills Anstellung in Richlands löste eines von zahlreichen bizarren Ereignissen aus, die sein Leben auf den Kopf stellen sollten. Er sprach nur selten, wenn überhaupt, öffentlich darüber, aber dieses eine Erlebnis und die damit verbundene moralische Zwickmühle sollte er bis zu seinem Tod nicht vergessen.

Wie Napoleon in seiner unveröffentlichten Biografie schrieb, begann alles damit, dass der Chef der Zeche und dessen Bruder, der Kassierer von

Ayres' Bank in Richlands, ein Wochenende miteinander verbrachten. Ihr ausuferndes Trinkgelage nahm ein tragisches Ende, als der Kassierer einen geladenen Revolver fallen ließ und sich ein Schuss löste, der einen schwarzen Hotelpagen tötete.

»Ich erfuhr unmittelbar danach, was geschehen war«, schrieb Hill, »und machte mich unverzüglich zu dem Hotel auf und redete mit dem einzigen Augenzeugen. Anschließend sprach ich mit dem Coroner[2], holte eine Bestattungsgenehmigung für den Schwarzen ein und eine offizielle Bestätigung, dass die Todesursache ein Unfall war, und übernahm die Kosten für die Beerdigung.«

Während er sich um diese Dinge kümmerte, kam Napoleon zu Ohren, dass der Kassierer die Bank am Vortag verlassen hatte und seitdem spurlos verschwunden war. Hill eilte in die Bank und »fand sie unverschlossen vor, auch der Tresorraum stand offen, am Boden lagen verstreut Geldscheine, es sah aus, als hätte ein Sturm darin gewütet«. Er schickte einen entsprechenden Bericht an Ayres, der ihn daraufhin anwies, das Kommando zu übernehmen, das Geld zu zählen und sämtliche Fehlbeträge über Ayres' privates Konto auszugleichen.

Napoleon war sich durchaus darüber im Klaren, dass Ayres ihm praktisch erlaubt hatte, einen Diebstahl zu begehen. »Ich hätte mir 15.000 bis 20.000 Dollar nehmen können, ohne dass irgendjemand davon erfahren hätte«, schrieb Hill, »… und ehrlich gesagt musste ich erst mal gründlich darüber nachdenken, ob ich die Gelegenheit nutzen sollte oder nicht.« Keine Frage, auch Hill besaß menschliche Schwächen – und würde in seinem Leben mal mehr und mal weniger darunter leiden –, aber Unehrlichkeit gehörte beileibe nicht dazu. Er zählte das Geld, verglich die Summe mit den Büchern und stellte fest, dass nicht ein Cent fehlte.

Rufus Ayres war zum einen sehr erleichtert, und zum anderen konnte er es gar nicht fassen, wie ehrlich Hill war und wie er mit der Situation um-

2 A. d. Ü.: Ein Coroner ist im angelsächsischen Rechtskreis ein Untersuchungsbeamter, der bei zweifelhafter oder unnatürlicher Todesart in einem rechtsförmlichen Verfahren die Identität des oder der Toten und die Todesursache feststellt.

gegangen war. Sogleich beförderte Ayres ihn zum Manager der Zeche. Innerhalb von nur drei Tagen übernahm ein 19-jähriges Wunderkind aus den tiefsten Appalachen die Verantwortung für 350 Männer und wurde der, wie er sich selbst nannte, »jüngste Manager einer amerikanischen Zeche«.

In seinen Memoiren unterstrich Hill anhand dieses Ereignisses die praktischen Vorteile von Ehrlichkeit, da er ihr nicht nur eine den üblichen Rahmen sprengende Beförderung zu verdanken hatte, sondern auch, dass eine breite Öffentlichkeit darüber sprach – was wiederum den Weg frei machte für die nächste Station seines Lebens. Was Hill aber auch sein ganzes Leben lang beschäftigte, war die Tatsache, wie leicht es war, einen Schwarzen in Virginia im Jahr 1902 zu töten und zu begraben. Als es passierte, hatte es ihn nicht weiter belastet – schließlich war er in einer Gemeinschaft groß geworden, in der Schwarze als minderwertig galten –, aber er entwickelte sich zu einem ausgemachten Kritiker von Vorurteilen und Rassismus, noch lange bevor dies in Mode kam.

Eine Zeche zu leiten, war alles, was Napoleon Hill je erreichen wollte – zumindest ein Weilchen. Er genoss die neuartige Autorität, sein solides Einkommen, sein Ansehen in Richlands und auch in Wise County. Doch er war ein ruheloser Mann auf der Suche, und daran würde sich so schnell nichts ändern. Er war niemals für längere Zeit mit dem zufrieden, was er erreicht hatte, er war ein Getriebener, der stets neue Höhen erklimmen wollte, ganz gleich, wie gefährlich der Aufstieg auch sein würde.

Als Napoleon begann, sich nach Alternativen zu seiner hohen Position in Richlands umzusehen, fühlte er sich mehr und mehr zu Rufus Ayres' Berufsstand hingezogen. Ayres selbst ermutigte den jungen Hill, Jura zu studieren, als offensichtlich wurde, dass Napoleon sein Potenzial niemals in einem Familienunternehmen würde entfalten können, da die Geschäftsleitung auf jeden Fall den zwei Söhnen von Ayres übertragen würde.

Der Gedanke, Mandanten beratend zur Seite zu stehen und vor Gericht Einfluss auf die Geschworenen zu nehmen, hatte etwas Verlockendes für Napoleon. Als Leiter einer Zeche hatte er die Erfahrung gemacht, dass es ihm großen Spaß bereitete, die Kumpel zu beraten. Er fühlte sich gut, wenn sich seine Untergebenen ratsuchend an ihn wandten. Er liebte es, vor Gruppen zu sprechen, und es gefiel ihm, dass er Menschen zum Umdenken bringen und anleiten konnte. Das innere Bedürfnis danach rührte vermutlich von den sonntäglichen Gottesdiensten in der Kirche »Three Forks of Powell River Primitive Baptist«, bei denen er mit einer Mischung aus Angst und Ehrfurcht beobachtet hatte, wie sich die angesehensten Mitglieder der Gemeinde erhoben und den Anwesenden die Richtung ihres künftigen Handelns vorgaben oder ihr Urteil über sie fällten. Die Anwaltstätigkeit war für Napoleon ein Weg, nicht nur sein Verlangen genau danach zu stillen, sondern damit auch zu Ruhm und Wohlstand zu kommen.

Während Napoleon noch über die Vorzüge einer Karriere als Anwalt nachdachte, ereigneten sich zwei Vorfälle, die ihm die Entscheidung erleichterten. Zum einen hatte sich sein jüngerer Bruder Vivian entschlossen, sich an der Georgetown Law School in Washington, D. C., einzuschreiben und Jura zu studieren. Zum anderen hatte ihm sein Vater, der von den Behörden verwarnt worden war, weil er ohne Zulassung eine Zahnarztpraxis betrieben hatte, mitgeteilt, dass er in Louisville eine Ausbildung zum Zahnarzt beginnen würde – mit 40. Napoleons Stolz ließ es nicht zu, seinem Bruder dabei zuzusehen, wie dieser die Ausbildung absolvierte, die er selbst gerne machen wollte. Das Vorhaben seines Vaters James Hill machte ihm mit allem Nachdruck deutlich, dass jeder, der fest entschlossen war, etwas aus sich zu machen, nur seine Hand auszustrecken und alles mitzunehmen brauchte, was ihm das amerikanische Bildungssystem zu bieten hatte.

Napoleon beschloss jedoch nicht nur, gemeinsam mit Vivian die Law School zu besuchen, sondern tönte großspurig, er würde die Ausbildungskosten für beide übernehmen, indem er für Robert L. Taylor arbeitete, den ehemaligen Gouverneur von Virginia und derzeitigen Herausgeber von *Bob Taylor's Magazine*. Diese Publikation war Teil eines florierenden Genres, das von seinen Lesern diejenigen inspirierte und anregte, die aus bescheidenen Verhältnissen kamen und fest entschlossen waren, es in ihrem Leben zu Wohlstand und Macht zu bringen. Kernstück des Magazins waren

Artikel über Leute, die es geschafft hatten. Taylor war Napoleons Karriere in Richlands zu Ohren gekommen, weshalb er sofort begeistert zustimmte, als der selbstbewusste junge Mann ihm vorschlug, eine Serie über das Geheimnis des Erfolgs zu schreiben.

Doch was so vielversprechend begonnen hatte, hielt nicht länger an als ein Jahr. Die Ausbildung zum Juristen verlangte es, stundenlang allein über Gesetzestexten und Fällen zu brüten – die reinste Tortur für einen so unsteten jungen Mann wie Napoleon. Noch schlimmer war jedoch, dass die mageren Einkünfte eines freiberuflich tätigen Journalisten nicht ausreichten, um den Lebensstil zu finanzieren, an den sich Napoleon während seiner glücklichen Tage als Manager gewöhnt hatte. So kam es, dass Napoleon Vivian mitteilte, er müsse sein Studium nun selbst finanzieren. Kurze Zeit später warf Hill das Studium hin und nahm einen Job als Vertriebsleiter in einem Holzlager an.

Die Geschichte über Napoleon Hill könnte mit diesem Schritt zu Ende sein. Hill verfügte ja bereits über Führungsqualitäten und offenbarte schon bald sein außergewöhnliches Talent im Verkauf – eine Nebenerscheinung seines Faibles, seine Mitmenschen zu beraten und anzuleiten. Diese Eigenschaften, gepaart mit dem für ihn typischen Schwung und Elan, führten schon bald zu den ersten Erfolgen. Das Geschäftsvolumen stieg rasch an, sodass Napoleon mit 22 zum Partner ernannt wurde.

Die schöne Zeit hielt mehr als zwei Jahre an. Napoleon verdiente gut, wurde respektiert und galt unter den jungen Frauen als der begehrenswerteste Junggeselle des ganzen Bezirks. In späteren Jahren fragte er sich, ob er diesen Job je aufgegeben hätte, wenn nicht das Schicksal andere Pläne mit ihm gehabt hätte.

Und so kam es anders als gedacht. Anfang 1907 kam es an der New Yorker Börse zu hektischen Notverkäufen, weshalb die Aktienkurse ins Bodenlose fielen. Im Laufe des Jahres gingen immer mehr Unternehmen und Aktionäre in Konkurs. Bis zum Herbst des Jahres gerieten auch viele der sattelfestesten amerikanischen Unternehmen in Schieflage. Die Knickerbocker Trust, eine große New Yorker Bank, musste Konkurs anmelden;

die George Westinghouse's Electric and Manufacturing Company wurde zwangsverwaltet, und ihre Aktien fielen von 162 Dollar im Jahr 1906 auf nur mehr 90 Dollar.

Der anschließende Ansturm auf die Banken machte Bargeld zu einem wertvollen Gut; die Geldhäuser verlangten 4,5 Prozent der jeweiligen Summe nur für die Bereitstellung von Zahlungsmitteln. Die Zinsen für Kredite stiegen in kurzer Zeit auf satte 125 Prozent an.

Napoleons Geschäft hielt mit zusammengebissenen Zähnen das ganze Jahr 1907 durch. Doch als das Wirtschaftschaos in Amerika auch 1908 weiterhin anhielt, musste das Holzlager seine Pforten schließen. Damit war auch Schluss mit Napoleons Leichtigkeit und Zufriedenheit. Ein Mann, der mit 24 schon auf zwei äußerst erfolgreich verlaufene Karrieren zurückblicken konnte, stand mit einem Mal völlig mittellos, ohne Arbeit, ohne Zukunft da und hatte keine Ahnung, wie es weitergehen könnte.

Angeschlagen, aber nicht am Boden liegend vergeudete Napoleon keine Zeit mit Selbstmitleid. Er wägte seine Möglichkeiten ab und strich, ohne zu zögern, die Kohleminen, das Dorfleben und jeden anderen Schritt, der ihn zurück zu seinen Wurzeln führen würde, von der Liste. Er sah sich als Teil eines großen Bildes, er würde in einer Großstadt leben, dick im Geschäft sein und eine fantastische Zukunft haben. Und seine Fahrkarte dorthin? Na klar, *Bob Taylor's Magazine*. Zwar würde er dort viel weniger verdienen, aber immerhin könnte er dann im kosmopolitischen Washington, D. C., leben. Über seine Arbeit hätte er ständig mit den Machern der amerikanischen Wirtschaft zu tun. Er würde mit Sicherheit einen Weg finden, der ihn erneut die Gipfel des Erfolgs erstürmen ließe, wie es seine bisherige Karriere nahelegte.

Taylor und er einigten sich darauf, dass er sich ausschließlich mit den Branchenriesen, den Besten der Besten, befassen und ihr Erfolgsgeheimnis ergründen würde. Taylor würde ihm den Weg bahnen und seine Kontakte und seinen Einfluss nutzen, um die Interviews zu vereinbaren, die Hill dann führen könnte. Davon würden sie beide profitieren – Taylor, weil er enorm an Prestige gewinnen und die Auflage in die Höhe schießen würde, wenn er exklusive Interviews mit den mächtigsten und wohlhabendsten Männern Amerikas veröffentlichte, und Napoleon, weil er genau wusste, dass dies der erste Schritt in eine goldene Zukunft wäre.

Im Herbst 1908 machte sich Hill daran, neu anzufangen. Sein Vater hatte seine Ausbildung kurz zuvor mit Auszeichnung abgeschlossen, sein Bruder war jetzt Jurist. Beide standen kurz vor einer vielversprechenden Karriere, während das ursprüngliche Wunderkind der Familie nur wenige Wochen vor seinem 25. Geburtstag in New York City ankam und kaum genug Geld in der Tasche hatte, um sich eine Rückfahrkarte zu leisten.

Doch Napoleon hatte das Gefühl, ein aufregendes Abenteuer zu erleben – von Schmach keine Spur –, als er sich auf den Weg in ein Riesengebäude am nördlichen Rand des geschäftigen Manhattan machte, wo sein erstes längeres Interview stattfinden sollte. Vor dem Eingang zog er sein Jackett glatt, richtete seine Fliege und holte erst einmal tief Luft, bevor er anklopfte.

Als der Butler die massive Tür von Andrew Carnegies majestätischem Heim öffnete und ihn hineinführte, wurde er von seinen Emotionen förmlich überwältigt. Voller Aufregung und Staunen trat er mit dem Gefühl ein, dass gleich etwas geschehen würde, was sein Leben für immer verändern sollte.

Kapitel 3

1908 bis 1918

Die größten unter allen Männern sind diejenigen,
die die größten Dienste erweisen.

—Napoleon Hill

Noch nie zuvor in seinem Leben hatte Hill aus erster Hand gesehen, welche prachtvollen Blüten Wohlstand hervorbringen kann. Der junge Mann war wie erstarrt vor Erstaunen, als der Butler ihn durch die prächtigen Räumlichkeiten von Andrew Carnegies viergeschossigem Herrenhaus mit 64 Zimmern im oberen Abschnitt der Fifth Avenue in New York City geleitete. 1908 war der Norden von Manhattan noch immer halb ländlich, und das luxuriöse Wohnhaus des großen Industriellen stand auf einem weitläufigen Hügel und bot eine malerische Aussicht auf eine Landschaft, die eher Dorfcharakter besaß als Großstadtflair.

Der überaus nervöse Napoleon Hill wurde in ein riesiges Studierzimmer mit unzähligen Büchern gebracht und dort sogleich von dem Stahlmagnaten empfangen. Der kleine, stämmige 74-jährige Carnegie, dessen weißes Haar und weißer Bart sehr gepflegt aussahen, schenkte Hill ein warmes Lächeln, als er sich von seinem Stuhl hinter seinem berühmten Rollschreibtisch erhob, der so ausladend war, dass es hieß, er hätte in diesem Raum zusammengebaut werden müssen. Das Studierzimmer war beeindruckend; in den Regalen standen ordentlich aufgereiht Tausende von Büchern, an den Wänden hingen seine Lieblingssprichwörter und -sinnsprüche. Hill hat einen davon nie vergessen, und da Carnegie besonders stolz darauf war, hing er an prominenter Stelle an der Wand, sodass ihn niemand übersehen konnte. Dort war zu lesen:

Derjenige, der nicht nachdenken kann, ist ein Dummkopf.

Derjenige, der nicht nachdenken wird, ist ein Eiferer.

Derjenige, der nicht wagt nachzudenken, ist ein Sklave.[1]

Hill mag es an diesem schicksalhaften Tag nicht bewusst gewesen sein, aber letztlich hatte er seinen Förderer gefunden. Ihm war jedoch sofort klar, dass er Carnegie aus tiefstem Herzen bewunderte. Schließlich hatte der Sohn armer schottischer Einwanderer lediglich über eine mangelhafte Schulbildung verfügt, zunächst als Botenjunge für ein Telegrafenamt angefangen und sich dann hochgearbeitet, bis er – im Alter von 35 Jahren – zu einem der größten Investoren Amerikas wurde, führend in der Stahlindustrie war und ein gigantisches Vermögen angehäuft hatte. Doch neben Carnegies Biografie – dieser Menschwerdung des amerikanischen Traums, die wirkte wie einem Roman von Horatio Alger[2] entsprungen – gab es noch etwas anderes, was Hill an dem Mann faszinierte und zutiefst beeindruckte. Und genau das war es, was später einmal der Dreh- und Angelpunkt von Hills eigener Erfolgsphilosophie werden würde. Die Rede ist von Carnegies spiritueller Natur, von seinem Glauben, seiner tiefen und anhaltenden Überzeugung, »der größte Dienst, den man Gott erweisen kann, besteht darin, anderen zu helfen«. Dieser leidenschaftliche Wunsch, der Menschheit zu dienen, war der Grundstein für Carnegies ungemeine Großzügig-

1 A. d. Ü.: Quelle der Übersetzung: https://de.wikipedia.org/wiki/Skibo_Castle

2 A. d. Ü.: Horatio Alger war ein populärer US-amerikanischer Autor im späten 19. Jahrhundert. In mehr als 130 Groschenromanen schilderte er, wie sich für arme, aber ehrliche und hart arbeitende Jungen der amerikanische Traum vom sozialen Aufstieg erfüllt – meist indem sie durch eine heldenhafte Tat die Gunst eines reichen Förderers gewinnen.

keit und Philanthropie. Als er 1919 verstarb, hatte er mehr als 350 Millionen Dollar gespendet – was heutzutage der enormen Summe von über 2 Milliarden Dollar entspricht. Aller Wahrscheinlichkeit nach hat dieses leuchtende Vorbild Hill zu der Überzeugung gebracht, die sich viele Jahre später in seinem eigenen Magazin widerspiegelte, in dem er seitenweise die Philosophie vom »Dienst an den Menschen« vertrat, den er als schönstes Ziel empfand, das der Einzelne sich setzen könne.

Es war eine sehr prägende Erfahrung für den jungen Hill, diesem großartigen Menschenfreund dabei zuzuhören, wie er seine »Leistungsphilosophie« vor ihm ausbreitete. Carnegie erklärte weitschweifend, »das größte Erbe, das einem jungen Mann zufallen kann, ist, in Armut geboren zu werden«. Für ihn war seine bescheidene Herkunft kein Hindernis, um als Erwachsener Erfolg zu haben, sondern vielmehr eine Herausforderung, allen Schwierigkeiten zu trotzen und scheinbar unmögliche Ziele anzugehen. Wer sich seines Wertes bewusst ist, so dozierte Carnegie, den kann auch Armut, in welchem Ausmaß auch immer, nicht davon abhalten, seinen Weg zu gehen. »Äußerst erfolgreiche Menschen kommen nicht mit irgendeiner Form von Genialität auf die Welt, die andere nicht besitzen. Doch Selbstbewusstsein ist ein geistiger Zustand, der sich kontrollieren lässt, und eben keine individuelle Eigenschaft, mit der manche ausgestattet sind und manche nicht. Ausgangspunkt für den Aufbau von Selbstbewusstsein ist ein konkretes Anliegen.« So lautete die wichtigste Regel seiner Philosophie menschlicher Leistungsfähigkeit. »Derjenige, der genau weiß, was er will, der einen umfassenden Plan hat, wie er dieses Ziel erreichen wird, und der alles daransetzt, diesen Plan in die Tat umzusetzen, hat kein Problem damit, an seine Fähigkeiten und seinen Erfolg zu glauben. Nur der Unentschlossene, der sich verzettelt und Dinge auf die lange Bank schiebt, verliert schon bald das Vertrauen in die eigenen Fähigkeiten und tut letzten Endes gar nichts.«

Daraufhin entgegnete Hill: »Was aber passiert, wenn jemand zwar weiß, was er will, und einen Plan ausgearbeitet hat, diesen sodann realisiert und dann doch scheitert? Wirkt sich das Scheitern denn nicht zerstörerisch auf das Selbstbewusstsein aus?«

Carnegie lächelte. »Ich habe gehofft, dass Sie diese Frage stellen würden. Sie gibt mir die Gelegenheit, etwas zurechtzurücken, bei dem sich so viele Menschen irren. Jede Widrigkeit trägt auch einen großen Vorteil in sich, wie ich mit Nachdruck sagen will, nämlich dass sie dem Betreffenden einen Pluspunkt sichert oder, anders ausgedrückt, einen Aktivposten darstellt. Sehen Sie sich doch einmal das Leben der erfolgreichsten Männer an, dann werden Sie zweifelsfrei feststellen, dass ihr Erfolg immer mit Scheitern einherging. Im Leben ist es ja nun einmal so, dass Stärke und Weisheit aus Niederlagen und Widrigkeiten hervorgehen.«

Doch Hill gab sich mit dieser Antwort nicht zufrieden. »Die meisten Menschen glauben bestimmt nicht, dass jede Niederlage einen entsprechenden Nutzen in sich trägt – vor allem dann nicht, wenn sie mit einem Mal über sie hereinbricht, wie das von Zeit zu Zeit der Fall ist. Was kann man tun, wenn ein Vorhaben gescheitert ist und diese Erfahrung dann am Selbstbewusstsein nagt und den Glauben an sich selbst und die eigenen Fähigkeiten zerstört?«

»Am besten schützt man sich davor, von Niederlagen überrollt zu werden, indem man seinen Verstand darauf trainiert, sich schon im Voraus mit dieser Möglichkeit zu befassen.« Carnegie sprach davon, wie wichtig es sei, Herr seines eigenen Verstandes zu sein. Der Geist, so führte er aus, sei die wahre Quelle unbegrenzter Macht. Die dominierenden Gedanken eines Menschen kreierten seine Persönlichkeit – sein Ego. Etwas moderner ausgedrückt könnte man auch sagen: »Man ist, was man denkt.«

Carnegie verdeutlichte diese Theorie mit einer wahren Geschichte aus seinem Leben. Etwa vor 50 Jahren arbeitete er als ungelernte Kraft und hörte einen Kollegen sagen: »Ich hasse es, arm zu sein. Und ich will das nicht länger ertragen.« Er arbeite noch immer dort, so Carnegie, weil sein Geist auf Armut festgelegt sei und er nicht weitergedacht habe. Carnegie fuhr fort, dass es etwas ganz anderes gewesen wäre, wenn er sich gesagt hätte: »Ich genieße Wohlstand mit all seinen Annehmlichkeiten und werde ihn mir erarbeiten und mich daran erfreuen.« So hätte er seinen Verstand dazu gebracht, sich auf dieses Ziel zu konzentrieren, das er über kurz oder lang dann auch erreicht hätte. Die Tatsache, dass er sein Leben in Armut hasste, änderte nichts daran. (Die Quintessenz dieser Geschichte war das Prinzip, das Napoleon später als »die Kraft der positiven Gedanken« bezeichnete.)

Carnegie war noch nicht fertig und sagte zu Hill: »Noch besser allerdings wäre es gewesen, wenn er noch einen Schritt weiter gegangen wäre und beschrieben hätte, was er im Gegenzug für seinen Wohlstand zu leisten bereit gewesen wäre.« Carnegie griff auf die Gründung Amerikas zurück, um besser zu verdeutlichen, wie viel Macht Gedanken haben. »Einer der Gründe, weshalb Amerika das reichste und freieste Land der Welt ist, ist die Tatsache, dass wir Amerikaner in Begrifflichkeiten wie Freiheit und Wohlstand denken und reden und handeln. Unsere Nation ist in dem Wunsch nach größtmöglicher Freiheit groß geworden – und wir Amerikaner haben so oft daran gedacht und davon gesprochen, dass wir geradezu besessen davon sind –, was uns letzten Endes in die Lage versetzte, um unsere Freiheit zu kämpfen, und das mit Erfolg!« Doch, fuhr er fort, all das wäre nicht möglich gewesen, wenn die Gründerväter Amerikas nicht ein klares Ziel vor Augen gehabt hätten. »Unser Land wurde von Männern gegründet, die ein konkretes Anliegen verfolgten, dem sie durch ihren brennenden Wunsch, dieses Ziel auch tatsächlich zu erreichen, Leben einhauchten. Sehr erfolgreiche Männer haben es sich zur Gewohnheit gemacht, aus ihrem erklärten Hauptziel eine Obsession zu machen.«

Carnegie erklärte zudem noch eine weitere seiner Theorien, und zwar, was es mit der sogenannten Mastermind-Gruppe auf sich hatte. Er war davon überzeugt, dass John Hancock, Samuel Adams und Richard Henry Lee eine solche Gruppe gegründet hatten, einfach nur, indem sie sich über ihre Hoffnung und ihren großen Traum von der Freiheit für die Kolonien – überwiegend in Schriftform – ausgetauscht hatten. Und genau diese Leidenschaft, mit der sie ihre Vorstellungen und Ideale geteilt hatten, führte letzten Endes zu der historischen Versammlung in der Independence Hall, »wo 56 Männer ihre Unterschrift unter das Dokument setzten, das die Geburtsstunde einer freien Nation einläutete: die Unabhängigkeitserklärung«.

»War es wirklich so einfach?«, fragte Hill daraufhin.

»Es war alles andere als einfach«, antwortete Carnegie, »aber die angewandten Prinzipien sind einfach. Keine Frage, natürlich mussten viele geheime Treffen des Ersten Kontinentalkongresses stattfinden, damit sich ihr konkretes Vorhaben in die Tat umsetzen ließ. Es war dieses gemeinsame Bemühen – bei dem die Anwesenden sich gemeinsam ihr neues und freies Land vorstellten –, das letzten Endes Washingtons Soldaten inspirierte, aufzustehen, für die Freiheit zu kämpfen und entgegen aller Wahrscheinlichkeit und trotz scheinbar unüberwindbarer Widerstände zu triumphieren und diesen Kampf glorreich zu beenden.«

Carnegie bemerkte, dass seine Worte Hill zutiefst beeindruckt hatten und bei diesem jungen Mann mehr ausgelöst hatten – dass er nicht nur ein guter Zuhörer war, der die Weisheit eines alten Mannes zu schätzen wusste. Er konnte förmlich spüren, wie aufgeschlossen Hill war und wie ausgeprägt sein Bedürfnis danach, Neues zu lernen und etwas aus seinem Leben zu machen. Dies wiederum gefiel Carnegie so sehr, dass er Hill mitteilte, er wäre geneigt, nicht nur dieses Interview, sondern noch weitere Gespräche mit ihm zu führen. Und so geschah es, dass der Industrielle – zu Hills großem Erstaunen – den jungen Mann einlud, das gesamte Wochenende in seinem Herrenhaus zu verbringen. Für Hill war dies eine einmalige Gelegenheit, um Ideen und Theorien mit Carnegie auszutauschen, weshalb er das Angebot dankbar annahm. Ihre Gespräche während der darauffolgenden paar Tage sollten rund 30 Jahre später die Grundlage bilden für Hills berühmtes Werk *Think and Grow Rich,* ein Bestseller und der wohl einflussreichste Selbsthilferatgeber, der jemals geschrieben wurde. Den Rest seines Lebens brachte Hill damit zu – in Büchern, Vorträgen, Seminaren und Vorlesungen –, über den »bemerkenswerten« Mr. Carnegie zu schreiben und zu reden und darüber, worum es an diesem denkwürdigen Wochenende im Jahr 1908 ging.

Während sie durch das satte Grün der Privatgärten des Millionärs wandelten, erzählte Carnegie Hill, dass es jeder in der Hand habe, seine Persönlichkeit zu prägen, sofern er lernte, seine Gedanken zu kontrollieren. »Der Geist«, sagte er, »ist die Quelle von Glück, aber auch von Leid, von Reichtum ebenso wie von Armut, er knüpft Freundschaften oder schafft sich Feinde. Der menschliche Geist kennt keine Grenzen, außer denen, die er sich selbst mangels Glauben auferlegt. Was der Verstand eines Menschen begreifen und glauben kann, kann er auch erreichen.«

»Das mag schon sein«, antwortete Hill, »und das klingt sehr inspirierend, aber die meisten Menschen verlieren irgendwo auf ihrem Weg diesen Glauben. Oder aber er fehlt ihnen gleich von Anfang an.«

Carnegie erwiderte: »Das stimmt. Leider ist dem so, dass die meisten Menschen trotz dieser unglaublichen Kraft, die uns allen zur Verfügung steht, es zulassen, dass sie sich von ihren Ängsten, Zweifeln und selbst auferlegten Grenzen einschüchtern lassen. In meinen jungen Jahren habe ich aus erster Hand erfahren, wie bitter Armut schmeckt und wie schlimm es ist, wenn die eigenen Möglichkeiten begrenzt sind. Von dieser Tatsache wissen all meine Freunde und Bekannten. Doch der Fluch der Armut lastet nicht mehr auf mir, weil ich die Kontrolle über meinen Geist erlangt habe, und es ist mein Verstand, dem ich alles Materielle verdanke, was ich je besitzen wollte, und der es ermöglichte, dass ich weitaus mehr mein Eigen nenne, als ich je brauchen werde. Diese Kraft der Gedanken ist universell, sie steht dem kleinsten Geist ebenso zur Verfügung wie dem größten.«

Doch das war noch längst nicht alles. Carnegie erzählte Hill, dass sich das Leben eines Ford, Edison, Rockefeller, Firestone oder Alexander Graham Bell kaum von seinem eigenen unterschied. Sie alle waren nach der Methode »Versuch und Irrtum« vorgegangen, sie alle hatten ein erklärtes Anliegen und handelten dann entschlossen – »denn ohne entsprechendes Handeln nützen selbst die besten Pläne und Vorhaben nichts« –, und genau deshalb hatten sie so großen Erfolg und gelangten zu Ruhm und Wohlstand. Noch aufregender fand Hill jedoch Carnegies Überzeugung, dass es jedem ganz normalen Menschen – sofern er denn sein Leben zum Besseren wandeln wollte – möglich sei, genau dies zu tun, indem er sich intensiv mit den Leben großer Führungspersönlichkeiten befasst. Ganz gleich, ob es sich um Industrielle, Präsidenten, Erfinder oder religiöse Anführer handelt, die Gemeinsamkeiten ihrer Lebensgeschichten könnten die ganze

Welt erleuchten, inspirieren und ihr zum Vorteil gereichen. Es sei lediglich nötig, so Carnegie, dieses Wissen – die zugrunde liegende Philosophie und die einzelnen Schritte zum Erfolg –, das sich die herausragendsten Erfolgsmenschen im Laufe ihres Lebens angeeignet haben, mit dem Rest der Welt zu teilen. Carnegie wusste, dies könnte für Millionen von Menschen eine einzigarte Chance von unschätzbarem Wert sein: Sie könnten von denen lernen, deren Leben wie das eines jeden normalen Menschen begonnen hatte, die es aber dank der unendlichen Kraft der Gedanken geschafft haben, ihr Leben entscheidend zu ändern, und damit auch das von Millionen anderen Menschen.

Carnegie war klar, dass dazu umfassende Interviews mit Hunderten von Unternehmensleitern aus allen möglichen Branchen erforderlich wären. Auch müsste das Leben aller Erfolgsmenschen analysiert werden, die bereits verstorben waren. Und nach Abschluss dieser umfangreichen Aufgabe müsste das gesamte so gewonnene Wissen zu verständlichen Prinzipien umformuliert werden. Er ging davon aus, dass dieses Unterfangen mindestens 20 Jahre erfordern würde. Das Buch, in dem die Quintessenz dieses Wissens zu lesen wäre, wäre das Werkzeug, mit dem sich Menschen auf der ganzen Welt selbst helfen und mit dem sie ihre Wünsche in Erfüllung gehen lassen könnten. Hill bestätigte, dass er nicht nur Carnegies utopische Vision teilte, sondern auch davon überzeugt war, sie würde sich in die Tat umsetzen lassen.

Genau das wollte Carnegie hören. Er wandte sich an Hill und fragte ihn, ohne um den heißen Brei zu reden, wie es sonst seine Art war, ob er sich dieser Herausforderung gewachsen sehe. Hill war erstaunt und fühlte sich geschmeichelt, dass ihm Carnegie diese Aufgabe zutraute. Doch auch er war im Grunde seines Herzens überzeugt, er sei der Richtige dafür. In weniger als einer halben Minute hatte er seine Entscheidung gefällt. Wie Carnegie ihm sogleich erzählte, hatte es exakt 29 Sekunden gedauert, denn er hatte die Zeit gestoppt, bis Hill seine Frage beantwortete. Er hätte Hill im Übrigen höchstens eine Minute Zeit gelassen, eine Entscheidung zu fällen. Hätte Hill auch nur eine Sekunde länger gebraucht, hätte Carnegie sein Angebot zurückgezogen, denn »einem Mann, der sich nicht schnell entscheiden kann, sobald ihm alle relevanten Tatsachen bekannt sind, traue er nicht zu, eine einmal getroffene Entscheidung auch bis zum Ende durchzuziehen«. Carnegie selbst war dafür bekannt, dass er sehr schnell Entscheidungen fällte und sie niemals hinterfragte oder bedauerte.

Hill war erleichtert, den Test bestanden zu haben. Doch auf den Schock, der sogleich folgen sollte, war er nicht vorbereitet. Andrew Carnegies gigantisches Projekt war mit keinerlei Vergütung verbunden, Napoleon würde lediglich seine Spesen erstattet bekommen. Hill konnte es kaum fassen. Da saß ihm einer der reichsten Männer der Welt gegenüber und bot ihm eine der schlechtbezahltesten Tätigkeiten überhaupt an – er würde ihm quasi 20 Jahre Arbeit geben und nicht einen Cent dafür bezahlen. Carnegie versicherte dem perplexen Hill, dass der Lohn für seine Arbeit weit mehr wäre, als sich in Geld ausdrücken ließe. Hill würde das Geheimnis des Erfolgs aus erster Hand erfahren, und ihm würden sich Türen öffnen, die ihm andernfalls verschlossen bleiben würden. Nicht zuletzt hätte Hill das Privileg, der Welt das wohl aufschlussreichste Werk, das je geschrieben würde, zur Verfügung zu stellen. Carnegie prognostizierte, dass seine Veröffentlichung auch Hill zu einem sehr erfolgreichen Mann machen würde. Keine Frage, der junge Mann wollte sich dieser Aufgabe stellen – schließlich war das die potenziell einträglichste Chance seines Lebens –, doch insgeheim fragte er sich voller Angst, wie er diese Durststrecke ohne Einkommen würde überstehen können. Doch so und nicht anders lautete Carnegies Angebot, und daran würde sich nichts ändern. Ebenso wenig wie an Hills Entscheidung, darauf einzugehen. Er schluckte seinen Stolz und seine Angst hinunter und nahm Carnegies Angebot dankbar, demütig und voller Vorfreude an. Als er sich Jahre später an diesen Tag erinnerte, sprach er davon, wie »das Schicksal mir damals die Hand reichte«.

Doch wie reagierte Hills Familie auf dieses Projekt? Nun, die Reaktionen reichten von leichter Skepsis über Spott bis zu blanker Wut. Mit löblicher Ausnahme seiner Stiefmutter Martha waren sich alle einig, dass es eine törichte Entscheidung war und zudem unmöglich, dieses Projekt in Angriff zu nehmen und gleichzeitig seinen Lebensunterhalt verdienen zu müssen. Mit ihrer Reaktion verliehen sie Hills Bedenken zwar eine Stimme, doch trotz ihres Hohns verfestigte sich sein Entschluss, das Projekt durchzuziehen. Offenbar hatte er Andrew Carnegies erstes Erfolgsprinzip – ein erklärtes Hauptziel zu haben – zumindest unterbewusst bereits verinnerlicht.

Ende 1908 würde noch jemand in Hills Leben treten und es für immer verändern. Eines schneereichen Tags im Dezember lernte er Florence Elizabeth Hornor, eine hübsche junge Dame aus Lumberport, West Virginia, kennen. Sie wohnten damals beide in Washington, D. C. – Florence, weil sie sich um ihre Nichte kümmerte, die an Kinderlähmung erkrankt war, und Hill teilte sich dort eine Wohnung mit seinem Bruder Vivian, der sein Studium abgeschlossen hatte und nun seine ersten Berufserfahrungen sammelte. Napoleon schrieb weiterhin Artikel für *Bob Taylor's Magazine* und war mit seinen mittlerweile schon 26 Jahren noch weit von beruflichem Erfolg entfernt. Doch in seinem Privatleben lief es besser, als er es sich in seinen kühnsten Träumen ausgemalt hatte. Florence Hornor machte Hill so glücklich, wie er es noch nie zuvor gewesen war. Obwohl sie bereits 20 Jahre alt war, ging sie in die letzte Klasse der Highschool. Wohl aus familiären Gründen hatte sie den Besuch der höheren Schule immer wieder verschoben. Sie war eine hervorragende Schülerin und stand kurz vor den letzten Prüfungen, die sie mit Auszeichnung bestehen würde. Sie sprach fließend Deutsch, besaß hervorragende Kenntnisse in Chemie, und auch in ihrer Muttersprache brillierte sie.

Wie fast alles in Napoleons Leben war auch ihr erstes Zusammentreffen auf recht ungewöhnliche Art und Weise erfolgt. Hill lernte sie über eine Kleinanzeige kennen, die er in der Sonntagsausgabe der *Washington Times* geschaltet hatte. Darin stand: »Gebildeter, anständiger junger Geschäftsmann, der erst vor Kurzem nach Washington gezogen ist, würde gerne eine gebildete junge Dame, vorzugsweise nicht älter als 18, kennenlernen. Ziel: gegenseitige Freundschaft, Heirat jedoch nicht ausgeschlossen. Alle Zuschriften werden streng vertraulich behandelt; auf Wunsch treffe ich mich vorab mit einem Mitglied ihrer Familie und überzeuge es von meinen redlichen Absichten und meiner Person. Zuschriften bitte an: Young Southerner, Box 27, Times Office.«

Nicht die zurückhaltende Florence hatte auf Napoleons Kontaktanzeige geantwortet, sondern eine Cousine, die im selben Haus lebte. Doch als Napoleon der Einladung zu einem ersten Beschnuppern folgte, war es nicht sie, die ihm sofort ins Auge fiel und sein Herz im Sturm eroberte, sondern Florence, die sich soeben aus dem Salon ein paar Schulbücher holen wollte. Die beiden sahen sich einen kurzen Moment an, und schon war es um beide geschehen – Liebe auf den ersten Blick.

Zehn Jahre später schrieb Florence über diesen Abend: »Als ich nach unten ging, um diese Bücher zu holen, fand ich stattdessen meinen zukünftigen Ehemann – vielmehr hat er mich gefunden, denn er schenkte mir nur einen Blick, und als ich mich wieder nach oben zurückziehen wollte, kam er mir nach und holte mich wieder zurück.« In ihren Augen war Hill viel zu ernst und zu gediegen, weshalb sie unverzüglich beschloss, ihn eines Tages irgendwie dazu zu bringen *zu lächeln*. Sie sprach als »mein Märchenprinz« von ihm, und zweifellos war er nicht minder verliebt in sie, denn sie erinnerte sich daran, dass Hill ihr einmal gesagt hatte: »Gott muss mich dorthin geschickt haben, damit ich dich kennenlerne.« Wenige Tage später, als sie zum ersten Mal miteinander ausgingen, schüttete Napoleon Florence sein Herz aus und erzählte ihr nicht nur von seiner Vergangenheit – seine schlimme Kindheit im Hinterland Virginias –, sondern auch von der goldenen Zukunft, die er für sich sah: ein Leben voller Erfolge im Dienste der Menschheit. Mehr wollte Florence gar nicht hören. »Kurz entschlossen entschied ich mich, ihn zu heiraten und ihm dabei zu helfen, seine Träume wahr werden zu lassen«, schrieb sie später.

Ein knappes Jahr nachdem sie sich Hals über Kopf ineinander verliebt hatten, verlobten sich Napoleon und Florence – ohne Wissen oder gar Zustimmung von Florence' Familie, womit sie wohl allen Einwänden entgehen wollten, die die Hornors zu dieser Entwicklung ihrer Beziehung mit Sicherheit vorgebracht hätten. Denn schließlich war Napoleon, so klug, ehrgeizig und tatkräftig er auch war, noch immer so arm wie eine Kirchenmaus, seine Zukunft war ungewiss, und die Hornors besaßen nicht nur viel Land, sondern führten auch mehrere Geschäfte sehr erfolgreich. Zögerlich hatte Florence dieser »heimlichen« Verlobung zugestimmt, doch es gelang ihr nicht, ihrer Mutter diese Neuigkeit vorzuenthalten.

Flora Hood Hornor hatte Napoleon Hill bereits ein halbes Jahr zuvor kennengelernt, als sie auf Kurzbesuch in Washington war, und ihr hatte der ernste junge Mann gut gefallen. Doch Florence kannte ihre Mutter gut genug, um zu wissen, wie sehr sie die Verlobung ihrer Tochter aufbringen würde, und schrieb ihr einen Brief, in dem sie ihre Bedenken zerstreute und ihr versicherte, dass sie Napoleon von ganzem Herzen liebte und an ihre gemeinsame Zukunft glaubte. Zudem setzte sie durch, dass ihr Verlobter genau das Gleiche tat.

Auf schlichtem Briefpapier, das nur ein großes, schräg stehendes, flott geschwungenes H links oben trug, schrieb Hill seiner künftigen Schwiegermutter:

Werte Mrs. Hornor,

jeden Tag verfasse ich zahlreiche Geschäftsbriefe, und üblicherweise weiß ich genau, was ich sagen möchte und wie ich es ausdrücke, aber in diesem Fall muss ich zugeben, dass ich bei diesem Brief, an dem ich gerade sitze, keine Ahnung habe, was ich sagen, womit ich beginnen und womit ich enden soll. Ich bin sehr froh, dass ich Ihre Bekanntschaft machen durfte, als Sie letztes Jahr hier waren, denn so kurz unsere Begegnung auch war, ließ sie mich doch in dem Wissen zurück, dass Sie eine herzensgute, großmütige Dame aus den Südstaaten sind. Daher wage ich zu hoffen, dass der Grund, aus dem ich diese Zeilen an Sie richte – trotz meines jämmerlichen Schreibstils –, mit dem ausgesprochenen Wohlwollen und Zuvorkommen von Ihnen aufgenommen werden wird, das den Südstaatlern eigen ist.

Sicherlich hat Ihnen Florence von unserer Verlobung erzählt, weshalb ich davon ausgehen darf, dass mein Bemühen, Sie näher kennenzulernen, nicht überraschend für Sie sein dürfte – und, so hoffe ich, auch keine Enttäuschung. Mir ist durchaus bewusst, dass Sie dem Ansinnen Ihrer Tochter, Ihres kleinen Mädchens, sich künftig den Pflichten und Aufgaben des Ehelebens zuzuwenden, nur schwerlich werden zustimmen können, so wie die meisten Mütter.

Doch ich weiß, dass Sie um den Lauf der Dinge wissen und auch darum, dass jede Mutter einer Tochter im heiratsfähigen Alter damit konfrontiert wird.

Wenn Miss Florence den Sommer über bei Ihnen verbringt, hoffe ich sehr, Sie alle besser kennenlernen zu dürfen.

Herzlich grüßt Sie Ihr ergebener
Napoleon Hill

Flora Hornor wurde oft als Hausdrachen beschrieben, den fast jeder fürchtete oder gar hasste, aber in ihrer Antwort auf Hills Brief, in dem sie nachvollziehbar die Sorge um ihr Kind beschrieb, zeigte sie großes Verständnis. Ganz offensichtlich fand sie Napoleons unumwunden geäußerten Wunsch, akzeptiert und in ihre Familie aufgenommen zu werden, sehr liebenswert, zumal er mit entwaffnender Arglosigkeit vorgebracht worden war. Damit war sie in der Lage, ihm ehrlich zu antworten und dabei ihre mütterliche Seite zu zeigen.

Werter Mr. Hill,

Ihr Brief ist vor ein paar Tagen hier eingetroffen, und ich möchte Ihnen gerne mitteilen, dass Florence mir erzählt hat, dass sie davon ausgeht, schon bald vermählt zu sein. Wie Sie schreiben, ist es nicht sehr angenehm für mich zu wissen, dass ich meine Tochter in Ihre Hände geben muss, und für mich kam das so überraschend, dass ich mich kaum an diesen Gedanken gewöhnen kann. Florence ist doch noch ein Kind. Sie ist meine jüngste Tochter und hat ihren Kopf schon immer durchgesetzt. Ihr Glück liegt mir sehr am Herzen, und wenn Sie, Mr. Hill, mir versichern, dass sie mit Ihnen zusammen glücklich wird, dann habe ich keine Einwände gegen die Hochzeit. Sie ist ein liebes, gutes Kind, sehr warmherzig, war immer freundlich zu ihrer Mutter und ist sehr rücksichtsvoll. Manchmal habe ich das Gefühl, ich kann ohne sie nicht sein, aber ich möchte ihrem Glück nicht im Wege stehen und stattdessen tun, was für sie das Beste ist. Ich kann nicht behaupten, ich liebte eines meiner Kinder mehr als ein anderes, aber Florence suchte immer meine Nähe und hat sich mehr Gedanken um mich und mein Wohlergehen gemacht als meine anderen Kinder. Deshalb werde ich sie auch mehr vermissen. Ich denke, Sie und Florence sollten einander noch besser kennenlernen und nichts überstürzen. Ich bin erpicht darauf, Sie besser kennenzulernen, und möchte, dass Sie auch dem Rest meiner Familie begegnen. Sie müssen diesen Sommer unbedingt kommen und uns einen Besuch abstatten.

In der freudigen Erwartung, Sie recht bald zu sehen, grüßt Sie herzlichst
Ihre
Flora Hood Hornor

Auch wenn niemand sagen kann, wie lange die Verlobungszeit ihrer Tochter in ihren Augen hätte dauern sollen, stieß ihr kluger Rat auf taube Ohren. Am 23. Juni 1910 heiratete das eigensinnige Paar, und Napoleon – entgegen Floras Wunsch – lernte die restliche Familie der Hornors erst kennen, *nachdem* er Teil davon geworden war. Zum Glück mochten alle Florence' Ehemann und waren beeindruckt von seiner Intelligenz, seinem Selbstvertrauen und seiner Energie. Außerdem betete er seine Frau an und hatte große Pläne für ihre gemeinsame Zukunft.

Die Frischvermählten richteten ihren eigenen Hausstand in einer winzigen Wohnung in Washington, D. C., ein und statteten Florence' Familie in Lumberport nur gelegentlich einen Besuch ab. Einen davon sollten die Hornors – ach was, ganz Lumberport – nie wieder vergessen.

An diesem kalten Tag im November 1910 war es sehr regnerisch. Florence hielt sich im Haus ihrer Mutter auf, weil sie den Hausarzt der Familie fragen wollte, ob sie mit ihrer Vermutung richtigliege und bereits seit mehreren Wochen schwanger sei. Napoleon war auf dem Weg zu ihr, weil der obligatorische Besuch seiner Schwiegermutter anstand. Wie er wusste, gab es keine direkte Verbindung der Eisenbahngesellschaft Baltimore & Ohio Railroad nach Lumberport, da nur eine wacklige Brücke über den West Fork River führte, sodass er die letzten fünf Kilometer zu Fuß gehen musste. Als Hill aus dem Zug stieg, regnete es stark, und als er endlich im Haus seiner Schwiegereltern ankam, war er schlammverspritzt und durchnässt bis auf die Haut und ähnelte mehr einem Landstreicher als dem gepflegten jungen Ehemann von Florence. Hill war so aufgebracht, dass er sich bei Florence' Onkel, V. L. Hornor, dem leitenden Kassierer der Lumberport Bank, über die erbärmlichen Straßenverhältnisse beschwerte.

Hornor pflichtete ihm bei, dass der Transport in die und aus der Stadt eine Katastrophe sei, erklärte aber, dass niemand die Kosten für eine neue Brücke übernehmen wolle, obwohl Lumberport dies seit über zehn Jahren verzweifelt versuchte. Nur ein Eisenbahnwaggonhersteller wäre zur Finanzierung bereit, doch er könnte die 100.000 Dollar für die Baukosten nicht aufbringen. Deswegen würde keine neue Brücke errichtet und die Straßen wären eine einzige Zumutung.

Hill unternahm mit Florence' Onkel einen Ausflug zum Flussufer und wies darauf hin, dass die Landstraße, die über die Holzbrücke verlief, einen gefährlichen Kreuzungspunkt darstellte, da am anderen Ufer etwa ein Dutzend Gleise zu einem Rangierbahnhof führten, die oft blockiert wurden, wenn zu viel Verkehr auf der Brücke war. Hill zog folgende Schlussfolgerung: Die Eisenbahngesellschaft Baltimore & Ohio Railroad sollte allein deshalb bereit sein, einen Teil der Kosten zu übernehmen. Ebenso würde sich wohl auch der Kreis daran beteiligen, da die Straßen dadurch sicherer und in besserem Zustand wären. Dass gleichzeitig auch die Wirtschaft angekurbelt würde und neue Geschäfte nach Lumberport kämen, lieferte ihm ein weiteres schlagkräftiges Argument. Hornor war begeistert von der Logik und dem Enthusiasmus des jungen Mannes. Hill präsentierte dann sogleich seine Lösung des Problems: Seiner Meinung nach sollten also alle drei Institutionen – die Eisenbahngesellschaft, das Kreiskomitee und der Waggonhersteller – gemeinsame Sache machen und sich die Kosten für die neue Brücke teilen.

Sein Plan konnte aufgehen. Hill stellte sofort ein Komitee mit mehreren bekannten Bürgern, Landräten und dem Bürgermeister von Lumberport zusammen und vereinbarte eine Unterredung mit dem zuständigen Leiter der Eisenbahngesellschaft Baltimore & Ohio Railroad. Nachdem er ihm erklärt hatte, wie gefährlich die Situation vor Ort sei, bat er ihn, ein Drittel der Baukosten zu übernehmen. Der Leiter hielt dies für eine angemessene Beteiligung und stimmte zu. Die Landräte waren ebenso wie die Dampfeisenbahngesellschaft bereit, ein Drittel der Kosten zu übernehmen. Kurze Zeit später begannen die Bauarbeiten, und in weniger als einem halben

Jahr war der lang gehegte Traum von einer neuen Brücke Realität geworden. Damit waren nicht nur alle Probleme gelöst, sondern auch Hills Prophezeiung, dass die Stadt auch in wirtschaftlicher Hinsicht davon profitieren würde, trat ein. Lumberport erblühte wie noch nie zuvor. Hill war stolz darauf, was er erreicht hatte, und veranschaulichte mit dieser Geschichte Jahre später eines seiner »Erfolgsgesetze«, nämlich die Verknüpfung eines erklärten Anliegens mit einem konkreten Plan. Es war vermutlich das erste Mal, dass Hill seine beeindruckende Motivationsgabe einsetzte, um andere zusammenzubringen, sie zur Zusammenarbeit zu bewegen und in ihnen das Bedürfnis zu wecken, etwas zum Nutzen aller in Angriff zu nehmen. Die Bürger von Lumberport waren (zu Recht) so beeindruckt von dem jungen Napoleon, dass sie ihm den Spitznamen *Andrew Carnegie junior* verliehen. Hill sonnte sich in dem schmeichelhaften Vergleich.

13 Monate nach seiner Hochzeit mit Florence erblickte ihr erstes Kind – ein Sohn, den sie nach Hills Vater James tauften – das Licht der Welt. Ihre kleine Familie lebte weiterhin in der winzigen Wohnung in Washington, und die frischgebackenen Eltern platzten vor Stolz auf ihren Nachwuchs. Hill war eben erst von einer Reise nach Detroit zurückgekehrt, wo er Henry Ford interviewt hatte, der diese Stadt eines Tages berühmt machen und ganz Amerika auf vier Räder stellen würde. Carnegie hatte Hill ein Empfehlungsschreiben für den Autobauer überreicht, und Hill war sehr aufgeregt gewesen, ihn persönlich treffen zu können.

»Doch ich muss zugeben«, schrieb Hill viele Jahre später, »dass dieses Treffen sehr enttäuschend für mich war. Ford war sehr unterkühlt, gleichmütig, lustlos und wortkarg.« Doch Hill ließ sich nicht von seinem Eindruck entmutigen, und obwohl er von Ford keine wertvollen Informationen erhielt, sprach er mit vielen seiner Angestellten im Werk und auch mit ortsansässigen Kaufleuten und Geschäftspartnern von Ford. Kein einziger davon teilte Carnegies Meinung, dass man Ford eines Tages für ein Genie halten würde. Doch Carnegie lag mit seiner Einschätzung goldrichtig, und auch Hill korrigierte sein Urteil über Ford und räumte Jahrzehnte später ein, dass cr zumindest ein oder zwei Merkmale besessen hätte, die typisch für äußerst erfolgreiche Menschen seien: eiserne Selbstdisziplin und die Fähigkeit, sich voll und ganz auf ein Ziel zu konzentrieren. Als Hill ihn seinerzeit besucht hatte, wollte Ford aber nicht über Erfolgsprinzipien reden, sondern nur über sein Auto. Erst dann taute der wortkarge Mann auf. Voller Stolz zeigte er ihm sein jüngstes Modell T und drehte mit Hill eine Proberunde um die Fabrik. Hill war davon so begeistert, dass er sogleich einen Wagen kaufte – zum stolzen Preis von 680 Dollar – und damit zurück nach Washington fuhr, um Florence mit seiner Neuanschaffung zu überraschen.

Es wäre untertrieben zu behaupten, dass Florence überrascht gewesen wäre – sie war viel mehr fassungslos über diese verschwenderische Ausgabe. Florence' Mitgift schmolz rasch dahin, schließlich lebte eine Kleinfamilie davon. Wie konnte Napoleon seine Augen vor ihrer finanziellen Misere verschließen? Er sollte sich besser um ein festes Einkommen bemühen, so dachte sie.

Ob es nun Glück war oder nicht, Hill fand kurz nach seiner Begegnung mit Ford Arbeit als Autoverkäufer in Washington, D. C. Auch bei dieser für ihn völlig neuen Tätigkeit zeigte Hill seine übliche Mischung aus Sorgfalt und Begeisterung und leistete mehr, als er für sein Geld eigentlich gemusst hätte (aus diesem Charakterzug leitete er sein Prinzip ab, »stets mehr zu tun, als von einem verlangt wird, und noch eine Schippe nachzulegen«). Das führte dazu, dass sein Arbeitgeber seinen Umsatz kontinuierlich steigern konnte. Nach wenigen Monaten hatte Hill noch eine Idee, wie sich der Erfolgskurs des Unternehmens weiter erhöhen ließe: Er richtete eine Schulungsabteilung ein – und nannte sie hochtrabend das Automobil-College von Washington. Dort lernten Chauffeure und Autobesitzer zu fahren, und Mechaniker wurden auf die Arbeit am Fließband von Autoherstellern vorbereitet. Überzeugt, dass er für seinen Arbeitgeber noch mehr Gewinn würde erwirtschaften können, beantragte Hill bei einer Bank vor Ort einen Kredit, um die weitere Expansion des Unternehmens zu finanzieren.

Dem Bankangestellten, mit dem Hill zu tun hatte, musste wohl klar gewesen sein, wie naiv Hill in Geldangelegenheiten war, doch Napoleon war zweifelsohne ebenso schuld daran, was als Nächstes geschah. Seine Erwartung, wie sich das Geschäft künftig entwickeln würde, war schlichtweg unrealistisch, und er wollte in zu kurzer Zeit zu viel erreichen. Hill nahm dann einen weiteren Kredit auf, übernahm sich und konnte die Raten nicht mehr bezahlen. In einem verzweifelten Versuch, das ins Straucheln geratene Unternehmen zu retten, lieh er sich von Florence die (in der damaligen Zeit) enorme Summe von 4000 Dollar. Doch auch damit gelang sein Vorhaben nicht, die Bank übernahm das Unternehmen, und Hill war arbeitslos. Es war eine schwere Zeit und eine sehr schmerzhafte Erfahrung für ihn, doch es sollte in seinem Leben noch mehr Tiefen, aber auch Höhen geben, bevor ihm klar wurde, woran es lag, dass er immer wieder Rückschläge einstecken musste. Gut möglich, dass er nie völlig verstand, welche Rolle er bei diesen missliebigen Ereignissen spielte – seine eigenen Unzulänglichkeiten sowohl als Geschäftsmann als auch als Menschenkenner.

Auch wenn es Florence freistand, mit ihrem Geld zu tun, wonach ihr der Sinn stand, wussten die Hornors doch ganz genau, dass diese Episode nichts Gutes für ihre Zukunft oder die ihrer jungen Familie ahnen ließ. Trotzdem zeigten sie sich sehr verständnisvoll, schließlich wussten sie aus eigener Erfahrung, wie unstet und schwierig das Leben als Geschäftsmann sein kann. Sie missbilligten weder, was geschehen war, noch kam es ihnen in den Sinn, Napoleon deswegen zu verachten. Schließlich hatte er ihnen mit der Finanzierung und dem Bau der Brücke in Lumberport gezeigt, was in ihm steckte. Sie hielten große Stücke auf ihn und waren sehr optimistisch, was seine Zukunft und die seiner Familie anbelangte. Nichtsdestotrotz beteten sie dafür, dass Hill künftig besser darauf achten würde, mit wem er Geschäfte machte und welche Art von Geschäften das war.

Zu dieser Zeit tat es ihnen leid, dass Hill auf die Nase gefallen war, weshalb sie bereitwillig einsprangen und dem jungen Paar unter die Arme griffen. Aufgrund der familiären Bindung zwischen den Hornors und den Hoods gelang es ihnen, Napoleon den »leichtesten Job aller Zeiten«, wie er ihn später nannte, zu vermitteln. Er, Florence und das Baby verließen Washington und zogen zurück nach Lumberport, wo Hill eine Stelle als Assistent des Justiziars der Lumberport Gas Company angeboten wurde, einem Familienbetrieb im Besitz der Hornors. Aller Wahrscheinlichkeit nach hatte Hills rudimentärer juristischer Hintergrund die Weichen für diesen Posten gestellt.

Aber Hill war nicht glücklich mit seiner neuen Stelle. Er pflegte darüber zu sagen, dass diese Arbeit zwar nicht anstrengend und dennoch gut bezahlt war – aber auch extrem langweilig. Seine Tätigkeit forderte den jungen ehrgeizigen Mann in keinster Weise, und seine »innere Stimme«, die er nicht zum Schweigen bringen konnte, sagte ihm, dass er nicht das tat, wofür er bestimmt war. Dieses Gefühl nagte ständig an ihm und ließ ihn reizbar und frustriert, manchmal deprimiert werden. Er wollte seinen Lebensunterhalt mit etwas bestreiten, das ihm mehr lag und mit dem er sich identifizieren konnte.

Keine Frage, das Carnegie-Projekt entsprach genau seinem Wesen, und er arbeitete in seiner Freizeit daran – recherchierte, las viel und analysierte das Leben erfolgreicher Männer –, aber er verdiente ja keinen Cent damit. Florence flehte ihn an, die Stelle zu behalten, allein schon, weil sie wieder schwanger war und ihre wachsende Familie mehr denn je auf finanzielle Sicherheit angewiesen war. Doch ihre Stimme war im Vergleich zu Napoleons innerer ein leises Wispern. Er hatte bereits für sich beschlossen zu kündigen – und zwar gleich nach der Geburt seines zweiten Kindes.

Nichts in der Welt hätte das junge Paar auf den Anblick seines jüngsten Sohns kurz nach seiner Geburt am 11. November 1912 vorbereiten können. Napoleon Blair Hill kam mit einer körperlichen Beeinträchtigung auf die Welt, die für Napoleon Hill stets Anlass zur Sorge war, sich letzten Endes aber als Quelle der Inspiration erwies. Der Junge war nicht nur taub, sondern er hatte keine Ohren. In all den Jahren erlaubte ihm Napoleon trotz heftiger Auseinandersetzungen mit der Verwandtschaft des Jungen mütterlicherseits und mit seinen Lehrern nicht, die Gebärdensprache zu erlernen. Er war fest entschlossen, seinem tauben Sohn das Sprechen beizubringen. Hill redete stundenlang mit ihm und presste dabei seine Lippen auf den Schädelknochen am Halsansatz, ein Stückchen hinter der Stelle, wo eigentlich seine Ohren hätten sein müssen. Jahre später lernte der Junge zu hören, denn wie sich herausstellte, übertrug der Schädelknochen die Schallwellen ins Gehirn. Viele Jahre später bekam er ein spezielles Hörgerät, wodurch sich sein Hör- und Sprechvermögen erheblich verbesserte.

Doch es war vor allem Napoleon, der in Blair den Wunsch weckte, seine Behinderung zu überwinden. Sein Vater duldete es nicht, dass Blair sie als Grund ansah, etwas nicht zu können. Ja er duldete es nicht einmal, dass Blair sich als behindert empfand. Hill brachte seinem Sohn bei, seine Taubheit als Nachteil anzusehen, der sich später als Stärke herausstellen könnte. Das vertrauensvolle Verhältnis zwischen Sohn und Vater sollte ihr Leben lang bestehen. Viele Jahre später, als Hill in einem Brief an Florence versuchte, sie hinsichtlich ihrer Zukunftsängste zu beruhigen, schrieb er: »Ich muss oft daran denken, wie sehr mir der kleine Blair vertraut hat. Weißt du noch, wie er mit einem Funkeln in den Augen immer gesagt hat, dass Daddy weiß, wie das geht?« Blair wurde nicht nur wegen seiner körperlichen Beeinträchtigung, sondern auch, weil er ein süßer kleiner Sonnenschein war, nach Strich und Faden von den Hills und Hornors verwöhnt. Er wuchs in der Gewissheit auf, »jedermanns Liebling« und das meistgeliebte Mitglied der Familie zu sein.

Als Blair noch ein Säugling und der kleine James 18 Monate alt war, kündigte Napoleon seine Stelle als Assistent des Justiziars. Obwohl Florence berechtigte Einwände hatte, war Napoleon das Risiko der Arbeitslosigkeit eingegangen, weil er etwas Besseres suchen wollte, von dem er sicher war, dass er es nicht in Lumberport finden würde. Hill sah zwar ein, dass es der perfekte Ort war, um Kinder großzuziehen, aber ihm selbst gefiel das Leben in einer Kleinstadt nicht. Nur eine Großstadt versprach Abwechslung, Abenteuer und den Erfolg, den er sich in seinen Träumen ausmalte. Er wollte irgendwo leben, wo Herausforderungen auf ihn warteten. Seine Wahl fiel auf Chicago. »Ich glaube, in dieser Stadt ist die Konkurrenz am größten. Und wenn ich es dort schaffen würde, hätte ich mir selbst bewiesen, dass etwas in mir steckt, was sich irgendwann als wahres Talent entpuppen könnte.« Hill war immer bereit, sich selbst auf die Probe zu stellen.

Ende 1912 packte er seine Siebensachen, verabschiedete sich tränenreich von seiner Frau und seinen beiden Söhnen und nahm den Zug nach Chicago. Seine Suche nach dem Schatz am Ende des Regenbogens entwickelte sich im Laufe seiner Ehe zu einem Muster, das sich unzählige Male wiederholte, und letzten Endes zahlte Hill einen hohen Preis dafür, dass er seinen eigenen Weg in dieser Welt finden und diese Suche nach seinen eigenen Vorstellungen gestalten wollte – denn das kostete ihn sein Familienleben.

Kurz nach seiner Ankunft in Chicago las Hill eine Stellenofferte der LaSalle Extension University, die Verstärkung für ihre Werbe- und Vertriebsabteilung suchte. Er bewarb sich sofort, weil er davon ausging, der Posten sei vielversprechend. Wieder einmal sorgten die Beziehungen der Familie seiner Frau dafür, ihn in Lohn und Brot zu bringen. George W. Atkinson, ein ehemaliger Gouverneur von West Virginia, der dann Richter am Verwaltungsgericht wurde, verfasste am 18. Dezember 1913 ein Empfehlungsschreiben folgenden Inhaltes an den stellvertretenden Präsidenten der Universität:

Sehr geehrter Herr Präsident,

bezüglich Ihrer Nachfrage über Herrn Napoleon Hill kann ich nur sagen, dass dieser junge Mann voller Energie und Leidenschaft steckt und über sehr viel Erfahrung mit der Werbung von Unternehmen verfügt. Er ist aber nicht nur äußerst tatkräftig, sondern auch sehr findig. Ich bin mir sicher, dass er der Richtige für diesen Posten ist.

Ich versichere Ihnen, dass bezüglich seiner Integrität oder Zuverlässigkeit kein Anlass für irgendwelche Bedenken besteht. Bislang gab sein Verhalten keinen Grund zur Beanstandung.

Sobald Sie ihn eingestellt haben, wird er immer bereit sein, Ihren Anforderungen zu genügen. Sofern erforderlich, wird er auch in den frühen Morgenstunden oder am späten Abend die ihm zugedachten Aufgaben erfüllen.

Hochachtungsvoll
G. W. Atkinson

Dieses glühende Empfehlungsschreiben erfüllte seinen Zweck, und Hill bekam die Stelle. Nach seinem langweiligen Job in Lumberport, der ihn völlig unterfordert hatte, klang dieser neue Posten in Hills Ohren sehr anspruchsvoll und aufregend. Was ihm jedoch noch besser daran gefiel, war, dass seine innere Stimme ihm leise zuflüsterte, dass er dieses Mal auf dem richtigen Weg sei und sich Stück für Stück seiner wahren Bestimmung nähere. Das einzig Schwierige – und Schmerzhafte – daran war, dass er Florence und seine Söhne zurückgelassen hatte. Doch er verdiente nicht genug Geld, um seine Familie in einer teuren Stadt wie Chicago ernähren zu können. Zudem war ihm klar, dass seine unstete Zukunft mehr war, als er seiner Familie zumuten sollte. Ihn tröstete jedoch der Gedanke, dass Florence in ihrer vertrauten Umgebung nach besten Kräften von ihrer Familie unterstützt wurde, auch wenn sie natürlich unglücklich war, von ihrem Mann getrennt zu sein. Doch Hill versicherte ihr wieder und wieder, dass er sie sofort nachkommen lassen würde, sobald er sich das leisten könnte. Eines Tages, so versprach er ihr, würden sie alle in einem großen Haus mit einem wunderschönen Garten, Dienstboten und mehreren Wagen wohnen, ihre Söhne würden auf die beste Schule gehen, kurzum: Sie würden ein Leben führen, das dem im Paradies – zumindest was er sich darunter vorstellte – in nichts nachstünde.

Kurze Zeit nachdem Hill seine neue Stelle in der Werbe- und Vertriebsabteilung von LaSalle angetreten hatte, ließ er sich Briefpapier drucken, auf dessen Briefkopf folgender Text stand: »Napoleon Hill, Rechtsanwalt, 2715 Michigan Avenue, Chicago«. Links unten war zu lesen: »Rechtsabteilung, La-Salle Extension University, Justiziar bei der Lumberport Bank, Lumberport Gas Company«. Dieser hochtrabende Titel klang zwar sehr beeindruckend auf dem Papier, aber es gibt keinerlei Beweis dafür, dass er jemals in dieser Funktion tätig gewesen war. Zum Glück arbeitete er – ganz legal – als Werbeexperte und als Dozent, der anderen Vertriebsmitarbeitern und Verkäufern Verkaufstechniken beibrachte. Wie nicht anders zu erwarten war, machte er einen guten Job und konnte am Ende seines ersten Jahres dort stolz nach Hause schreiben, dass er 5200 Dollar verdient hätte, was Anfang des 20. Jahrhunderts eine hübsche Stange Geld war. Begeistert von seinem finanziellen Erfolg, schrieb er nach Hause: »Der Goldschatz rückt in greifbare Nähe.« Doch erst wenn er diesen »Goldschatz« in Händen hielte, wäre er bereit, Frau und Kinder nachkommen zu lassen. Zumindest scheint es keine andere Erklärung dafür zu geben, dass er seine Familie nicht just zu dieser Zeit nach Chicago holte, denn mit seinem Verdienst, mit dem er so geprahlt hatte, hätte er ihnen ein schönes Leben bieten können. Vielleicht hegte er Zweifel, ob er auch künftig in der Lage wäre, so viel Geld zu verdienen. Eine andere Erklärung wäre, dass Hill schlichtweg nicht die Wahrheit über die Höhe seines Verdienstes gesagt hat.

Von seinem Einkommen abgesehen, wurde Hill bei seiner jüngsten Stelle eine wertvolle Erkenntnis auf dem Silbertablett präsentiert: Er fand heraus, was ihm lag und zugleich Spaß machte. Er besaß die Gabe, anderen beizubringen, wie man etwas verkauft – Produkte, Dienstleistungen und vor allem auch sich selbst. Seine Fähigkeit, andere zu motivieren, begann sich bereits während seiner Tätigkeit an der LaSalle University abzuzeichnen. In den darauffolgenden Jahren verfeinerte er dieses Talent noch und entwickelte sich zum »Großmeister« der Kunst der Motivation. Hill, der zeit seines Lebens auf der Suche nach einer Mission war, begann endlich, um diese Mission zu kreisen. Weshalb aber war er so gut in dem, was er tat? Es lag an nichts anderem als seinem angeborenen Talent. Er besaß alle grundlegenden Qualitäten: wahre Begeisterung, das tiefe Bedürfnis, anderen beim Erreichen ihrer Ziele zu helfen, und die Überzeugung, dass ihre Träume und Wünsche es wert waren, erfüllt zu werden. Hill tat sein Bestes, um in den Verkäufern die eine Eigenschaft zu wecken, über die er selbst im Übermaß verfügte: ein gesundes Selbstbewusstsein. Es war ihm ein inneres Bedürfnis, ihnen die Erkenntnis, die er Andrew Carnegie zu verdanken hatte, zu vermitteln, nämlich dass die einzigen Grenzen die sind, die wir uns selbst auferlegen. Langsam, aber sicher entwickelte Hill seine eigene Erfolgsphilosophie. Vieles von dem, was er anderen beibrachte, hatte er selbst erst während seiner unermüdlichen Arbeit an dem Carnegie-Projekt erlernt. Immer wenn er die Zeit dafür fand, verfasste er Briefe, verschickte

Fragebögen, interviewte namhafte Größen und analysierte das Leben von Hunderten von erfolgreichen Leuten. Hills unerschütterlicher Wille, dieses Projekt am Leben zu halten, so entmutigend es mitunter auch war, rührte zum einen daher, dass er selbst so enorm viel dabei lernte, und zum anderen lag es an seinem festen Entschluss, die einmal begonnene Forschung auch zu einem Ende zu bringen.

Obgleich es keine Anzeichen dafür gab, dass es zwischen Hill und seinem Arbeitgeber zu Zwietracht gekommen wäre, beschloss er nach zwei Jahren, sein Glück woanders zu suchen. Sein nächstes Vorhaben schien das Versprechen des lukrativen Ausbaus seiner geschäftlichen Aktivitäten zu halten. Hill schrieb viele Jahre später darüber, »ich habe mich in die Martha Washington Candy Company eingekauft«. Gemeinsam mit drei weiteren Geschäftspartnern strukturierte er das Unternehmen um und änderte auch dessen Namen in The Betsy Ross Candy Company, wobei »Betsy« auf die Koseform von Elizabeth zurückging, dem zweiten Vornamen von Florence. Die Rezepte für die Pralinen und Süßwaren stammten alle aus ihrer Küche. Sein dritter Sohn David schwärmte in den höchsten Tönen davon, dass seine Mutter die besten Schokoladenbonbons machte.

Da Napoleon das Unternehmen leitete, hielt er dessen Erfolg für sicher – und er hatte damit wohl recht, denn es wuchs und wuchs. Die Geschäftspartner eröffneten weiteren Filialen der Betsy Ross Candy Shops in Baltimore, Milwaukee, Indianapolis und Cleveland. Hill schwamm ganz oben auf der Erfolgswelle – ein bislang unbekanntes Gefühl für ihn. »Endlich habe ich die Tätigkeit gefunden, die ich den Rest meines Lebens ausüben möchte«, schrieb er. Zum Jahresende 1914 ließ er eine Weihnachtsansprache drucken, in der es ihm um die Inspiration ging, die er seiner Familie zu verdanken hatte. Sie war es, die ihn in seinen Bemühungen unterstützt hatte, »ein erfolgreicher Geschäftsmann, ein patriotischer Amerikaner und ein demütiger Christ zu werden«. Er schätzte sich glücklich, weil er »Bürger eines Landes ist, in dem kein Krieg herrscht und in dem nationale Stärke, Wohlstand und Macht als friedenssichernde Werkzeuge eingesetzt werden«. Im letzten Absatz schreibt er voller guten Willens: »Ich kann an keinem

Menschenkind etwas bemängeln … sollte ich 1914 Gutes bewirkt haben, so möchte ich 1915 doppelt so viel Gutes tun. War ich 1914 für irgendeinen Menschen von Nutzen, so möchte ich das im kommenden Jahr für doppelt so viele sein.« Außerdem versprach er: »Dem Jahreswechsel sehe ich nicht ohne den Wunsch entgegen, meinen Traum einer landesweiten Handelskette der Betsy Ross Candy Stores in naher Zukunft realisiert zu sehen.«

Mit Blick auf diese letzten Worte ist auch Hill sicherlich nicht die Ironie daran entgangen, dass ausgerechnet das darauffolgende Jahr seiner Tätigkeit als Vorstand der Süßwarenkette und damit auch seinen Träumen von dessen Zukunft ein bitteres Ende bereitete. Gelinde gesagt schätzten ihn seine drei Geschäftspartner nicht besonders, und das nicht ohne Grund. Hill hatte ein »höllisches Temperament«, wie sein Sohn David zu sagen pflegte, dem kaum etwas entgegenzusetzen war. Außerdem suchte sein Ego stets nach Bestätigung. Etwa 40 Jahre später sagte einer seiner engsten Freunde und Geschäftspartner, W. Clement Stone, der Hill immer respektiert und bewundert hatte, dennoch über ihn: »Es war schwierig mit ihm auszukommen, wenn man seine Meinung nicht teilte.«

Hills Geschäftspartner sahen die Dinge offenbar ganz anders als er. Einer von ihnen wollte nicht nur Hills Ausscheiden aus dem Unternehmen, sondern auch dessen Anteil – und zwar ohne jegliche Gegenleistung. »Ich habe mich viel vehementer dagegen gesträubt«, sagte Hill, »als sie gedacht hatten. Um mich ›sanft‹ zum Ausstieg zu bewegen, ließen sie mich auf Grundlage falscher Anschuldigungen inhaftieren und boten mir einen außergerichtlichen Vergleich an, wenn ich ihnen meinen Anteil an der Firma überschriebe.« Es ist nicht bekannt, was konkret unter den »falschen Anschuldigungen« zu verstehen war, doch Hill schrieb, dass er auf einer Gerichtsverhandlung bestand. Am Tag des Prozesses glänzten seine Geschäftspartner jedoch mit Abwesenheit, was den Richter derart verärgerte, dass er den Fall einstellte, und zwar mit der Begründung, »dies ist der himmelschreiendste Fall versuchter Nötigung, der mir je unter die Augen gekommen ist«.

Hill war zwar rehabilitiert, doch er verklagte seine ehemaligen Partner dann auf einen Schadenersatz in Höhe von 50.000 Dollar, weil sie seinem

Ruf vorsätzlich geschadet hätten. Fünf Jahre später kam es vor dem Superior Court in Chicago zur Verhandlung, und Hill zufolge »wurde ein hartes Urteil zu meinen Gunsten gefällt«. Jahre vor diesem Urteil saß der Partner, der ursprünglich versucht hatte, Hill loszuwerden, bereits im Bundesgefängnis ein, da er wegen eines anderen Vergehens zu einer Haftstrafe verurteilt worden war. Und ein weiterer Partner »war aus dem Geschäft raus und in Ungnade gefallen«. Zu guter Letzt war Hills guter Name wiederhergestellt, doch Hill sah darin etwas, was er Jahre später als Gesetz des Ausgleichs bezeichnete, das auf Hills Lieblingsbibelzitat basiert: »Denn was der Mensch sät, das wird er ernten.« Nie wieder war Hill davon so überzeugt gewesen wie kurz nach dem Urteil.

Für ihn war dieses Unheil zugleich ein weiterer Test seines Glaubens. So schrieb er: »Ich frage mich so manches Mal, ob es nicht am besten für uns alle wäre, wenn wir Erfahrungen machten, die unseren Glauben auf die Probe stellten und unsere Geduld erschöpften, die uns dazu brächten, die Kontrolle zu verlieren und uns zur Wehr zu setzen, denn auf diese Weise erführen wir, wie sinnlos Hass und Neid und Egoismus sind und unsere Neigung, uns dem Glück anderer in den Weg zu stellen.« Geradezu philosophisch wurde er, als er über seinen finanziellen Verlust schrieb: »Wir können uns glücklich schätzen, wenn wir einsehen, dass unser ganzer materieller Reichtum letzten Endes ebenso nutzlos ist wie der Staub, zu dem unsere Gebeine werden.« Traurige Realität war jedoch, dass Hill nach seiner Tätigkeit für die Süßwarenkette arbeitslos und bankrott war.

Diese unerwartete Wendung wirkte sich verheerend auf das Wohlergehen seiner Familie aus.

Florence war ihm immer noch eine treu sorgende und liebende Ehefrau, aber die Kapriolen, die Hill als Geschäftsmann schlug, und seine Unfähigkeit, seine Familie zu unterstützen – geschweige denn ein intaktes Familienleben zu ermöglichen –, verletzten sie allmählich zutiefst. Wieder musste sie sich mit der Bitte um finanzielle, aber auch emotionale Unterstützung an ihre Kernfamilie wenden, was ihr sehr schwergefallen sein dürfte. Immer mehr sah sich Florence in einer Position, in der sie ihren Mann sowohl vor den Hornors als auch vor den Hoods verteidigen musste. Beide Familien hatten das Vertrauen in ihn verloren, und in den kommenden Jahren sollte sich diese Haltung noch verfestigen.

Wurde Florence von ihrem eigenen Mann über den Tisch gezogen? Die Hornors gewannen allmählich diesen Eindruck. Ihre wachsende Sorge um Florence und ihr immer stärker werdendes Misstrauen gegenüber Hill sorgten dafür, dass sich keiner mehr wohlfühlte, wenn er zu Besuch nach Lumberport kam. So war es kein Wunder, dass er sich im kommenden Jahrzehnt immer seltener dort blicken ließ. Während die Hornors von Florence' Ehemann enttäuscht waren, hielt sich seine Zuneigung ihnen gegenüber ebenfalls in Grenzen. Aller Wahrscheinlichkeit nach nahm er ihnen ihr Urteil über ihn sehr übel. Zudem beneidete er sie, weil ihre Geschäfte gut liefen und ihre Gemeinde ihnen Respekt und Anerkennung zollte. Wie auch immer, einzig Florence hielt getreu zu ihm. Napoleon war schließlich der Vater ihrer Jungen, und wenn er denn da war, war er ein liebevoller Ehemann. Seine Briefe endeten auch nach über 20 Jahren Ehe noch immer mit »dein Herzallerliebster«. Woran es ihm auch gemangelt haben mochte, eines änderte sich nicht: Napoleon Hill blieb ein hoffnungsloser Romantiker.

Das Debakel mit der Betsy Rose Candy Company war ein schwerer Schlag für Hill. Er war überzeugt gewesen, dass dieses Unternehmen das Potenzial gehabt hätte, zu wachsen und ihn zu einem erfolgreichen Geschäftsmann zu machen. Noch immer hielt er an seinem großen Traum von Reichtum, Ruhm und Erfolg fest. Auch wenn seine geschäftlichen Unterfangen – mit geradezu verstörender Regelmäßigkeit – innerhalb weniger Monate oder Jahre scheiterten, wollte Hill nicht aufgeben. Für ihn waren das »vorübergehende Rückschläge«, nichts weiter als eine Prüfung seines Glaubens an sich und nicht zuletzt ein Anreiz weiterzumachen.

Im Kielwasser seiner letzten Niederlage entschloss sich Hill, künftig genauer hinzusehen, welche Tätigkeit am besten zu seinen Fähigkeiten passen könnte. Nach wie vor war er der geborene Verkäufer, Werbung und Vertrieb lagen ihm im Blut, weshalb er erneut auf dieses Talent zurückgreifen wollte, wenn auch anders als bei den letzten Malen. Diesmal wollte er die Sache allein angehen, dieses Mal sollte es ein Ein-Mann-Betrieb sein, damit er die Kontrolle über seine Arbeit und seine Zukunft behielt. Es ist und bleibt ein Rätsel, woher er das Kapital dafür nahm. Aller Wahrscheinlichkeit nach waren die Investitionskosten relativ gering, und es dürfte wieder einmal Florence gewesen sein, die ihm mit einem Darlehen unter die Arme griff, sodass er das George Washington Institute gründen konnte, das Fernkurse zu Verkaufstechniken anbot.

Jeder Kurs umfasste zahlreiche auf der Schreibmaschine getippte »Lektionen«, in denen sich Hill sehr ausführlich über alles Mögliche ausließ, von der »Wahrheit in der Werbung« über das »Wissen um das eigene Ich« bis zum »Prinzip des Dienstes an anderen«. So schrieb er: »Wenn wir anfangen, anderen zu helfen, so helfen wir uns auch selbst. In dem Maße, wie wir der Welt dienen, gelangen wir ebenso zum Erfolg.« Nachdem er nach eigener Zählung »das Leben von mehr als 10.000 Männern und Frauen studiert und analysiert hatte, die ernsthaft bestrebt waren, ihren Platz in der Arbeitswelt zu finden«, war er zu dem Schluss gekommen, dass Selbstvertrauen und Begeisterung die wichtigsten Voraussetzungen für Erfolg waren – was vor allem für Verkäufer und Vertriebsmitarbeiter galt. Doch Hill ging weit über Verkaufstechniken und anfeuernde Worte hinaus. Er war dabei, die jedem Erfolg zugrunde liegende Psychologie zu ergründen. In einer Lektion hieß es: »Nach gründlichem Nachdenken bezweifle ich ernsthaft, dass es so etwas wie Scheitern, wenn man etwas wirklich will, überhaupt gibt. Die Wahrheit lautet nämlich, man bekommt genau das, woran man bewusst oder unbewusst am intensivsten denkt.«

Über Autosuggestion, teilte der den Teilnehmern seiner Kurse mit, ließe sich der menschliche Geist am besten kontrollieren. »Und dann bekommt man, was immer man ordert!« Allerdings hieße das auch, sich gut zu überlegen, was man wirklich will. Sobald jemand herausgefunden hat, was das ist und welcher Mensch er gerne wäre, »soll er das möglichst genau aufschreiben, auswendig lernen und es sich mindestens ein Dutzend Mal am Tag vor Augen halten oder es einem imaginären Dritten kraftvoll und energisch vortragen«. Es war Hills inbrünstiger Wunsch, dass die Kursteilnehmer mehr über sich erfuhren und zu »sich selbst fanden«. Er wollte ihr Bewusstsein erweitern und sie dazu bringen, genau das zu erlangen, was sie in ihrem Leben erreichen wollten.

In einer anderen Lektion legte er wortgewandt dar, wie wichtig und notwendig es sei, seinen Mitmenschen mit Liebe und Barmherzigkeit zu begegnen, auch wenn sie einen ungerecht behandelt hätten. »Säen Sie die Samen liebevoller und gütiger Gedanken, so werden diese anstelle von Disteln Wurzeln schlagen. Die Welt ist ein fantastisches Vergrößerungsglas, durch das wir nicht nur die Fehler und Schwächen anderer sehen können, die wir zu sehen glauben, sondern wir können damit auch die Gedanken und Handlungen erkennen, die uns selbst ausmachen.«

Ein Jahr nach seiner Gründung – im Jahr 1917 – bescherte das George Washington Institute Hill ein bescheidenes Einkommen. Voller Stolz sprach er in einer Lektion über dessen einjähriges Bestehen. »Gestern Abend hielt unsere ortsansässige Klasse ihre Übungen im Chicago Advertising Club ab. Über 100 Gäste waren zu dieser Abschiedsveranstaltung erschienen, die den Schlusspunkt hinter dem wohl härtesten Arbeitsjahr meines Lebens darstellte …«

Doch Hills Euphorie wurde von der apokalyptischen Flut der Geschichte hinweggespült. Bereits seit drei Jahren wütete der Erste Weltkrieg in ganz Europa, und Amerika hatte sich bislang auf keine Seite geschlagen, sondern mit Entsetzen beobachtet, wie der deutsche Kaiser und seine Haubitzen dort unzählige Menschenleben auslöschten. Doch im April 1917 waren mehrere amerikanische Schiffe versenkt worden, woraufhin der damalige Präsident Woodrow Wilson Deutschland den Krieg erklärte. In »Lektion 30« schrieb Hill über diesen traurigen Tag unter der Überschrift »Wer das Schwert ergreift, wird durch das Schwert umkommen« und fuhr dann fort: »Während ich diese Zeilen schreibe, werden in Amerika Millionen Männer und Milliarden Dollar mobilisiert, um dem alleinigen Herrscher auf der anderen Seite des Atlantiks, der vor drei Jahren begonnen hat, die Welt mit dem Schwert zu beherrschen, die große Wahrheit zu verkünden. Manchmal erfordert es viel Blutvergießen und die Zerstörung gewaltiger Vermögen, um diese Wahrheit auch denen einzuflößen, die sie bestreiten, doch letzten Endes wird sich die Wahrheit immer durchsetzen!«

Aber damit war es mit Hills Patriotismus nicht getan, er wollte etwas unternehmen und sich aktiv am Kriegsgeschehen beteiligen, weshalb er sich schriftlich an Präsident Wilson wandte und ihm seine Dienste, in welcher Funktion auch immer, anbot. Die beiden hatten sich ein Jahr zuvor kennengelernt, als Wilson noch der Princeton University vorstand und Hill ihn mit einem Empfehlungsschreiben von Andrew Carnegie in der Hand aufgesucht und um ein Interview gebeten hatte. Offenbar hatte Wilson die intensive Begegnung mit dem hochmotivierten jungen Journalisten nicht vergessen. Da ihm Hill vor allem als Autor bekannt war, bot Wilson ihm an, Propagandamaterial für Fabrikanten und andere Unternehmer zu erstellen, die für den Krieg benötigte Maschinen und Waren herstellten. Hill nahm das Angebot an, und zwar ohne Bezahlung. Später schrieb er darüber: »Präsident Wilson hat mir ein attraktives Gehalt angeboten, doch ich nutzte die einmalige Gelegenheit, dem Präsidenten der Vereinigten Staaten zu widersprechen, und trat eine Stelle an, die von mir verlangte, noch eine Schippe draufzulegen. Und all das, ohne auch nur einen Gedanken an eine etwaige Bezahlung zu verschwenden.«

Zu seinem Glück hatte der Krieg noch keinen Schaden am George Washington Institute angerichtet, und Hill brüstete sich voller Stolz damit, dass »trotz der schweren Verwüstungen durch den Krieg mein Institut nach und nach immer mehr Kursteilnehmer gewann«. Gut möglich, dass er aufgrund seiner Verbindung zu Präsident Wilson, die ihm den Dienst an seinem Volk ermöglichte, auf eine außergewöhnliche Idee kam, die er in einer seiner Lektionen ansprach. Nach einer leidenschaftlichen Anklage der Unzulänglichkeiten des öffentlichen Schulsystems in Amerika postulierte Hill, alles, was er seinen erwachsenen Schülern beibrachte, künftig auch den Nachwuchs zu lehren, denn dieser wäre schon in jungen Jahren in der Lage, Ehrlichkeit, Selbstvertrauen und moralische Werte zu entwickeln. Keine Frage, an sich ein sehr ehrenwertes und durchaus sinnvolles Unterfangen, doch leider wollte er die Sache selbst in die Hand nehmen. Hill ermahnte seine Schüler, »sich noch am heutigen Tag hinzusetzen« und Schreiben an sechs führende Chicagoer Zeitungen zu verfassen und sie zu bitten, Napoleon Hill in seinem »Kampf um einen Sitz im amerikanischen Kongress zu unterstützen«. Mit der Hilfe seiner Schüler hoffte er, Teil der Legislative zu werden und Gesetze verabschieden zu können, um so Kindern »das Wissen über die Arbeitsweise des menschlichen Geistes zu vermitteln«.

Als sein leidenschaftlicher Appell kaum zu Reaktionen führte, erloschen seine Ambitionen als Politiker schon bald, und das George Washington Institute ging wieder auf Kurs. Und so blieb es auch – zwar nur in bescheidenem Umfang –, bis eine zweite Rekrutierung aller Wehrpflichtigen Anfang 1918 »meine Schule praktisch dem Untergang weihte, da die meisten meiner Schüler eingezogen wurden. Auf einen Schlag konnte ich nicht nur 75.000 Dollar an Teilnahmegebühren abschreiben, sondern leistete damit zugleich Dienst für mein Vaterland.«

Der Herbst 1918 hätte eigentlich eine Zeit der Freude für Hill sein sollen. Florence sollte ihr drittes Kind zur Welt bringen, und Deutschland war in ganz Europa vernichtend geschlagen worden. Doch Hills Stimmung war am Boden. Das Institut lief so gut wie nicht mehr, Hills Arbeit für das Weiße Haus war so gut wie zu Ende, und das Carnegie-Projekt zog sich jahrein, jahraus dahin, verschlang viel Zeit und Energie und spülte ihm nicht einen Cent in die Tasche. Er musste oft an Carnegies Worte ein Jahrzehnt zuvor denken: »Diese Arbeit wird etwa 20 Jahre dauern, und während dieser Zeit sollten Sie eher verhungern wollen, als sie hinzuwerfen.« Doch er erinnerte sich genauso gut, dass Carnegie ihm ebenfalls gesagt hatte, er müsse durchhalten, denn am Ende winke ihm als Lohn für seine selbstlose Arbeit »die erste Philosophie über die menschliche Leistungsfähigkeit«. Diese Worte hatten Hill durch ein paar düstere Momente gebracht, als er kurz davor stand, das Handtuch zu werfen und seiner Familie recht zu geben, die ihm prophezeit hatte, dass es ihm nicht gelingen würde, seinen Weg zu gehen, seine Familie zu ernähren und zugleich der gewaltigen Aufgabe, die auf seinen Schultern ruhte, Genüge zu tun.

Hill hatte einen Großteil der Forschungsarbeiten bereits erledigt. Er hatte Fragebogen und Anschreiben an Hunderte von berühmten Persönlichkeiten gesendet, von denen sehr viele geantwortet hatten. Bekannte und erfolgreiche Leute aus dem ganzen Land hatten ihr Wissen und ihre Erfahrungen mit ihm geteilt, manche sogar in persönlichen Gesprächen. Er hatte Henry Ford und Cyrus Curtis[3], Thomas Edison und Woodrow Wilson interviewt und das Geheimnis ihres Erfolgs erfahren. Er wusste, wie sie mit Rückschlägen und Scheitern umgegangen waren und wie sie tickten. Je mehr er über solche Leute herausfand, desto klarer wurde ihm, dass dieses Wissen unverzichtbar war und die Welt es verdiente, davon zu erfahren.

Doch es gab auch Zeiten, in denen er nicht einmal ein bescheidenes Einkommen hatte, das ihn über Wasser gehalten hätte, Zeiten, in denen er absolut nicht in der Lage war, seine Frau und seine Söhne zu ernähren, und das Gefühl hatte, das Carnegie-Projekt würde niemals enden – und genau das war nunmehr der Fall. Und dennoch gab er nicht auf und stellte auch die Arbeit daran nicht länger als ein paar Wochen lang ein. Seine innere Stimme, erzählte er Florence, ließ ihn immer weitermachen, weil sie ihm verriet, dass sich die Mühe eines schönen Tages auszahlen würde. Auch seine Frau war eine Quelle der Inspiration für ihn. Sie war es, die ihn von Anfang an bedingungslos unterstützt hatte; sie kannte seine Talente; sie teilte seine Träume.

An Napoleon Hills 35. Geburtstag bekam er das schönste Geschenk seines Lebens: Am 26. Oktober 1918 erblickte sein dritter Sohn David das Licht der Welt. Er war gesund, und seine Eltern hätten nicht dankbarer sein können. Kurz nach Davids Geburt schrieb James Monroe Hill, Napoleons Vater – er arbeitete inzwischen als Zahnarzt in Wise, Virginia – seiner Schwiegertochter einen Brief, der deutlich machte, wie stolz der Großvater auf sie war.

»Liebe Flossie und liebe Jungen«, begann sein Schreiben. »Ich hoffe, es geht euch allen gut. Ich wünsche dir, dass du die Mutter eines künftigen

3 A. d. Ü.: Cyrus Curtis war ein amerikanischer Herausgeber von Zeitschriften und Zeitungen, darunter das *Ladies' Home Journal* und *The Saturday Evening Post*.

Staatsmanns oder Präsidenten der künftigen Generation bist. Schließlich ist alles möglich. Ich wünschte, ich könnte die Erdkruste so zusammenschieben, dass unsere Häuser näher beieinanderlägen, damit ich mühelos den Sabbatabend mit den Jungen verbringen kann. Das Leben ist so viel schöner, wenn ich von der zweiten Generation meiner Nachkommen umgeben bin.«

James war ebenfalls sehr dankbar, dass der Krieg zu Ende war. Für ihn waren die Deutschen »ein übler Geruch in der Nase der Demokratie«. In düsterer Stimmung schrieb er weiter, dass »der Preis der Freiheit ein sehr hoher ist; mit dem Blut vieler edler Söhne wurde die Schuld beglichen«. Zudem erwähnte er, dass Napoleons Bruder Vivian nun als Leutnant der Army diente und in Deutschland stationiert war. Auch mache er sich Sorgen, weil die Spanische Grippe erst in Europa gewütet und nun Amerika erreicht hatte »und deine Stadt ebenso heimsucht wie die unsere und die Opferzahl auf eine ungeheure Größe anschwellen ließ«. Sein Brief endete sehr liebevoll: »Sag Jimmie und Blair, dass ich Santa Claus bitte, zu Weihnachten bei ihnen vorbeizuschauen. Und auch bei dem anderen kleinen wertvollen Mitglied der Menschheit.«

Auch wenn James und Martha ihre Schwiegertochter und ihre Enkelkinder nicht so oft sahen, wie sie sich das wünschten, schien ihre Beziehung zu Florence im Laufe der Jahre stärker geworden zu sein, während sich die zu ihrem eigenen Sohn weiterhin verschlechterte. Sicherlich lag es auch an der geografischen Distanz, denn Hill besuchte sein Elternhaus so gut wie nie. Was aber auch eine Rolle spielte, war, dass James Hill zunehmend das Gefühl hatte, sein Sohn sollte schon längst einen Weg gefunden haben, um seine Familie zu ernähren und dafür zu sorgen, dass sie alle unter einem Dach leben können. In ihm stieg Wut auf, wenn er an Florence dachte, die die meiste Zeit ihrer Ehe getrennt von ihrem Mann zubrachte und ihre gemeinsamen Kinder allein großzog. Anders als sein Sohn hatte James Florence' Familie nicht minder lieb als seine eigene, weshalb er sich Sorgen machte, dass Napoleon ihre Großzügigkeit ausnutzen könnte. Auch das erklärt, weshalb sich Vater und Sohn immer mehr entfremdeten.

Da Hill die Sinnhaftigkeit seiner Arbeit oft anzweifelte und er sich häufig den Kopf über seine Zukunft zerbracht, ließ er sich davon ablenken, wenn er Zeit mit seiner Familie verbrachte, und das galt umso mehr nach der Ankunft seines jüngsten Sprösslings. Sowohl der sechsjährige Blair als auch sein ein Jahr älterer Bruder James waren begeistert, wenn ihr Vater bei ihnen wohnte. Er durchstreifte mit ihnen die Wälder, brachte ihnen Vogelstimmen bei und wie man auf Tauben schießt – er war noch immer ein meisterlicher Schütze – und vermittelte ihnen auf diese Weise ein so tiefgehendes Verständnis der Natur und des Respekts vor ihr, wie es nur jemand vollbringen kann, der umgeben von der Natur aufgewachsen ist. Florence stillte ihren Jüngstgeborenen, buk ihre köstlichen Kuchen und Plätzchen, sah ihren beiden Söhnen beim Spielen mit ihrem Vater zu und betete insgeheim, dass es für immer so bliebe. Doch sie wusste natürlich, dass Napoleon nach Chicago zurückmusste, um die Pforten seines Instituts für immer zu schließen und auch seine Arbeit in Washington langsam auslaufen zu lassen.

Anfang November hielt sich Hill im Weißen Haus auf, als er davon hörte, dass die Deutschen um Waffenstillstand ersuchten. »Ich saß gerade im Büro des Präsidenten«, schrieb Napoleon später, »als er die entschlüsselte Meldung zu Gesicht bekam. Er wurde kalkweiß. Als er das Schriftstück zu Ende gelesen hatte, drückte er es mir in die Hand und verließ den Raum. Er war etwa eine Viertelstunde weg. Nachdem er wieder da war, überreichte er mir mehrere Blätter, auf die er seine Antwort an die Deutschen geschrieben hatte, die mit drei Fragen zu den Bedingungen des Waffenstillstands endete. Nachdem ich zu Ende gelesen hatte, fragte er mich, ob ich seine Antwort ergänzen wolle. ›Ja, Mr. President‹, antwortete ich. ›Ich würde noch eine vierte Frage stellen, und zwar ob das Gesuch um Waffenstillstand im Namen des deutschen Volks oder im Namen der deutschen Kriegsherren erfolgt ist.‹ ›Aber natürlich‹, rief der Präsident, ›auf diese Weise wissen sie, dass sie erst ihren Kaiser loswerden müssen, bevor es zu einem Waffenstillstand kommen kann.‹ Und genau so kam es auch. Am 11. November 1918, dem Tag des Waffenstillstands, schrieb Hill: »Das Gemetzel hat aufgehört, und die Vernunft ist dabei, die Zivilisation zurückzugewinnen.«

Obwohl er große Freude und Erleichterung verspürte, dass der Krieg vorbei war, machte sich Hill just an diesem Tag große Sorgen um sein eigenes Wohlergehen. Er war nicht nur – wieder einmal – pleite, sondern zu allem Übel auch noch auf der Suche nach einem seiner eigenen Erfolgsprinzipien: einem erklärten Hauptziel. Er bekam es einfach nicht zu fassen. Hill ging zurück in sein Büro, starrte auf die Straße hinunter und vernahm das Jubelgeschrei von immer mehr Menschen, die den Waffenstillstand feierten. Und noch während er zusah, wie die Menge johlend die Straße entlanglief, ließ er sein eigenes Leben Revue passieren. Er zog Bilanz – über die guten und die schlechten Dinge –, und mit einem Mal wurde ihm klar, dass er am Scheideweg stand. Schon bald, so spürte er, würde etwas Wichtiges geschehen. Unsicher, was in aller Welt das sein mochte oder was er beitragen könnte, um es geschehen zu lassen, machte Hill da weiter, wo er aufgehört hatte. Schließlich war es das Einzige, was er aus dem Effeff beherrschte. Er setzte sich an seine Schreibmaschine, und die Worte begannen schneller herauszusprudeln, als er tippen konnte. Er schrieb fieberhaft und grübelte nicht weiter darüber nach, was er eigentlich zu Papier bringen wollte. »Ich tippte einfach, was mir gerade in den Sinn kam«, erinnerte sich Hill, räumte dann aber ein, dass »ich damit unbewusst den Grundstein für den größten Wendepunkt meines Lebens legte«. Der Artikel begann mit der historischen Verkündung:

> Der Krieg ist vorbei!
>
> Schon bald werden unsere Männer von den Schlachtfeldern Frankreichs heimkehren.
>
> Der Herr und Meister der rohen Gewalt ist nichts weiter als ein düsteres Gespenst der Vergangenheit.
>
> Vor 2000 Jahren war der Menschensohn ein Ausgestoßener, der nirgendwo eine Unterkunft fand. Nun hat sich das Blatt gewendet, und der Teufel weiß nicht, wo er seinen Kopf betten kann.
>
> Jeder Einzelne sollte sich die Lektion, die uns dieser Weltkrieg gelehrt hat, zu Herzen nehmen: Nur was auf Gerechtigkeit und Barmherzigkeit gegenüber

allen – den Schwachen und den Starken, den Reichen und den Armen – beruht, kann überleben. Alles andere muss vergehen.

Diesem Krieg entspringt ein neuer Idealismus – ein Idealismus, der auf der Philosophie der Goldenen Regel basiert; ein Idealismus, der uns dazu bringt, nicht nur zu erkennen, was »wir für unsere Mitmenschen tun können«, sondern was wir für den Einzelnen tun können, um seine Not zu lindern und ihn glücklicher zu machen, während er am Wegesrand verweilt.

Und auch wenn ich wie berauscht von der glorreichen Meldung bin, dass der Krieg zu Ende ist, so bin ich doch der Überzeugung, dass ich zumindest versuchen sollte, meinen Beitrag dazu zu leisten, dass die künftigen Generationen die Lektion niemals vergessen, die uns Wilhelm von Hohenzollern durch seinen Versuch gelehrt hat, die Welt gewaltsam zu beherrschen.

Dies gelingt mir am besten, wenn ich 22 Jahre zurückgehe. Bitte begleiten Sie mich!

Es war ein trostloser Novembermorgen, als ich meine erste Stelle als Arbeiter in den Kohleminen von Virginia antrat. Ich verdiente einen Dollar am Tag.

Damals war das eine hübsche Stange Geld; vor allem für einen Knaben meines Alters. Allerdings musste ich die Hälfte davon für Kost und Logis abgeben.

Kurze Zeit später begann das Gerede über einen Streik, da die Arbeiter immer unzufriedener wurden. Ich hörte ihnen aufmerksam zu, denn mich interessierte vor allem, was der Gewerkschaftsführer zu sagen hatte. Seine Worte hatten eine faszinierende Wirkung auf mich. Er stand auf einer großen Kiste in der Ecke eines Ladens, wo die Versammlung stattfand, und sagte:

»Männer, wir reden hier von einem Streik. Ihr fordert mehr Geld für eure Arbeit, und genau das will ich auch für euch. Darf ich euch bitte sagen, wie ihr mehr Geld bekommt und es euch dennoch nicht mit dem Minenbesitzer verscherzt? Wir können zwar den Streik ausrufen und die Eigentümer zwingen, uns besser zu bezahlen, aber wir können sie nicht dazu bringen, dass ihnen das behagt. Bevor wir also streiken, sollten wir besser mit dem Eigentümer reden und ihn fragen, ob er die Gewinne, die diese Mine einbringt, nicht fair mit uns teilen will.

Wenn er zustimmt, was er wahrscheinlich tun wird, wollen wir ihn nach seinem Profit im letzten Monat fragen und ob er bereit ist, uns fair an zusätzlichen Gewinnen zu beteiligen, die er machen könnte, wenn wir alle kräftig anpacken und den Profit steigern. Es besteht kein Zweifel daran, dass er dann zu uns sagt: ›Gut, Männer, dann los. Und ich verspreche, euch am höheren Gewinn zu beteiligen.‹

Sobald er zugestimmt hat – und ich bin mir sicher, das wird er tun, wenn er merkt, dass es uns damit ernst ist –, dann möchte ich, dass ihr jeden Tag mit einem Lächeln auf den Lippen zur Arbeit geht; ich will euch pfeifen hören, wenn ihr in die Grube steigt. Ich möchte, dass ihr euch als Geschäftspartner fühlt.

Ohne euch zu schaden, könnt ihr doppelt so viel Arbeit verrichten wie jetzt. Ihr wisst ja, mehr Leistung von eurer Seite bedeutet mehr Geld für den Eigentümer. Und wenn er mehr Geld verdient, wird er euch gerne etwas davon abgeben, wenn auch nicht aus Gründen der Gerechtigkeit, so zumindest wegen seines Geschäftssinns.

Sollte er sich wider Erwarten weigern, übernehme ich persönlich die Verantwortung, und wenn ihr wollt, sprengen wir diese Mine in tausend Stücke! Tja, so sehe ich das Ganze. Und wie steht es mit euch? Seid ihr dabei?«

Und das waren sie, jeder Einzelne von ihnen!

Im Monat darauf erhielt jeder Arbeiter einen Bonus in Höhe von 25 Prozent seines üblichen Monatslohns. Und in jedem darauffolgenden Monat bekam jeder einen Umschlag in die Hand gedrückt, in dem sein Gewinnanteil steckte. Auf dem Umschlag stand: *Ihr Anteil am Gewinn aus der Arbeit, die Sie geleistet haben, ohne dafür bezahlt zu werden.*

Seit dieser Zeit vor etwa 20 Jahren habe ich so manches einstecken müssen, aber ich sah mich dennoch als Gewinner, weil ich nach jedem Rückschlag ein bisschen klüger und glücklicher war und besser darauf vorbereitet, meinen Mitmenschen zu dienen, denn ich bin stets nach dem Prinzip vorgegangen, mehr zu leisten als das, wofür ich bezahlt wurde.

Ich bin absolut davon überzeugt, dass alles, was sich jemand von seinen Mitmenschen ohne deren Zustimmung holt, letzten Endes ein Loch in seine Tasche brennt und so lange an seinem Gewissen nagt, bis sein Herz vor Reue schmerzt.

Hill legte eine Pause ein und tippte dann weiter. Er war selbst überrascht, was er zu Papier brachte:

Ich werde ein Magazin namens *Hill's Golden Rule* (»Hills Goldene Regel«) veröffentlichen, damit diese Philosophie zu den Herzen aller Menschen sprechen kann, die sie benötigen.

> Doch ein Magazin landesweit zu verlegen, kostet Geld, und davon habe ich im Moment nicht viel; doch bevor ein weiterer Monat vergangen ist, werde ich mithilfe meiner Philosophie, die ich weiter oben zu erklären versucht habe, jemanden gefunden haben, der mir die benötigte Summe zur Verfügung stellt und es mir ermöglicht, der ganzen Welt diese einfache Philosophie vorzustellen, die mich aus der schmutzigen Kohlemine befreit und mir einen Platz in der Welt zugewiesen hat, von dem aus ich ihr dienen kann. Diese Philosophie, mein werter Leser, wird auch Sie weiterbringen, ganz gleich, an welchem Punkt Sie sich gerade befinden und was immer Sie auch tun. Sie wird Sie in jede Position bringen, für die Sie sich in Ihrem Leben auch entscheiden mögen.
>
> Eine geringe Schulbildung spielt dabei ebenso wenig eine Rolle wie die Tatsache, dass Sie nur über wenig Kapital verfügen; Sie werden jedes Hindernis aus dem Weg räumen können, solange Sie reinen Herzens und ernsthaft bereit sind, die beste Arbeit zu leisten, zu der Sie fähig sind, und es für Sie keine Rolle spielt, wie viel Sie damit verdienen.

Eine Woche nachdem er diesen Aufsatz geschrieben hatte, brachte ihn Hill zu George Williams, einem Drucker in Chicago, den er aus seiner Zeit im Weißen Haus noch kannte. Williams kannte Hills Schreibstil und war sofort mit einem Treffen einverstanden. Hill beobachtete Williams, wie er sich den Text durchlas, dann den Kopf hob und ihn angrinste. »Sie verfassen die Texte, und ich drucke das Magazin und verteile es an die Kioske.«

Hill war beschwingt und tanzte förmlich aus Williams' Büro. Was für ein wunderbares Weihnachtsgeschenk für seine ganze Familie! Außerdem wurde Hill in diesem Moment – mit noch nie da gewesener Klarheit – bewusst, dass er kurz davor stand, seine eigentliche Lebensaufgabe erfüllen zu können. Jetzt wäre er zum ersten Mal in der Lage, die Menschen an jedem Ort zu erreichen. Die Samen seiner Erfolgsphilosophie würden in Bälde gesät werden, und die von ihm formulierten »Gesetze« würden nicht nur sein eigenes Leben, sondern zu guter Letzt das Leben von Millionen Menschen zum Besseren wandeln. Der Regenbogen hatte sich für Hill noch nie so real angefühlt, und der Schatz an dessen Ende rückte endlich in greifbare Nähe.

Kapitel 4

1918 bis 1927

Für die Vereinigten Staaten von Amerika und Millionen ihrer Bürger war das Leben nach dem Ersten Weltkrieg ein ganz anderes als zuvor. Sowohl die Stadt- als auch die Landbevölkerung platzte vor Stolz auf die militärische Macht des Landes. In den Vorstandsetagen und den Fabriken wusste man gleichermaßen, dass diese junge Nation den stärksten und am schnellsten wachsenden Wirtschaftsmotor der Welt besaß.

Es war eine Zeit des Staunens und der Überspitzung. Die Bürger Amerikas staunten darüber, dass sich eine Nation auf dem globalen Schlachtfeld durchgesetzt hatte, die doch 60 Jahre zuvor vor allem gegen sich selbst gekämpft hatte – der Norden Amerikas gegen den Süden, Siedler gegen Ureinwohner, Rinderzüchter gegen Farmer, Kapitalbesitzer gegen Arbeiter. Sie staunten aber auch, weil eine Nation, die von der steifen Aristokratie Europas – und von sich selbst – als bunt gemischtes Volk aus besitzlosen Einwanderern und ungewaschenen Abenteurern wahrgenommen worden war, plötzlich als dominierende Industriemacht der Welt galt. Ein Amerika wie das von 1918 hatte es in der Vergangenheit nicht gegeben, zumindest empfanden dies die Amerikaner der Nachkriegszeit so. Sie waren so frei wie nie zuvor, es gab alles im Übermaß. Sie waren stark und rechtschaffen. Und in der globalen Hierarchie der Nationen stand Amerika ganz oben.

Zehntausende kriegsmüder Soldaten kehrten in das zivile Leben Amerikas zurück und brachten nicht nur Bilder von den Städten und der Kultur Europas, sondern auch europäische Moralvorstellungen und Gebräuche mit. Für viele von ihnen kam eine Rückkehr in die kleinbäuerliche Landwirtschaft und das Landleben nicht mehr infrage. Zu diesen Veteranen gesellten sich Zehntausende, die zur Kriegszeit auf der Suche nach Arbeit in die Industriezentren geströmt waren und die weder den Wunsch noch die Mittel besaßen, wieder in die Kleinstädte und Gehöfte zurückzukehren, denen sie entflohen waren.

Genauso war es auch mit Hills Familie. Napoleons Bruder Vivian kehrte aus Europa zurück, wo er als Offizier gekämpft hatte, und eröffnete eine Kanzlei für Wirtschaftsrecht in Washington, D. C. Paul Hill, Napoleons Halbbruder, schrieb sich in Medizin ein und wurde später Arzt. Beide waren in ihrem Beruf sehr erfolgreich, blieben aber zeit ihres Lebens unverheiratet. Ihr Verhältnis zu den restlichen Familienmitgliedern war und blieb kalt und distanziert.

Napoleon hatte seine Verbindung zu Kleinstädten und dem Landleben schon lange vor dem Ersten Weltkrieg gekappt. Gut möglich, dass er Ende des Jahres 1918 nur eine einzige Möglichkeit nicht in Betracht zog: mit Florence und den Kindern in Lumberport, West Virginia, zu bleiben, also der Stadt, die Florence nicht verlassen wollte und konnte.

Doch anders als dies bei seinen Brüdern der Fall war, nützte Napoleons Leidenschaft auch seiner Frau, seiner Familie und Arbeit und nicht zuletzt auch dem Erarbeiten und Kommunizieren seiner Erfolgsphilosophie.

Hill's Golden Rule war ein Ventil für das, was sich tief in seinem Innern zusammengebraut hatte, seit er alt genug gewesen war, um zu spüren, welche Schwingungen und Emotionen die Prediger und Ältesten bei der Gemeinde der Three Forks of Powell River Primitive Baptist Church hervorriefen. Selbst als er geradezu besessen von dem Gedanken war, eines Tages materiellen Erfolg zu erlangen, was ihn aus den Wäldern der Appalachen hinein ins Kohlerevier und dann in das Holzlager, in den Einzelhandel und von dort zum Autohandel gebracht hatte – selbst zu dieser Zeit brannte eine Sehnsucht in seinem Herzen, die immer stärker wurde. Er wollte mehr als alles andere anleiten, dozieren, beraten – er wollte riesige Zusammenkünfte seiner Anhänger elektrisieren und durch das gesprochene und geschriebene Wort den Menschen dienen. Sein Ziel lautete, die Prophezeiung seiner Stiefmutter zu erfüllen. Beim Schreiben der Zeitschrift vermischte er Psalmen aus der Bibel und dem Evangelium mit den Lektionen, die er aus dem Leben von Carnegie, Edison, Ford und anderen modernen Aposteln des Erfolgs gelernt hatte. Sein Schreibstil war eine einzigartige Mischung aus den verschiedenen Kulturen, für die er stand: Sein Wortschatz und der Satzbau waren typisch für den Osten des Landes – überladen, um nicht zu sagen schwülstig –, während er bei seinen Vorträgen durch spitzfindige Pointen und die leidenschaftliche Metaphorik eines Predigers der Primitive Baptist Church glänzte.

Am 11. November 1918 hatte er sich die ersten Gedanken darüber gemacht, und Anfang Januar 1919 lag die erste Ausgabe des Magazins *Hill's Golden Rule* druckfrisch an den Zeitungsständen; eine fulminante Produktionszeit, selbst für ein großes und fortschrittliches Verlagshaus. An Hills Zeitschrift war jedoch nur ein einziger Redakteur beteiligt, der dieses Unterfangen stemmte – nämlich er selbst –, und hinzu kamen, nicht zu vergessen, die Druckkünste von George Williams.

»Mir fehlten schlicht die Mittel, um externe Autoren zu beauftragen«, schrieb Hill in seinen Memoiren. »Ich selbst habe jedes einzelne Wort der ersten Ausgabe geschrieben, meinen Schreibstil bei jedem Artikel verändert und verschiedene Pseudonyme verwendet, um meine Identität zu verschleiern.« Es ist eine Tatsache, dass Napoleon nahezu jede Seite der ersten neun Ausgaben selbst geschrieben und lektoriert hat, darunter auch viele Werbeanzeigen. Zudem legte er sich – ohne auch nur einen Cent daran zu verdienen – mächtig ins Zeug, um die Verkaufszahlen anzukurbeln. Er hielt kostenlose Vorträge und Schulungen für Mitarbeiter von Unternehmen, die ja bereits zu seinen Großkunden zählten.

Die Voraussetzungen für Hills Unterfangen waren denkbar schlecht. Napoleons »stilistische Änderungen« dürften ihm selbst mehr aufgefallen sein als seinen Lesern. Recherchen und Interviews für seine Artikel beschränkten sich auf alles, was Napoleon der Tagespresse entnahm – und was er aus seiner jahrelangen Arbeit am Carnegie-Projekt wusste. Und so wurde jede einzelne Seite von *Hill's Golden Rule* von Ausgabe zu Ausgabe weiterhin auf der Schreibmaschine eines einzigen Teilzeitjournalisten getippt: Um den unsteten Cashflow des Magazins nicht weiter zu belasten, zahlte sich Napoleon kein Gehalt aus und musste die Brötchen für sich und seine Familie über andere Erwerbstätigkeiten verdienen. An *Hill's Golden Rule* schrieb er in düsteren, einsamen Nachtstunden und in der stillen Isolation der Wochenenden, die er auch mit seiner Frau und seinen Kindern hätte verbringen können. Oder er schrieb, während er in Zügen durchs amerikanische Hinterland holperte und polterte, auf dem Weg zu unzähligen Metropolen und staubigen Städtchen, in denen Geschäftstreffen und Vorträge stattfanden.

Das Magazin *Hill's Golden Rule* war eigentlich von vornherein zum Scheitern verurteilt, doch die erste Ausgabe verkaufte sich so gut an den Zeitungsständen, dass sie es auf insgesamt drei Auflagen brachte. Vermutlich ist es dem Vermerk auf jeder Titelseite zu verdanken, dass die Verkaufszahlen von Ausgabe zu Ausgabe stiegen: »Die 20 Cent, die Sie für diese Ausgabe investieren, könnten den Wendepunkt Ihrer Karriere einläuten.«

Der Erfolg des Magazins war der Beweis für Hills Talent und Hartnäckigkeit – und er bestätigte vor allem sein einzigartiges Redaktionskonzept. In Amerika gab es unzählige religiöse Publikationen und vermutlich eine noch größere Auswahl an Wirtschaftsmagazinen. Doch *Hill's Golden Rule* war eine einmalige Mischung aus moralischen Regeln und Erfolgsgeheimnissen. Über der Titelgeschichte der Mai/Juni-Ausgabe von 1919 prangte zum Beispiel die Schlagzeile: »Der größte Ölboom in der Weltgeschichte und das Gesetz des Ausgleichs«. Der ausschweifende Artikel präsentierte einen texanischen Ölmagnaten nach dem anderen, um den Lesern auf dramatische Weise klarzumachen, dass Erfolg sich letztendlich bei dem einstellt, der hart dafür arbeitet, während diejenigen, die das Handtuch werfen, von einer Niederlage nach der anderen heimgesucht werden.

Aus den Geschichten über all diese Persönlichkeiten war eine höchst idealisierte Sichtweise des Ölbooms in Texas zu lesen. In einem Absatz schwärmte Hill von einem Restaurant, dessen Besitzer ein köstliches Mittagessen zum Preis von nur 50 Cent anbot, obgleich er doch ohne Weiteres auch das »Fünf- oder Sechsfache dafür hätte verlangen können«. Als Motiv erkannte Hill schiere menschliche Güte und den Wunsch, sich lediglich einen angemessenen Gewinn zu sichern.

In allen Artikeln Napoleons über Ölfelder ging es um diese Art von Güte. »Ich habe in Texas mehr Millionäre kennengelernt als in meinem ganzen Leben davor«, schrieb Hill. »Sie erweckten alle den Eindruck, als wären sie, so unglaublich das auch klingen mag, Anhänger der Demokratie und kümmerten sich um all die Menschen, die weniger Glück in ihrem Leben hatten. Diese Eigenschaft wird nur wenigen Millionären nachgesagt.«

Hill schrieb in seiner Zeitschrift häufig über Texas und Öl, was zum einen daran lag, dass solche Geschichten von großem Interesse für seine erfolgshungrigen Leser waren. Zum anderen versuchte Hill selbst, sein Glück im Ölgeschäft zu finden, während er noch immer darauf hoffte, dass *Hill's Golden Rule* eines Tages genug Geld abwerfen würde, um sein Auskommen zu sichern.

Neben zahlreichen überaus inspirierenden Geschichten von Erfolgsmännern gab es in der Zeitschrift viele praktische Tipps für alle möglichen Bereiche. So fand sich eine Anleitung für wirksame Werbebriefe ebenso wie eine Serie darüber, wie einen die Psychologie zum Erfolg im Geschäftsleben bringen kann. Wie alles andere auch basierten diese Artikel auf Napoleons eigener Erfahrung oder auf seinen eigenen Theorien – oder auf einer Mischung aus beidem. Wie auch immer, Napoleon verstand es, seinen Standpunkt sicher und kompetent darzulegen und seine Artikel mit interessanten Ereignissen aus dem wahren Leben zu schmücken. Jede Story, jedes Porträt und jeder Standpunkt endete damit, dem Leser die zwei grundlegenden Wahrheiten im Leben zu verdeutlichen. Erstens: Das Einhalten der Goldenen Regel – behandle andere so, wie du von ihnen behandelt werden willst – ist der Freifahrtschein zu Erfolg im Berufs- wie im Privatleben. Zweitens: Erfolg ist denen sicher, die sich Ziele setzen und sich weder von Hindernissen noch Rückschlägen davon abbringen lassen.

Insgesamt betrachtet, strahlte *Hill's Golden Rule* Lebenskraft und Zielstrebigkeit aus – eine seltene Energieform –, die auch den Widerstand des entschlossensten Skeptikers brach. Selbst Leser, denen die journalistischen Unzulänglichkeiten des Magazins auffielen oder die Zweifel an der Qualifikation des Herausgebers und selbst ernannten Philosophen hegten, ließen sich von der Zeitschrift inspirieren. Es ist möglich, Erfolg zu haben. Es ist möglich, bei allem Erfolg zu haben. Es ist möglich, Erfolg zu haben, sofern man sich dessen als würdig erweist.

Ironischerweise wäre Hill nur wenige Monate nach dem ersten Erscheinen von *Hill's Golden Rule* um ein Haar selbst gescheitert. Auf der Suche nach einer Stelle, die ihm ein ausreichend hohes Einkommen sichern würde, um die erste Phase nach dem Markteintritt des Magazins zu überstehen, erhielt Napoleon ein Angebot für ein »Jahresgehalt von über 100.000 Dollar«, wenn er ein Unternehmen auf die Beine stellen würde, das Gelder für Ölbohrungen beschaffen sollte. Er nahm das Angebot an und verbrachte mehrere Monate in Dallas, Texas, rekrutierte dort Mitarbeiter und legte mit dem neuen Unternehmen los. Florence und die Jungen mussten hart kämpfen, um noch über die Runden zu kommen, während Napoleon auf seinen ersten Gehaltsscheck wartete. Leider reichten die paar Schecks, die er in der Ölbranche verdiente, nicht einmal aus, um seine Auslagen abzudecken, einer von ihnen – über 150 Dollar – platzte sogar.

Es dauerte eine Weile, bis Napoleon herausfand, dass der Unternehmenschef dem Kaufrausch frönte und die Investoren nach Strich und Faden betrog. Die Firma war so gut wie pleite, und die Regierungsbehörden bereiteten Ermittlungen wegen Betrugs vor, die sowohl das Unternehmen selbst als auch seine leitenden Angestellten – darunter auch Hill – betreffen würden.

Napoleon gelang es irgendwie, das Unternehmen in die Hände eines Konkursverwalters zu legen und auf diese Weise die Investoren zu schützen und seinen Kopf aus der Schlinge zu ziehen, denn er hatte ja nichts Falsches getan. Doch die zugesagten 100.000 Dollar entpuppten sich als hohles Versprechen, weshalb seine finanzielle Lage bei seiner Abreise aus

Texas noch prekärer war als bei seiner Ankunft. Er schwor sich, künftig die Finger von solchen Unternehmungen zu lassen, und wandte seine ganze Aufmerksamkeit seinem Magazin zu, und von diesem Moment an ging es mit *Hill's Golden Rule* stetig aufwärts.

Gegen Ende des Jahres 1919, kurz vor Hills 36. Geburtstag, platzte er beinahe vor Stolz auf sich und seinen Erfolg. Mittlerweile warf die Zeitschrift schon etwas Gewinn ab, sodass er sich ein bescheidenes Gehalt auszahlen konnte. Er sprach davon, dass die Verkaufszahlen sprunghaft anstiegen. Noch immer arbeitete er 16 Stunden am Tag, und das an sieben Tagen die Woche, doch in seinen Erinnerungen war es »eine sehr schöne Zeit für mich, denn so ist das nun mal, wenn ein Mann das tut, was ihm große Freude bereitet«.

Da die Zeitschrift nun also erstmals Gewinn abwarf, konnte Hill einen Mitherausgeber einstellen, der ihn entlastete und es ihm sogar möglich machte, mit Florence auf verspätete Hochzeitsreise zu gehen.

Vor allem Napoleons Briefe an Florence ließen keinen Zweifel an seiner guten Stimmung. Die Liebes- und Zuneigungsbekundungen für sie und die Kinder, die einst typisch für ihn gewesen waren, flammten nun wieder auf. Das Gefühl von Einsamkeit und Melancholie, von dem in seinen früheren Schreiben stets die Rede gewesen war, wurde allmählich ersetzt durch fröhliche Berichte über seine beste Rede aller Zeiten, Ideen für gewinnbringende Unternehmungen, und er malte ihr in bunten Farben aus, wie er in Chicagos besten Geschäften Kleidung und Pelze als Zeichen seiner Dankbarkeit gegenüber seiner treuen Frau kaufte.

Doch Napoleon blühte auch in anderer Hinsicht auf. Sein Bedürfnis nach Respekt und Anerkennung – von größeren Gruppen, aber auch von Einzelpersonen – wurde ein ums andere Mal gestillt. Zu seinen Lieblingserinnerungen an diese Zeit zählte sein Besuch einer Schule in Davenport, Iowa, wo er einen Vortrag halten sollte und als Zeichen seines guten Willens auf sein Honorar von 100 Dollar verzichtete. »Am Morgen meiner Abreise hatte der Schuldirektor seine rund 2000 Schüler zusammengerufen und ihnen erzählt, dass ich wegen eines durchaus hehren Motivs meine Bezahlung ausgeschlagen hätte. Anschließend bat er die Anwesenden, jeder Einzelne möge mein Magazin abonnieren. In den Wochen danach trudelten Abonnementbestellungen im Wert von über 6000 Dollar bei mir ein …«

Die Geschichte über Davenport reihte sich prächtig ein in seine Ansammlung von Anekdoten, dass es sich in jeder Hinsicht lohnt, mehr zu geben, als von einem verlangt wird – und auf diese Weise nach der Goldenen Regel zu leben. Im selben Jahr kam es zu einer weiteren Begebenheit dieser Art, als er vor der Belegschaft von Parker Pen in Janesville, Wisconsin, einen Vortrag hielt. George S. Parker selbst hatte Hill eingeladen und beherbergte ihn über das Wochenende in seinem Privathaus. Als die Zeit des Abschiednehmens gekommen war, fuhr Parker ihn höchstpersönlich zum Bahnhof und gab ihm eine Botschaft mit auf den Weg, die Napoleon zeit seines Lebens nicht mehr vergessen würde.

»Als der Zug einfuhr«, schrieb Hill in seinen Memoiren, »ergriff [Parker] meine Hand, legte den Arm um meine Schulter und sagte: ›Ich habe Sie in mein Haus eingeladen, weil ich mich davon überzeugen wollte, dass Sie tatsächlich nach der Goldenen Regel leben. Nachdem ich nun aber in Ihr Herz geblickt habe, kann ich Ihnen nur eines sagen: Sie werden Ihr ganzes Leben lang nicht einmal erahnen können, wie viel Gutes Sie mit Ihrem Magazin bewirkt haben.‹«

Nirgendwo anders trat Napoleons innerste Überzeugung so offensichtlich zutage wie in der Dezemberausgabe 1919 von *Hill's Golden Rule*. In einem Leitartikel, den er an seinem Geburtstag verfasst hatte, blickte Napoleon zufrieden mit sich und der Welt auf die Erfahrungen zurück, die er in mehr als 36 Jahren gesammelt hatte. »Ich habe die Erfahrung gemacht, dass es ebenso ein Ding der Unmöglichkeit ist, Trauer zu säen und darauf zu hoffen, Freude und Glück zu ernten, wie Disteln zu säen und zu glauben, daraus wüchse Weizen.«

An anderer Stelle heißt es anlässlich des einjährigen Bestehens von *Hill's Golden Rule:* »Einige der bedeutendsten Philosophen, Lehrer, Prediger und Geschäftsmänner unserer Zeit haben uns nicht nur ihre von Herzen kommende moralische Unterstützung zugesichert, sondern sind einen Schritt weiter gegangen und haben für uns nach Abonnenten gesucht, weil auch sie etwas Gutes bewirken und damit dem Geiste dieses Magazins dienen wollen.«

In einem anderen Artikel der Dezemberausgabe – Napoleons Kolumne »Kurzausflüge mit dem Herausgeber« behandelte pro Ausgabe mindestens vier Themen und füllte bis zu zehn Seiten – bat Hill seine Leser, ihren Feinden eine Weihnachtskarte zu senden, den Sieg über den Kaiser gebührend zu feiern und sich darüber zu freuen, dass die Verabschiedung des Prohibitionsgesetzes »König Alkohol nun ein für alle Mal zu Grabe tragen« würde.

Von allen Predigten, Porträts und Meinungen, die in der Dezemberausgabe von 1919 veröffentlicht wurden, war nichts von größerer Bedeutung für Napoleon Hills eigenes Leben als der Leitsatz, der auf der ersten Seite seiner Kolumne zu lesen war. »Je älter ich werde, desto überzeugter bin ich, dass Liebe, die wir nicht geben, Befugnisse, die wir nicht nutzen, und egoistische Zurückhaltung, die uns davon abhält, ein Risiko einzugehen, die größten Verschwendungen in unserem Leben sind, was uns nicht nur Kummer und Schmerz bereitet, sondern uns auch davon abhält, unser Glück zu finden.« In Napoleons Augen war das Magazin *Hill's Golden Rule* der Triumph seiner Risikobereitschaft über egoistische Zurückhaltung und zugleich die Verheißung, dass sein Glück – ein ganz bestimmtes überschwängliches Glücksgefühl, das nur erlebt, wer auch Risiken eingeht – noch lange nicht ausgeschöpft war.

* * *

Der Beginn der Goldenen Zwanziger markierte für Napoleon Hill eine neue Ära. Er befasste sich nicht mehr damit, wie er als Großunternehmer zu Wohlstand und Macht kommen könnte, sondern sah sich stattdessen als Autor und Philosoph, dessen Genialität die Welt ein erfolgreiches Magazin verdankte.

Doch es gab noch ein weiteres Zeichen, dass sich Hills Leben stark gewandelt hatte, wenn es auch mehr ein symbolischer Übergang war. Hill musste das neue Jahrzehnt ohne seinen großen Mentor beginnen. Andrew

Carnegie war 1919 verstorben. Es sollte noch knapp 20 Jahre dauern, bis Hill dessen Nachfolger in W. Clement Stone fand. Als Hill an seinem Leitartikel für die Januarausgabe 1920 – »Gedanken über einen Stahlmagnaten« – saß, begann der halbwüchsige Stone seine Karriere im Versicherungswesen. Im Auftrag seiner Mutter, die kurz zuvor eine Versicherungsagentur in Detroit erworben hatte, ging er von Tür zu Tür und versuchte, Versicherungspolicen an den Mann zu bringen.

Es war ein flügge gewordener, selbstbewusster Napoleon Hill, der die Januarausgabe verfasste, doch wer jetzt an eine Laudatio auf Carnegie denkt, liegt falsch. Hill war inspiriert von Henry Clay Fricks Tod, dem Partner und zugleich Erzrivalen Carnegies in der U.S. Steel Corporation, der kurz nach Carnegie verstorben war. Als ob er den Beweis dafür antreten wollte, dass seine Tage als starbesessener, heldenverehrender Nachwuchsreporter ein für alle Mal vorbei wären, verfasste Hill viereinhalb Seiten scharfe Kritik an beiden Männern.

»Alles, was [Frick] je getan hat, hat er eiskalt, ohne jegliche Gefühlsregung und mit unglaublicher Selbstherrlichkeit getan. Er war geradezu davon besessen, Unsummen an Dollar anzuhäufen, wobei es ihm anscheinend egal war, wie oder von wem er sie bekam.« Hill fuhr fort, dass der erbitterte Kampf zwischen Frick und Carnegie um die Kontrolle über U.S. Steel seiner Meinung nach mitverantwortlich für die derzeitigen Arbeiterunruhen sei. »Der Kampf, den Frick und Carnegie in ihrem irrwitzigen Verlangen nach immer mehr Geld gegeneinander fochten, diente zweifellos als Vorlage für Tausende von Arbeitern …«, schrieb Hill. »Wer kann schon mit Gewissheit sagen, ob diese beispiellose Geldgier, wie sie aus dem Lebenswerk von Andrew Carnegie und Henry C. Frick hervorgeht, denn nicht weitgehend für die Unruhen verantwortlich ist, die nun unter genau den Stahlarbeitern herrschen, deren Bosse sie einst waren?«

Auch über seinen einstigen Mentor hatte Hill wenig Erfreuliches zu sagen. »Mr. Carnegie war auch nicht viel besser. Was er mit dem Bau von öffentlichen Büchereien für die breite Masse getan hat, schmeichelte nur seiner Eitelkeit. Hätte er das Geld für diese Bibliotheken still und heimlich gespendet und ihnen nur den Namen ›Volksbücherei‹ verliehen und dabei das großspurige ›Carnegie‹ weggelassen, wären uns vielleicht mehr Worte des Lobes eingefallen. Ein armer alter Mann, dieser Carnegie!«

Napoleons bittere Abrechnung mit Menschen wie Carnegie und Frick sollte jedoch nicht als Widerruf seiner geschäfts- und erfolgsorientierten Predigten angesehen werden. Jeden Monat beschwor das Magazin *Hill's Golden Rule* seine Leser mit Zehntausenden Wörtern, alles zu tun, um Erfolg im Geschäftsleben zu haben, und gab praktische Tipps, wie dies zu bewerkstelligen sei. Immer wieder sprach sich Hill gegen wettbewerbsfeindliche Elemente der amerikanischen Gesellschaft aus, von der organisierten Arbeiterschaft bis zu den Sozialisten. Doch anders als die üblichen Konservativen dieser Zeit, die dazu neigten, sich die Exzesse des Kapitalismus schönzureden, indem sie darauf verwiesen, dass schließlich jeder die Chance hätte, sich an solchen Exzessen zu beteiligen, stückelte Napoleon eine populistische Philosophie zusammen, die einen Laissez-faire-Kapitalismus viel anziehender für das gemeine Volk wirken ließ. Das Amerika des 20. Jahrhunderts wandte sich erstmals dem jahrhundertealten europäischen Konzept von »noblesse oblige« zu. Darunter wurde verstanden, dass die Aristokratie zwar zu Recht die Macht über das Volk besitzt und den Wohlstand im Land regelt, sie aber zugleich verpflichtet ist, diese Macht und ihren Reichtum klug und fair einzusetzen. Hill lehrte seine Leser, dass alle Menschen verpflichtet seien, nach Erfolg zu streben, und dass es, sobald ihnen das gelungen sei, ebenso ihre Pflicht sei, einen Teil ihres Vermögens und ihres Lebens dem Vorhaben zu widmen, anderen dabei zu helfen, es ihnen gleichzutun.

Seine Lebensphilosophie, die Materialismus mit Moral und Kapitalismus mit Humanismus paarte, war in höchstem Maße idealisiert. Seine Ausführungen dazu bauten teilweise auf einer fehlerhaften Logik auf und mündeten unweigerlich in einem nahezu endlosen Strom von haltlosen Übertreibungen und überflüssigen Anekdoten. Und doch sprangen mehrere Zehntausend Amerikaner darauf an. Diese Philosophie verlieh ihnen die Hoffnung, sich eines Tages aus ihren widrigen Lebensumständen befreien zu können, und sie zeigte ihnen den Weg, die Arbeiterunruhen ein für alle Mal zu beenden, und zwar nicht durch Streiks, sondern durch die Entscheidung für eine der unbegrenzten Möglichkeiten, die jedermann im freien Amerika offenstanden.

Obwohl Napoleon viele Jahre in finanzieller Hinsicht erfolgreicher abschloss, war 1920 für ihn das Jahr, in dem sein Traum von einem erfolgreichen Leben wahr wurde. Nicht nur sein Magazin, sondern auch seine Person stieg im Ansehen der Öffentlichkeit. Schließlich begab er sich auf eine landesweite Vortragsreise, die ihn in die meisten Großstädte des Landes brachte.

Auch bei größeren Veranstaltungen hingen die Anwesenden wie gebannt an seinen Lippen und lauschten seinen Ausführungen. Typisch für ihn war seine Art zu reden – er ereiferte sich und sprach hitzig und sehr schnell, fast wie Maschinengewehrsalven. Er verbreitete sein Erfolgsrezept und die Forderung nach moralischer Verantwortung mit der Leidenschaft und Intensität eines wahren Predigers. Er erreichte damit die Hoffnungsvollen und die Unterdrückten. Er setzte ihre Sinne mit seinen Stakkato-Predigten gleichsam unter Strom und schickte sie mit zielgerichteten Visionen und dem absoluten Glauben an ihr Vermögen, ihre Visionen wahr werden zu lassen, nach Hause.

Mittlerweile galt Hill in weiten Kreisen als Koryphäe. Einer seiner Artikel, in dem er sich dafür aussprach, dass Eltern ihre Kinder auf Wirtschaftsschulen schicken mögen, wurde als Broschüre neu aufgelegt; sein Ansehen war so hoch, dass Wirtschaftsschulen aus dem ganzen Land Zehntausende davon erstanden, um damit für sich zu werben. Tatsächlich lief der Verkauf dieser Broschüre fast 20 Jahre lang, und Hill zufolge wurde sie millionenfach gedruckt.

Doch obwohl Napoleons Kariere in ungeahnte Höhe schoss, war der Same der Zerstörung bereits gesät. Noch in diesem Jahr würde er sein Magazin *Hill's Golden Rule* in einem internen Machtkampf verlieren. Die genauen Umstände, durch die es dazu kam, sind nicht wirklich bekannt. Doch Hills Persönlichkeit spielte dabei sicherlich eine große Rolle. Selbst ein scharfzüngiger Kritiker, der sich gerne über alles Mögliche ausließ, wurde sein Hang, alle zu beleidigen, die ihm nahestanden, noch ausgeprägter, je mehr sein Ego wuchs, und sein Erfolg im Jahr 1920 nährte es reichlich. Außerdem blieb ihm wegen seiner zahlreichen Vorträge kaum noch Zeit im Büro und für das Magazin. Sein Mitherausgeber, Guy Bilsland, übernahm zwar immer mehr Artikel, doch der Ruhm gebührte allein Hill, denn Guys Name stand immer nur ganz hinten im Magazin. Im August war es dann so weit, dass er weiterzog, um sich mit anderen Dingen zu befassen.

Inzwischen machte sich George Williams zunehmend Sorgen um seinen unsteten Partner und Herausgeber. Hills Zusicherung, »sich weltweit im Dienste der Menschheit zu engagieren«, war in der Anfangszeit des Magazins eine willkommene Werbebotschaft gewesen, und 1920 stand fest, dass Hill mehr denn je beabsichtigte, diese Vision zu realisieren. Doch dem konservativen Drucker aus dem Mittleren Westen Amerikas, der einfach nur Geld mit einem Selbsthilfemagazin verdienen wollte, waren Hills Entwicklung zum »Prediger der Geschäftswelt« und die damit verbundene Vision von Pracht und Herrlichkeit wohl schlicht zu viel geworden. Das Tüpfelchen auf dem i war jedoch, dass Hill aufgrund der gedruckten Gegenangriffe eines rivalisierenden Blattes zu einer umstrittenen Figur wurde. Williams begann daraufhin, Hill mehr und mehr die redaktionelle Kontrolle zu entziehen. Im Oktober 1920 hatte er das alleinige Sagen über das Magazin.

Napoleons eigene Version dieser Geschehnisse liest sich wie eine Seifenoper aus der Geschäftswelt – lauter Intrigen, ständiges Betrogenwerden und dann noch die düsteren Figuren aus seiner Vergangenheit. In seinen Memoiren ist vor allem von einer Schlammschlacht die Rede, die von Bob Hicks ausging, dem Verleger von *Specialty Salesman*. Zudem habe ihm einer seiner eigenen Mitarbeiter ein Messer in den Rücken gerammt: ein Mann namens Tom Igoe, der laut Hills eigener Aussage den Posten als sein Sekretär und Mitherausgeber bekleidet hatte, obwohl er im Impressum von *Hill's Golden Rule* als Geschäftsführer bezeichnet wurde.

Zu einer der ersten Streitigkeiten mit Hicks kam es, als in *Hill's Golden Rule* ein Artikel über Arthur Nash erschien. Der Geschäftsmann aus Cincinnati hatte das Ruder herumgerissen und aus seiner am Boden liegenden Kleiderfabrik ein gut gehendes Geschäft gemacht. Und wie war das Mr. »die goldene Regel« Nash, wie er im Artikel bezeichnet wurde, gelungen? Er hatte seine Angestellten nicht wie unwissende Arbeiter behandelt, sondern wie Geschäftspartner, die »mit ihm in einem Boot saßen«. Die Belegschaft reagierte darauf, indem sie ihre Produktivität verdoppelte, teils verdreifachte.

»Unmittelbar nach Erscheinen der Story über Nash in *Hill's Golden Rule*«, schrieb Napoleon, »begab sich Mr. Hicks eilends nach Cincinnati, baute eine Art Arbeitsbeziehung zu Mr. Nash auf und begann, ihn als seine Entdeckung auszunutzen. Jahrelang machte er immer wieder das Gleiche. Sobald ich etwas über eine Person des öffentlichen Lebens schrieb, machte er sich daran, meinen Kontakt für sich zu nutzen. In seiner dauerhaften Schlammschlacht gegen mich lief er zu Höchstform auf und rückte mich in die Nähe dieses alten Burschen mit Hufen, Hörnern und spitzem Schwanz.«

Für seine internen Probleme, so Hill, war sein machthungriger Partner verantwortlich, der irgendwie in Verbindung mit einem ehemaligen Schüler Napoleons am George Washington Institute stand, der wiederum ein Hühnchen mit ihm zu rupfen hatte. Während seiner Zeit an diesem Institut hatte er Napoleon des Betrugs bezichtigt und ihn angezeigt. Doch der Vorwurf entbehrte jeder Grundlage, weshalb das Verfahren bereits in der Vorverhandlung eingestellt worden war. Leider hatte der Schüler vorher dafür gesorgt, dass Hill in der Presse alles andere als gut wegkam. Napoleon, der sich in keinster Weise zum Opfer machen ließ, ließ diese Rufschädigung nicht auf sich sitzen, sondern machte das FBI auf die »verdächtigen« Aktivitäten und den starken deutschen Akzent seines Feindes aufmerksam. In der antideutschen Hysterie, die dem Eintritt Amerikas in den Ersten Weltkrieg vorausging, wurde der Schüler zunächst unter strenge Bewachung gestellt und schließlich für die Dauer des Krieges inhaftiert.

Während der spätere »deutsche Spion« Hills Charakter und Integrität infrage stellte, machte Igoe, sein Partner, ihn bei Williams schlecht. »Er war noch grün hinter den Ohren, ein Tagelöhner, als ich ihn von einem Stahlwerk abwarb und ihm Arbeit in unserem Büro anbot, wo er meinen Sekretär unterstützen sollte, während ich auf Vortragsreise war«, schrieb Hill. »Er nutzte meine Abwesenheit schamlos aus, um bei Mr. Williams gegen mich zu intrigieren: So machte er ihm weis, dass es nicht an meinen Fähigkeiten lag, dass sich das Magazin so gut verkaufte, sondern einzig am Namen der Publikation.«

Letzten Endes verleitete der Druck von innen und außen Williams dazu, voreilig zu handeln. »Williams, der alte Mann, ist zusammengebrochen, auf mich gefallen und hat mich mit zu Boden gerissen«, schrieb Hill. »Und das, obwohl ich ihm freiwillig 50 Prozent an meinem Magazin überlassen habe. Es war schon längere Zeit nicht einfach, mit ihm auszukommen, aber der Tropfen, der das Fass zum Überlaufen brachte, war, als mein junger, abtrünniger Schützling, der kaum lesen und schreiben konnte, Mr. Williams dazu bewegte, meine Leitartikel und andere Schriftstücke hinter meinem Rücken abzuändern und umzuschreiben.« Was auch immer sonst passiert sein mag, dieses Schachmatt war mehr, als Napoleon ertragen konnte. »Meine Arbeit bereitete mir keinerlei Freude mehr, sondern war eine einzige Schinderei für mich. So konnte es nicht weitergehen«, erinnerte sich Hill. »Und so nahm ich eines Tages meinen Hut und meinen Mantel und verließ meinen Arbeitsplatz ohne ein Wort des Abschieds. Ich überließ Mr. Williams auch noch die andere Hälfte an meinem geliebten Baby.«

Williams schaffte es, das Magazin weitere elf Jahre am Leben zu erhalten, aber kurz nach Napoleons Ausscheiden feuerte er Igoe. Einige Jahre später ließ er gegenüber Stephen Austin Weir, einem der engsten Vertrauten Hills, die Bemerkung fallen: »Als Napoleon Hill aus meinem Leben verschwand, ging etwas mit ihm, das ich nicht ersetzen konnte.« Die Ironie an der Geschichte war, dass Napoleon Igoe viele Jahre später zufällig in Nashville, Tennessee, wiedersah. Er beschrieb diese Begegnung mit folgenden Worten:

> Direkt vor mir lief ein merkwürdig aussehendes Wesen, das an die 300 Pfund auf die Waage brachte, einen Zylinder trug und einen Anzug, der ihm mindestens zwei Nummern zu groß war, und dessen Haar ihm bis auf die Schultern fiel. Als ich auf gleicher Höhe mit ihm war, erkannte ich, dass es mein ehemaliger Angestellter war. Er hatte einige Lektionen der angewandten Psychologie – Wort für Wort! – auswendig gelernt, die ich im *Golden Rule Magazine* veröffentlicht hatte, und gab nun als erfahrener, professioneller Psychologe »Vorlesungen« in Nashville.

* * *

Napoleon Hill war ein Mann, der bereits sein ganzes Leben lang vernichtende Niederlagen und Rückschläge erlitten hatte und noch viele weitere verkraften musste. Doch keine hat ihn persönlich so sehr getroffen wie der Verlust seines ersten Magazins. Zum einen war es, als hätte er ein Kind verloren: *Hill's Golden Rule* war sein zweites Ich, das sein Talent, seine Philosophie und seine Leidenschaft vereinigt hatte. Zum anderen war er wieder einmal auf die Nase gefallen. Wieder einmal war es vorbei mit der finanziellen Sicherheit, die essenziell für seine Frau und seine Kinder war, und das, obgleich sie schon zum Greifen nah gewesen war.

In Lumberport stellten sich Florence und die Jungen auf einen weiteren langen, kläglichen Winter ein, in dem sie wieder einmal auf die Großzügigkeit ihrer Familie angewiesen waren. Jahre später erinnerte sich David Hill noch daran. »Ich bin als armer Verwandter der reichsten Familie der Stadt aufgewachsen … Die meiste Zeit lebte [Florence] von dem Glauben und der Hoffnung, irgendwann würde sich alles zum Guten wenden.«

In Chicago gab sich Napoleon seinem Kummer hin. Sein Mut und sein Glaube hatten ihn verlassen. Seine Liebe zu den Menschen hatte Verbitterung und Zynismus Platz gemacht. Zum ersten Mal in seinem Leben war es ihm nicht möglich, ein Ziel anzuvisieren, und er unternahm nichts, tat nicht einen Schritt, um den Berg ein weiteres Mal zu erklimmen. Er suhlte sich in Selbstmitleid und ließ zu, dass es ihn lähmte. So verging mehr als ein Monat, und vielleicht wäre es ewig so weitergegangen, wenn nicht seine ehemaligen Angestellten etwas dagegen unternommen hätten. Ohne Ankündigung und völlig unerwartet erreichte ihn eines Tages ein Schreiben. Der Absender war Williams, es enthielt einen Sparbrief in Höhe von 25.000 Dollar, ausgestellt auf Napoleon Hill. Napoleon war wie vom Donner gerührt und begeistert von dieser Summe – nicht, weil damit ein Schlussstrich unter seine prekäre finanzielle Lage gezogen werden konnte, sondern weil die Summe ausreichte, um ein neues Magazin zu gründen. Hills Unternehmergeist regte sich wieder. Nun war er bereit, den nächsten Berg zu erklimmen.

Doch die Sache hatte einen Haken. Sobald er den Sparbrief zu Geld machen würde, verzichtete er damit auf sämtliche Ansprüche einschließlich seiner Teilhaberschaft an *Hill's Golden Rule*. Napoleon behauptete später, dass allein diese Bedingung ihn veranlasst hätte, das Angebot auszuschlagen, denn das hätte bedeutet, Wasser zu predigen und Wein zu trinken. Damit hätte er alles, was er je gelehrt hatte, über den Haufen geworfen und sich und seine Werte für einen Topf voller Gold verkauft. Schon möglich, dass dem so war, aber die Bedingungen, an die diese Abfindung geknüpft war, enthielten einen Passus, der eine viel schlimmere Bedrohung von Napoleons Prinzipien und Zielen darstellte: Bei solchen Transaktionen war es gang und gäbe, den Verkäufer – in diesem Fall Hill – einer Sperrklausel zu unterwerfen, die es ihm zig Jahre lang verboten hätte, in irgendeiner Form für ein konkurrierendes Magazin zu arbeiten.

Was auch immer letzten Endes sein Beweggrund war, Hill schickte Williams den Sparbrief zurück und lehnte das Angebot ab. Doch der Same war gepflanzt. Er hatte wieder Schwung und Elan. Mit einem Mal war ihm sein »erklärtes Hauptanliegen« bewusst geworden: Er würde ein weiteres Magazin ins Leben rufen. Wenn es Williams 25.000 Dollar wert war, Hill davon abzuhalten, eine Zeitschrift zu publizieren, dann wäre es ihm doch sicherlich möglich, Investoren zu überzeugen, ihm diese Summe zur Verfügung zu stellen, damit er eine solche Publikation veröffentlichen konnte.

Etwa zur gleichen Zeit kam die Oktoberausgabe 1920 von *Hill's Golden Rule* auf den Markt, was Napoleon umso mehr anspornte, sein neues Unterfangen zum Erfolg zu führen. Schließlich war nicht nur sein Name aus dem Logo und Impressum des Magazins getilgt worden, sondern ein zweiseitiger Leitartikel von G. B. Williams klärte die Leserschaft zudem darüber auf, dass es aufgrund der Kritik an Napoleons Verlagspolitik unumgänglich gewesen sei, sich von Hill zu trennen. Vor Wut schäumend über diesen letzten Akt der Erniedrigung und des Verrats, wurde Napoleon zu einem Mann, der wie besessen davon war, jedes Hindernis, das sich seinem neuen Unterfangen in den Weg stellte, nicht nur beiseitezuräumen, sondern zu zerschmettern.

Anfang 1921 war es dann so weit – wieder einmal hatte er es geschafft. Er war nach New York gezogen, hatte sich Geld von seinen Freunden geborgt, eine neue Druckerei gefunden, ein neues Format konzipiert, einen verlässlichen Mitherausgeber eingestellt und sämtliche Artikel und den Großteil der Werbeanzeigen für die erste Ausgabe verfasst. Im April 1921 lag die erste Ausgabe von *Napoleon Hill's Magazine* an den Kiosken und wirbelte sämtliche Verlage durcheinander, die Selbsthilferatgeber vertrieben.

Die Titelseite der Aprilausgabe ließ keinen Zweifel daran, was Hill bewegte, denn sie wurde beherrscht von einer Ankündigung in großen, fett gedruckten Buchstaben:

> Eine überregionale Monatszeitschrift über Menschen, von Menschen, für Menschen. Nächstenliebe für alle, Bösartigkeit gegenüber niemandem, verfasst auf der Grundlage der *echten* Goldenen Regel ist dies die Fortsetzung der Arbeit, die bei *Hill's Golden Rule* gestoppt wurde. Um unseren Stift hat sich keine Kette aus Gold gelegt.

Auf der Titelseite gab es an prominenter Stelle das »Bekenntnis des Herausgebers«, das den Menschen dabei helfen wollte, »die Notwendigkeit zu erkennen, dass Prinzipien mehr zählen als jeder Dollar und dass Menschlichkeit mehr gilt als der selbstsüchtige Einzelne, dessen Lebensziel es ist, immer nur zu nehmen, ohne zu geben.«

Selbst in seiner Wut verstand sich Hill meisterlich darauf, die Werbetrommel zu rühren. Er wollte den Lesern und Werbetreibenden unmissverständlich und unverzüglich klarmachen, dass es sich bei *Napoleon Hill's Magazine* um eine Zeitschrift von höchster Bedeutung handelte. Deshalb hatte er auch ein ungewöhnliches Format für sein neues Magazin gewählt – mit 20,3 Zentimetern Breite und 27,9 Zentimetern Höhe war es 2,5 Zentimeter höher und breiter als *Hill's Golden Rule*. Vor allem wenn beide Zeitschriften nebeneinander in der Auslage eines Kiosks präsentiert wurden, war der Größenunterschied beachtlich: *Napoleon Hill's Magazine* war etwa 20 Prozent größer als sein Hauptkonkurrenzblatt, was sich auch bei den Druckkosten bemerkbar machte: Die Kosten für eine Ausgabe lagen bei dem neuen Magazin bei 25 Cent pro Stück, beim Konkurrenzblatt bei 20 Cent. Unten auf der Titelseite stand in großer Schrift – lediglich beim Logo war die Schriftgröße noch üppiger – und in Fettdruck, dass die Auflage bei 100.000 Exemplaren lag. In wesentlich kleineren Lettern stand daneben: Bis 31. Dezember 1921.

Im Innern des Hefts fackelte Napoleon nicht lange, sondern machte sich sogleich an Schuldzuweisungen. Die Schlagzeile des ersten, dreiseitigen Artikels lautete: »Eine Anklage ohne Bosheit! Fakten über *Hill's Golden Rule*.« Der Artikel selbst war eine außergewöhnlich überzeugende Gegendarstellung, was er im Zusammenhang mit *Hill's Golden Rule* alles hatte erdulden müssen.

Zunächst nahm er die Leser mit zurück zu den Anfängen von *Hill's Golden Rule*, zu der Leidenschaft, die es verströmte, nachdem das böse Gespenst des Krieges ausgelöscht worden war. Er wies darauf hin, dass dieses »kleine Magazin mit einer in Brauntönen gehaltenen Titelseite« nur durch Nachdenken entstanden sei, dass es darin hauptsächlich um den Dienst am Menschen, um Wahrheit und Schönheit, also um die Eckpfeiler der Zivilisation ging. Er berichtete, welche Wirkung eine Zeitschrift, die auf der Goldenen Regel basierte, auf die Menschen hatte:

> Im Laufe des Jahres 1920 war ich auf einer Lesetour in ganz Amerika unterwegs, und die reine Begeisterung, mit der mich die Menschen empfingen, die Aufmerksamkeiten, die sie mir zuteilwerden ließen, machten mir unmissverständlich klar, dass meine Botschaft, die sie über *Hill's Golden Rule* empfangen hatten, sie tief in ihrem Herzen berührt hatte. Ich kam mit Hunderttausenden von Amerikanern in Kontakt – mit Katholiken und Protestanten, Juden und Heiden, Republikanern und Demokraten und Sozialisten, mit Menschen aller Abstammungen und Glaubensrichtungen –, und sie alle empfingen mich mit offenen Armen als einen der ihren. Da wurde mir klar, ich hatte diesen Menschen über meine Zeitschrift das gegeben, wonach sie dürsteten: eine Philosophie der Güte und Freundschaft, eine Vision unseres »Einsseins«.

Und dann schrieb er darüber, wie bösartige Menschen, die »von der Kontrolle über das gemeine Volk profitieren«, Williams' ehrenwerte Instinkte ins Gegenteil verkehrt und ihn letzten Endes genötigt hätten, »gegen den mit mir geschlossenen Vertrag zu verstoßen, und zwar ohne den Anstand besessen zu haben, mit mir über diese Angelegenheit zu sprechen – oder dies zumindest aus formellen Gründen zu tun.«

Hill erklärte, was es mit der Doppelzüngigkeit von Williams' Leitartikel über Hills »Ausscheiden« auf sich hatte, und berichtete, dass er Hunderte von Zuschriften erhalten hätte, in denen seine Leser ihrer Bestürzung und Entrüstung Ausdruck verliehen. Er druckte das Schreiben eines Lesers namens Earl Ticen aus Iowa ab, der sich darüber beschwerte, die neue *Golden Rule* sei »nichts als Papier, Tinte und eine Ansammlung von angeheuerten Rabauken«.

»Leser aus allen Teilen des Landes«, so Hill, »haben ihr Abonnement gekündigt, viele wollten ihr Geld aus dem Grund zurück, dass sie nicht das bekamen, wofür sie gezahlt hatten. Allmählich verschwindet diese Zeitschrift von den Verkaufsständen.« Doch es galt daraus etwas zu lernen, predigte Hill: »Der Lohn der Sünde ist der Tod. Erfolg oder Glück, die nicht auf Vertrauen und Gerechtigkeit aufbauen, sind nicht von Dauer.«

Die Leserschaft sah *Napoleon Hill's Magazine* zu seinem Glück nicht als Plattform für seine Rachegelüste an, sondern als Mittel, um edlere Ziele zu verfolgen, und selbst aus der ersten Ausgabe wurde Hills Vorhaben deutlich, das »Evangelium« der Goldenen Regel zu verbreiten. Seinem neuen Mitherausgeber, einem Ingenieur namens Stephen Austin Weir, den er auf den Ölfeldern von Texas kennengelernt hatte, gelang es, Napoleons verschütt gegangene Tugendhaftigkeit wieder zum Leben zu erwecken. Weir entlastete Napoleon nicht nur, sondern wurde auch sein lebenslanger Vertrauter und vermutlich engster Freund. Viele Jahre später schrieb Hill über ihn: »Er trat in mein Leben, als ich sehr hitzköpfig und sprunghaft war und obendrein dazu neigte, mich selbst allzu ernst zu nehmen. Ich verdanke ihm mehr als allen anderen meinen Reifungsprozess, der mich von der Schwäche der Eitelkeit und der Vulgarität des Egoismus befreit hat und von dem Fehler, mich selbst allzu wichtig zu nehmen.«

Napoleon Hill's Magazine hatte zwar das gleiche grundlegende Redaktionskonzept wie *Hill's Golden Rule*, doch es gab wesentliche Unterschiede zwischen den beiden Zeitschriften. Napoleon selbst war noch immer die Hauptattraktion und füllte jede Ausgabe mit unzähligen Worten des Rats und seiner Philosophie. Sein neues Magazin enthielt jedoch zusätzlich auch Artikel, die von anderen Mitwirkenden verfasst worden waren, darunter erfolgreiche Geschäftsmänner, Ärzte und Psychologen. Zudem bot es eine Fülle von weiteren Leistungen an. Jede Ausgabe enthielt einige Ratgeberartikel über alltägliche Dinge, zum Beispiel, wie man sich selbst besser verkaufen kann, einen besseren Job findet, sich besser konzentrieren und Selbstbewusstsein entwickeln kann.

Außerdem fanden sich in jeder Ausgabe einseitige inspirierende Botschaften in einem großzügigen Layout, die sich zum Einrahmen eigneten. Sie hatten in *Napoleon Hill's Magazine* denselben Effekt wie Werbeanzeigen in anderen Zeitschriften – sie sorgten für einen abwechslungsreichen grafischen und redaktionellen Takt von Artikeln und Meinungsbeiträgen. Ihre Bandbreite war enorm, sie reichten von Lincolns Ansprache in Gettysburg bis zu Hills eigenen Beiträgen über Themen wie »Gedanken über die Goldene Regel«, »Intoleranz« und »Allein mit meinem Gewissen«. Auf einer ganzseitigen Werbeanzeige wurde den Lesern unter der Überschrift

»Sie brauchen diesen wunderbaren Wandschmuck als Werbung für Ihr Unternehmen« die Möglichkeit geboten, Auszüge aus ihrem Lieblingsartikel in Plakatgröße drucken zu lassen, für »weniger als 25 Cent das Stück bei einer Mindestbestellmenge von 1000 Stück« – der eigene Firmenname würde dann darunter abgedruckt. Dem zugrunde lag die Vorstellung, dass der Besteller diese Werbung an seine Kunden verteilen würde, was sich doppelt auszahlen würde. »Mit diesem Geschenk«, hieß es in der Anzeige, »tun Sie mehr als nur die Werbetrommel für Ihr Geschäft oder Ihren Beruf zu rühren – Sie pflanzen konstruktive Gedanken, die dazu beitragen, unsere Welt zu einer besseren zu machen.«

Selbst solche bescheidenen Maßnahmen stellten eine wichtige Einnahmequelle für das finanziell schwach aufgestellte Magazin dar. In der Hinsicht stand es noch schlechter da als damals *Hill's Golden Rule*, es zog nur wenige Anzeigekunden an – was auch daran gelegen haben könnte, dass der Herausgeber und Verleger Höheres im Sinn hatte. Wie auch immer, in jeder Ausgabe von *Napoleon Hill's Magazine* gab es die unterschiedlichsten von Hill verfassten Anzeigen für Unternehmen, die dem Blatt Einnahmen sichern sollten. Um Abonnenten zu gewinnen, wurde die Arbeit von Autorinnen wie Harriet Luella McCollum vorgestellt, die einen Artikel über angewandte Psychologie schrieb und die allein aufgrund ihres Geschlechts dafür sorgte, dass arbeitende Frauen sich für Hill und seine Zeitschrift zu interessieren begannen. Bei einer anderen Werbeaktion, um weitere Abonnenten zu gewinnen, winkte demjenigen, der Monat für Monat die meisten Abonnements von *Napoleon Hill's Magazine* unters Volk brachte, ein sechsmonatiges Stipendium an einer Wirtschaftsschule seiner Wahl. Andere Anzeigen warben mit dem Foto von Abraham Lincolns Statue, der Mitgliedschaft im Peptomists Club[1] (für Freunde der angewandten Psychologie – *NHM* war dessen »offizielles Organ«) oder im Co-Operative Club, einer sozialen Organisation, die den Lesern von *NHM* die Möglichkeit bot, sich

1 A. d. Ü.: »Peptomist« ist eine Wortschöpfung aus »optimist« und »pep«, auf Deutsch in etwa: »tatkräftiger Optimist«.

persönlich kennenzulernen, wertvolle Geschäftskontakte zu knüpfen und »durch konstruktive Dienste das Glück zu finden«.

Im Jahr 1921 erreichte Napoleon einen bedeutenden Meilenstein, was er seiner Kreativität, seinem Charakter und seiner Willensstärke zu verdanken hatte: Bereits im ersten Jahr nach ihrer Gründung warf seine neue Zeitschrift Gewinn ab. Damals wie heute war das alles andere als selbstverständlich. Unterfinanzierte Unternehmen wie das von Hill brachten in der Regel nicht einen Cent Gewinn, bevor sie in Konkurs gingen, und selbst gut finanzierte Gründungen schrieben in den ersten Jahren meist rote Zahlen.

Zwar mangelte es Hill an Kapital und verlegerischer Raffinesse, doch er hatte viele Anhänger – ein wertvoller Schatz, auf dem er aufbauen konnte. Im Prinzip bewahrheitete sich sein »Gesetz des steigenden Ertrags« nun auch im echten Leben. Er hatte sein Herzblut in *Hill's Golden Rule* gesteckt und mit Leib und Seele Werbung dafür gemacht – in jeden Fall hatte er mehr getan als nur das, wofür er bezahlt wurde –, und alles, was er bei seinen früheren Beschäftigungen verdient hatte, steckte jetzt in seinem neuen Magazin.

Hills rastloses Leben, das aus Vorträgen, Reden und persönlichen Auftritten bestand, begann im Sommer 1921 erneut. Da er seine Leser durch entsprechende Anzeigen darauf aufmerksam gemacht hatte, dass er »lediglich für eine begrenzte Zahl von Vorträgen zur Verfügung stand«, rissen sich Werbetreibende, Vertriebsmitarbeiter, Geschäftsleute, aber auch Bürgerclubs und Hochschulen um ihn. Doch anders als in der Anfangszeit von *Hill's Golden Rule,* als er sich zu jedem noch so abgelegenen Ort aufmachte und als Gegenleistung nur die Gelegenheit erhielt, für sein Magazin und seine Philosophie zu werben, verlangte er jetzt für jeden Auftritt mindestens 100 Dollar zuzüglich Spesen. In einem Brief an Florence vom 29. Mai freute er sich mit diesen Worten über sein erstes Honorar: »Letztes Jahr war ich froh, wenn mir meine Reisekosten erstattet wurden, denn noch ein Jahr zuvor habe ich mich immer auf eigene Kosten auf den Weg gemacht. Und jetzt habe ich den Eindruck, langsam, aber sicher lohnt sich mein Geschäft.«

Zu der Zeit dürfte Napoleon seine öffentlichen Auftritte mehr genossen haben als das Schreiben, denn auf diese Weise konnte er direkt mitverfolgen, wie seine Worte und Visionen die Zuhörer bewegten, welche Gefühle er bei ihnen heraufbeschwor, und er konnte sich in Beifall und Lob sonnen. In dieser Phase begann Hill, in Anlehnung an den berühmten Massenprediger, der das Evangelium in feurigen Reden auf den Straßen ganz Amerikas verkündete, sich als »Billy Sunday des Geschäftsevangeliums« anzukündigen. Diese Bezeichnung traf ins Schwarze – sowohl für Hill den Autor als auch für Hill den Redner. Seine Artikel und Vorträge strotzten vor Bibelzitaten, was ihn allmählich zu einer ergiebigen Quelle von eloquenten und oftmals tiefgründigen Originalzitaten werden ließ. »Die unglücklichsten Menschen auf Erden«, ließ er sein Publikum wissen, »sind diejenigen, die außer ihrem Lohn nichts für ihre Arbeit bekommen.«

Um den Menschen bei der Bewältigung von einer der sechs grundlegenden Ängste – der Angst vor Kritik – zu helfen, sagte Napoleon: »Wir wollen die Wahrheit über uns erfahren, aber wehe, sie kommt ohne Zuckerguss daher.« Als Beweis, dass Hill mit seinem Gesetz des Ausgleichs richtiglag, verfasste er einen Einzeiler über eine amerikanische politische Aktivistin, die in die Sowjetunion ausgewandert war: »Von Emma Goldman heißt es, sie wäre einsam und nicht gerade glücklich in Russland, was uns nur bestätigt, dass wir quieken wie Schweine am Spieß, wenn wir das bekommen, was wir anderen aufzuzwingen versuchen.«

Jede Ausgabe seines Magazins, jede Rede, die er hielt, und jedes Gespräch, das er führte, zog eine wahre Flut von solchen Sprüchen nach sich.

Seine öffentlichen Auftritte in dieser Zeit basierten auf zwei Vortragsreihen. Die »Magische Erfolgsleiter« war auf Geschäftsleute zugeschnitten und behandelte 15 Prinzipien, die nach Hills Überzeugung unerlässlich für den Erfolg waren. Auch dabei floss seine Goldene Regel in die Präsentation mit ein, sodass darin von den humanistischen Idealen die Rede war, die er am meisten schätzte, nämlich von enger Zusammenarbeit, der Eliminierung von rassistischer und religiöser Intoleranz, Hass und Neid.

Bei seiner anderen Vortragsreihe mit dem Titel »Das Ende des Regenbogens« handelte es sich um eine inspirierende Erzählung, die sich an bürgerliche und religiöse Gruppen wandte und auf den »sieben Wendepunkten meines Lebens« basierte, wie Hill sie nannte. Darin schilderte er Höhepunkte und Niederlagen aus seinem Berufs- und Privatleben sowie die Lektionen, die er daraus gelernt hatte – Lektionen, die er in der Hoffnung, anderen damit in ihrem Leben weiterhelfen zu können, weitergab.

Hills unglaublich überzeugender Vortragsstil führte schon bald dazu, dass er sich einer Innovation der modernen Kommunikation zuwandte. Da sich sein Magazin so gut verkaufte, beschloss er 1921, einen Lehrgang über den Versandhandel namens »Die Wissenschaft des Erfolgs« (»The Science of Success«) zu konzipieren und an den Mann zu bringen. Da er sich seinen fast schon an Hypnose grenzenden Vortragsstil zunutze machen wollte, bot er nicht nur zehn gedruckte Lektionen an, sondern auch sechs Schellackplatten. Auf diese Weise konnte man Napoleon Hills Vorträge lesen *und* hören. Hill dürfte einer der Ersten gewesen sein, die sich dieser Kombination aus mehreren Medien – dem Vorläufer von Motivations-Audioprogrammen – bedienten, woraus einmal eine millionenschwere Branche entstehen würde.

Unweigerlich führte Napoleon Hills Hingabe, das amerikanische Volk zu Güte zu inspirieren und ihm den Weg zum Erfolg zu weisen, dazu, dass sein Familienleben litt. Zwar schrieben er und Florence fast täglich, aber sie sahen einander immer nur für kurze Zeit, üblicherweise dort, wo Hill einen Vortrag hielt. Seine Kinder sah er sogar noch seltener, vielleicht ein- oder zweimal, wenn er es einrichten konnte, nach Lumberport zu reisen, oder wenn sie sich alle im Haus seiner Eltern in Wise trafen. Jimmie und Blair, die sich sehnlichst ein etwas gesicherteres Familienleben wünschten, lebten inzwischen bei ihren Großeltern in Wise. Allmählich wurde die Leidenschaft, die aus Hills Briefen im vergangenen Jahrzehnt gesprochen hatte, durch seine Versuche ersetzt, Florence aufzuheitern und die Distanz zwischen ihnen zu überwinden, die immer größer wurde.

Gegen Ende dieses Jahres begann sich ein Muster abzuzeichnen: Nachdem Florence jahrelang, allein auf sich gestellt, versucht hatte, ihre familiären und finanziellen Probleme zu lösen, war sie inzwischen an einem Punkt angekommen, an dem sie nicht einmal mehr daran dachte, Hill von ihren Schwierigkeiten zu erzählen. Eine entsprechende Begebenheit ereignete sich im Oktober, als Florence schwer krank wurde – wovon sie Napoleon erst erzählte, als sie ihm erklären musste, weshalb sie sich nicht in New York würden treffen können. Daraufhin schrieb er ihr: »Liebste, ich hatte ja keine Ahnung, dass du so krank warst. Hätte ich es gewusst, wäre ich dich auf jeden Fall besuchen gekommen. Ich bin davon ausgegangen, dass du nur leicht erkrankt bist, da du mir ja schließlich weiterhin jeden Tag geschrieben hast. Du musst wieder gesund werden, denn ich brauche dich an meiner Seite, wenn ich Abend für Abend auf der Fifth Avenue und dem Broadway und anderen tollen Straßen einen Schaufensterbummel mache. Ich hoffe sehr, dass es keine zwei Wochen mehr dauert, bis du mich besuchen kannst.«

Danach schilderte er ihr in fröhlichen Bildern die fantastischen Vergnügungen und den Luxus, die sie bei ihrer Ankunft in New York erwarten würden. Wie eine Matrize, mit der dieselbe Form tausendmal in ein und derselben Perfektion gegossen wird, wiederholten sich die Elemente dieses Schreibens mit nur geringfügigen Abweichungen wieder und wieder – ihr ganzes restliches Eheleben lang … Napoleon entschuldigte sich wortgewandt für die Unzulänglichkeiten der vergangenen oder aktuellen Zeit und beschrieb dann ausführlich, welch tolles Leben sie schon bald führen würden.

Florence' Gefühl, dass sie und Napoleon sich auseinandergelebt hätten, verstärkte sich noch, wenn sie sich ansah, welch unterschiedliche Leben sie doch hatten. Hill schickte ihr zwar getreulich Schecks, sobald er etwas verdiente, aber zunächst gönnte er sich eine größere Summe, um den Lebensstandard halten zu können, wie er einer Person des öffentlichen Lebens seiner Meinung nach zustand. Während seine Familie in – gelinde gesagt – bescheidenen Verhältnissen lebte, übernachtete Hill in gepflegten Hotels, speiste in angesehenen Restaurants und besaß einen Schrank voll mit Anzügen aus feinstem Tuch. Der Fairness halber sollte erwähnt werden, dass

Napoleon in der Öffentlichkeit das Bild eines Leistungsträgers vermitteln musste, um als Prediger für die Geschäftswelt und Experte für Erfolg glaubhaft zu wirken. Doch die Sorgfalt, mit der er sich solchen Äußerlichkeiten widmete, und der Kontrast, der dadurch zwischen seinem Leben und dem seiner Familie entstand, nährten die Zweifel an seiner Kompetenz und der Hingabe an seine Familie, die in seinem Hause mittlerweile aufkeimten.

Während Napoleons Familienleben mehr und mehr von Skepsis durchzogen wurde, machte seine Karriere Anfang 1922 einen größeren Sprung als je zuvor. Viele kleine Verlage im ganzen Land blickten voller Neid auf sein Magazin; aus seiner Ankündigung wenige Monate zuvor, bis zum Ende des Jahres 1921 eine Auflage von 100.000 Exemplaren zu erreichen, war nun die Ankündigung geworden, bis Ende 1922 die Marke von 300.000 zu durchstoßen. Die Nachfrage nach seinen öffentlichen Auftritten – obwohl sein Honorar inzwischen 150 Dollar betrug – war deutlich größer, als er bewältigen konnte. Auch die Arbeit an dem Carnegie-Projekt ging voran, da sein Ruhm ihm mühelos die Türen zu Amerikas reichsten und berühmtesten Geschäftsmännern öffnete.

Ironischerweise war es der Brief eines Gefängnisinsassen, der auf dem Höhepunkt von Hills Ruhm die nächste Wende in seinem Leben einläutete und den Beginn einer beruflichen Laufbahn markierte, die letzten Endes zu Amerikas erster umfassender Erfolgsphilosophie führte.

Absender war ein gewisser Butler R. Storke, ein Fälscher, der eine zweijährige Haftstrafe im Staatsgefängnis von Ohio absaß. Storke hatte das College erfolgreich abgeschlossen und war für seine Dienste im Ersten Weltkrieg ausgezeichnet und zum Hauptmann der Artillerie befördert worden. In seinem Prozess hatte er weder seine Schuld bestritten, noch hatte er sich für sein Verbrechen entschuldigt. Stattdessen erklärte er sich bereit, sich für die stark dezimierte Gefängnisbibliothek einzusetzen.

Da das Gefängnis keinen Etat für die Anschaffung von Büchern vorsah, organisierte Storke eine Kampagne, in der er Verleger im ganzen Land bat, dem Gefängnis Bücher zu spenden, damit die Gefängnisbücherei den Insassen hilfreiche Informationen, Ideen und Inspiration bieten könnte, um nach ihrer Freilassung ein erfolgreiches, dem Gemeinwohl dienendes Leben zu führen.

Storkes Bitte um Hilfe war ein Riesenerfolg. Unzählige Bücher, Zeitschriften und sogar Unterlagen für Fernunterricht trudelten im Gefängnis ein, darunter *Napoleon Hill's Magazine* und Hills Fernlehrgang über die »Wissenschaft des Erfolgs«.

In seinem Brief an Napoleon schrieb Storke, dass er jede Ausgabe seines Magazins erhalten hätte, und erklärte, dass Hills Erfolgsphilosophie, seine Ausführungen über Glaube und Mut, sein Rat und seine Führungsqualitäten bei der Umerziehung und Rehabilitation von Verbrechern wie ihm eine große Stütze wären. Er hätte eine Idee für Fernlehrgänge speziell für Gefängnisinsassen, bräuchte aber seine Unterstützung bei diesem Projekt.

Hill packte diese Gelegenheit, ohne auch nur eine Sekunde lang darüber nachdenken zu müssen, beim Schopf. Für die damalige Zeit war es ein absolut ungewöhnliches Vorhaben, denn 1922 galten Gefängnisse als Ort der Bestrafung und nicht der Wiedereingliederung der Insassen in die Gesellschaft. Doch in Napoleons Augen bot sich ihm dadurch die Chance, buchstäblich die Seelen inhaftierter Männer zu retten – die größte aller Berufungen für jeden Prediger, wobei es keine Rolle spielte, ob er sich dieser Aufgabe aus Glaubensgründen oder wegen eines geschäftlichen Interesses widmete.

Mit gewohntem Elan und unbekümmerter Begeisterung stürzte sich Napoleon in dieses Projekt. Hill besuchte Storke im Gefängnis, um sich persönlich von dessen »Intra-Wall Home Study System« (etwa: »Selbststudium in vier Wänden«) zu überzeugen, woraufhin er mit noch größerer Begeisterung von dessen »höchst praktischem und überaus nützlichem Service« sprach. Auch als er Storke Vorschläge unterbreitete und ihm logistische Hilfe anbot, ging Napoleon einen Schritt weiter, schob seine »egoistische Zurückhaltung« beiseite und ging ein Risiko ein, wie es außer ihm wohl kaum jemand getan hätte. »Ich begann unverzüglich, mich um seine Freilassung zu bemühen«, erinnerte sich Napoleon, »denn ich wollte, dass er seine Arbeit unter weitaus angenehmeren Bedingungen fortsetzen konnte.«

Da Napoleon keine halben Sachen zu machen pflegte, trug er Storkes Fall jedem vor – vom Gefängniswärter bis zum Gouverneur von Ohio – und triumphierte schließlich. Der Schlüssel zum Erfolg war diesmal, dass er ein Unternehmen gründete – das Intra-Wall Institute –, das das Fernstudium optimierte und bekannt machte. »Ich hatte ein rechtmäßiges Bildungsinstitut mit dem Ziel ins Leben gerufen, das von meinem Schützling erarbeitete System nicht nur zu verbessern, sondern es auch in allen Gefängnissen Amerikas einzuführen«, erinnerte sich Hill. Mithilfe eines ausgetüftelten Geschäftsplans und dank seines guten Rufs gelang es Napoleon, den Gouverneur zu überzeugen. Am 14. August 1922 trat Butler Storke aus den Gefängnistoren in die Freiheit und fing gleich bei Hill für ein Monatsgehalt von 250 Dollar zu arbeiten an. Den Tag seiner Entlassung aus dem Gefängnis hatte Hill bestens zu Werbezwecken genutzt:

> An dem Tag, als er in die Freiheit entlassen wurde, standen Pressevertreter mit gezücktem Stift in der Hand bereit, um über die Hintergründe seiner Entlassung zu berichten. Außerdem wurden jede Menge Fotos geschossen. Schon am nächsten Tag wurde in praktisch jeder Zeitung Amerikas davon berichtet, manche widmeten dieser Story die ganze Titelseite, und von da an wurde einen ganzen Monat lang laufend darüber berichtet.

Gut möglich, dass seine Gedanken, als er Storke am Gefängnistor in Empfang nahm, besser als alles andere Hills Stärken, aber auch Schwächen verdeutlichen. Er blendete die Tatsache, dass er seinen Ruf aufs Spiel setzte und alles vom Verhalten eines verurteilten Fälschers abhing, vollkommen aus. Stattdessen fixierte er sich auf die unglaubliche Chance, die sich Storke nun bot – hauptsächlich deshalb, weil dieser vorher auf ganzer Linie versagt hatte. »Ich hoffe, Ihnen ist klar, dass die Chance, die Ihnen jetzt in den Schoß gefallen ist, besser dazu geeignet ist, ein neues Leben zu beginnen, als der Tag Ihres Collegeabschlusses –, auch wenn Sie nach Gefängnis riechen«, sagte Hill zu Storke.

Jahre später nutzte Napoleon dieses Ereignis als Erklärung eines seiner Erfolgsprinzipien. »Die Welt lag ihm zu Füßen, er brauchte sich nur zu bedienen. Jedermann, der ihn kennenlernte, bot ihm seine Hilfe an. So ist das nun mal auf dieser Welt, wenn jemand zufällig oder ganz bewusst in der richtigen Beziehung zu anderen Menschen steht.«

Wie auch immer, Storke tat Napoleons Selbstbewusstsein gut. Er steckte seine ganze Energie und seine ganzen intellektuellen Fähigkeiten in das Projekt »Intra-Wall Home Study« und gab einem der damals provokativsten und vielversprechendsten Konzepte in Sachen Strafrechtsreform binnen eines Jahres den letzten Schliff. Storke war jedoch nicht auf sich gestellt. Obwohl er mit seinem Magazin, den Vorträgen und den Recherchen für das Carnegie-Projekt mehr als genug um die Ohren hatte, war Napoleon stark in die Konzeption von Lehrgängen und Unterrichtsmaterial involviert, übernahm aber vor allem auch die Organisation und den laufenden Betrieb.

Er erhielt das Kapital für Bücher, Unterrichtsmaterial und Bürokosten von Ralph Weeks, einem langjährigen Bekannten von Hill, der Präsident eines Instituts für internationale Fernstudiengänge war. Hill trieb aber auch Mittel von privaten Geldgebern auf und stellte damit sicher, dass auch andere Strafvollzugsanstalten und Gemeinden diese Fernstudiengänge anbieten konnten.

Zudem konzipierte Hill einen einmaligen Marketingplan, der so durchdacht war, dass man hätte meinen können, er stamme von einem Genie.

»Mein Plan war sehr einfach«, schrieb Hill. »Ich wollte mithilfe eines Fragebogens, den ich im Zuge der Arbeit an meiner Philosophie erstellt hatte, eine vollständige Persönlichkeitsanalyse eines jeden Gefängnisinsassen durchführen. Im Anschluss daran sollten mehrere von unseren Mitarbeitern Reden vor Rotary Clubs, Handelskammern, Kirchen und dergleichen halten und die Gefangenen dort ›an den Mann bringen‹. Ich vermute mal, wir haben auf diese Weise viele Leute dazu gebracht, sich auf der Grundlage des Fragebogens die Akten von 100 oder mehr Gefängnisinsassen anzusehen und sich dann zu entscheiden, einen oder zwei von ihnen zu sponsern. Konkret hieß das, dass sie für deren Bildung 50 Dollar pro Person ausgaben. In Shelby, einer Kleinstadt in Ohio, habe ich das zum ersten Mal ausprobiert, und zur Freude aller hat die dortige Handelskammer 16 Strafgefangene ausgewählt und uns 800 Dollar bezahlt.«

Hill und Storke hatten schlicht und einfach nach einem Weg gesucht, wie sie ihre guten Taten zu Geld machen konnten, um ihr gemeinnütziges Projekt fortführen zu können. Hills Plan stellte eine sehr gute Lösung für dieses Problem dar, um nicht zu sagen: eine zu gute Lösung. Der Haken daran war, dass dieser Plan ohne jeden Zweifel das Potenzial hatte, einen größeren Einkommensstrom zu generieren als die bescheidene Summe, an die die beiden Idealisten gedacht hatten. Es kam, wie es kommen musste, denn diese Möglichkeit korrumpierte zwei Direktoren des Instituts, und dadurch geriet auch die Einrichtung selbst in Verruf.

Auch wenn sich Napoleon später Vorwürfe machte, bei der Auswahl der Direktoren des Intra-Wall Institute nicht vorsichtig genug gewesen zu sein, passte seine diesbezügliche Entscheidung zu der humanitären Zielsetzung des Projekts. Neben sich selbst entschied er sich für den Kaplan des Gefängnisses, in dem Storke seine Arbeit an den Fernkursen begonnen hatte. Dieser hatte Storke von Anfang an unterstützt und begleitet. Der dritte Direktor war ein enger Freund des Kaplans. Leider konnten der Diener Gottes und sein Freund der Versuchung nicht widerstehen, als sich ihnen die Chance bot, das große Geld zu machen. Beide Direktoren wollten sich am Institut eine goldene Nase verdienen. Ihre Gier und ihr aggressives Vorgehen verletzten und verärgerten Hill.

> Das Institut fing gerade zu laufen an, als sich herausstellte, dass es zu einem Schiebergeschäft der übelsten Sorte umfunktioniert werden sollte. Deshalb wandte ich mich hinter dem Rücken der anderen Direktoren an Ralph Weeks und schilderte ihm im Detail, was aus meinem Projekt geworden war. Anschließend brach ich meine Zelte ab und kehrte nach New York zurück. Mr. Weeks löste das Konto für die monatlichen Ausgaben auf, die beiden Direktoren übernahmen alles, was noch vom Institut übrig war. Kurze Zeit später

geriet mein einstiger Schützling erneut mit dem Gesetz in Konflikt und wurde wieder uns Gefängnis zurückgeschickt.

Doch für Napoleon war die Sache damit noch längst nicht vorbei. Das Debakel um das Intra-Wall Institute spitzte sich Ende 1923 zu, und innerhalb weniger Monate stand Hills Existenz auf dem Spiel. Die Hauptbeteiligten an Hills Untergang waren die beiden verbitterten ehemaligen Direktoren von Intra-Wall und Hills Erzfeind aus alten Tagen, Bob Hicks vom *Specialty Salesman*.

Napoleon zufolge hatte Hicks' persönlicher Rachefeldzug noch nicht geendet, als Hills Tage bei *Hill's Golden Rule* vorbei waren. Stattdessen steigerte sich Hicks' Hass auf ihn ins Unermessliche, nachdem Hill wie der Phoenix aus der Asche auferstanden war, mit *Napoleon Hill's Magazine* noch größeren Erfolg hatte und bald im ganzen Land als uramerikanischer, preisgekrönter Philosoph und Experte für Erfolg und Moral bekannt war.

Auf die eine oder andere Weise kam Hicks der traurige Höhepunkt des Intra-Wall-Projekts zu Ohren, woraufhin er Kontakt zu Hills ehemaligen Direktoren suchte, die mit Napoleon nichts mehr am Hut hatten. Die zwei zornigen Männer waren zu allen Schandtaten bereit, Hauptsache, sie konnten Hill eins auswischen. Hicks machte sich ihre Beteiligung an dem schändlichen Ende des Intra-Wall Institute zunutze und beteiligte sie an seinem vernichtenden letzten Schlag gegen Hill.

Als Erstes holte Hicks zu einem heftigen Schlag aus, indem er im *Specialty Salesman* einen mehr als gehässigen Artikel über Hills Charakter veröffentlichte, dessen Anschuldigungen auf den Aussagen der ehemaligen Direktoren von Intra-Wall basierten. Gleichzeitig heuerte er Raufbolde an, die Hills öffentliche Reden stören und ihn angreifen und seine Integrität infrage stellen sollten. Wieder einmal saß Hill in einer ausweglosen Falle. Als einzige Möglichkeit wäre ihm geblieben, sich seinerseits an dieser Schlammschlacht zu beteiligen und Hicks' Glaubwürdigkeit zu vernichten, doch dies wäre ein eklatanter Verstoß gegen die Prinzipien seiner Goldenen Regel gewesen – einfach gegen alles, wofür er stand. Aus diesem

Grund versuchte er, die Vorwürfe zu ignorieren, in der Hoffnung, sein guter Ruf würde genügen, um diesen Sturm zu überstehen.

Gut möglich, dass ihm das auch gelungen wäre, wenn er nicht wieder einmal finanziell angeschlagen gewesen wäre. Der öffentliche Aufruhr, für den Hicks sorgte, wirkte sich unmittelbar auf die verschiedenen Einkommensquellen von *Napoleon Hill's Magazine* aus. Inserenten waren verschreckt, die Anzahl der Abonnements sank, an den Kiosken brachen die Verkaufszahlen ein, und auch die Einnahmen aus den unterschiedlichen Werbeaktionen schrumpften beträchtlich. Es dauerte nicht lange, bis das Magazin mit seinen Zahlungen an die Druckerei in Verzug geriet, woraufhin Hicks zu seinem Meisterstreich ausholte: Er bot der Druckerei an, deren Forderungen gegenüber *Napoleon Hill's Magazine* zu erwerben. Ganz gleich, wie optimistisch der Drucker die Möglichkeit eingeschätzt hatte, dass sich das Magazin von diesem plötzlichen Rückschlag wieder erholen würde, stellte Hicks' Angebot doch eine einmalige Gelegenheit dar, sein finanzielles Risiko auf einen Schlag zu eliminieren. Und so geschah es, dass der Drucker verkaufte. Als Hill erneut nicht in der Lage war, die längst fälligen Rechnungen der Druckerei zu begleichen, fackelte Hicks nicht lange, leitete die Zwangsversteigerung ein und stoppte die Produktion von Hills Magazin.

Um das Maß voll zu machen, holte Hicks zu einem letzten Schlag in seinem persönlichen Kreuzzug aus, mit dem Ziel, Napoleons Existenz zu vernichten. Er überzeugte das U.S. Post Office, Ermittlungen gegen Hill wegen Postbetrugs einzuleiten, offenbar im Zusammenhang mit seinen Werbeaktionen für künftige Abonnenten oder einer Werbekampagne von 1923, bei der Anteile an Hill Publishing Trust verkauft wurden, dem Unternehmen, das Napoleon gegründet hatte, um sein Magazin, die Unterrichtsmaterialien und Tonaufnahmen unters Volk zu bringen. Die Anschuldigungen waren haltlos. Hill hatte in keinster Weise gegen geltendes Gesetz verstoßen, und das einzige arglistige Verhalten in diesem Zusammenhang war das von Hicks. Die postalische Untersuchung entlastete Hill vollständig, aber das nützte ihm auch nichts mehr. Der Schaden war bereits angerichtet. Mit 40 war Napoleon Hill zum zweiten Mal in nur drei Jahren arm wie eine Kirchenmaus. Alles, was er besaß, hatte er in dem Chaos nach dem Skandal um das Intra-Wall Institute verloren.

Die makabere Ironie an Hills erneutem Untergang war die Tatsache, dass kaum ein Unternehmen der 1920er-Jahre idealistischer oder humanistischer ausgerichtet war als *Napoleon Hill's Magazine* und das Intra-Wall Institute, und doch hatten diese Unternehmen in ihrem Bestreben, das Gute in den Menschen zu erwecken, nur das Böse hervorgebracht und niederträchtige Männer in eine Art Blutrausch versetzt, der am Ende alles zerstörte. Als Opfer dieser Ironie hätte Napoleon diesen Konflikt als den ewigen Kampf zwischen Gut und Böse auslegen können, wobei das Ende seiner Geschichte den Schluss nahelegte, dass das Gute zum Scheitern verurteilt ist und nie gewinnt. Mag sein, dass er diese und andere mögliche Interpretationen in Betracht gezogen hat, die es rechtfertigen würden, sich dem Leben herzloser und kleinlicher zu stellen. Doch am Ende hat sein Glaube an seine eigenen Worte gesiegt. Seine Niederlage, schrieb er, war nicht auf die Macht des Bösen zurückzuführen, sondern auf sein Versagen:

> Die Wahrheit lautet: Meine mangelnde Vorsicht bei der Wahl meines Umgangs hat mich in Schwierigkeiten gebracht. Angemessene Vorsichtsmaßnahmen, wie sie Carnegie oder Henry Ford sicherlich ergriffen hätten, wären sie an meiner Stelle gewesen, hätten mir den ganzen Ärger erspart, ganz zu schweigen davon, dass sie mich vor dem finanziellen Ruin bewahrt hätten, und das Geld, das meine Freunde in mein Magazin investiert haben, wäre auch noch da.
>
> Ich habe keinerlei Verständnis für mich und will mich nicht in Ausreden flüchten. Ich habe auf ganzer Linie versagt, und das geschieht mir recht. Doch ich kann mit Genugtuung behaupten, dass es einen Ausgleich für dieses, mein Scheitern gab. Meine Niederlage hat mich gezwungen, meine Vorgehensweise, wie ich mir potenzielle Geschäftspartner aussuche und welchen Umgang ich pflege, zu überdenken und zu ändern.

Doch diese düstere Zeit in Hills Leben war damit noch nicht abgeschlossen, es sollte noch zu einem letzten Schlag gegen ihn kommen. Als er nach Chicago zurückkehrte, um seine Siebensachen zu packen und dann das nächste Kapitel seines Lebens aufzuschlagen, traute er seinen Augen kaum. Das Gebäude, in dem er seine kärglichen Besitztümer eingelagert hatte, war bis auf die Grundmauern niedergebrannt. Alles, was sich darin befand, war ebenfalls verbrannt. In materieller Hinsicht war der Schaden in Napoleons Fall nicht besonders hoch. Doch in emotionaler und auch beruflicher Hinsicht hatte er so gut wie alles verloren. Dutzende von Briefen und Notizen von Woodrow Wilson, darunter seine Zustimmung zu Hills Vorschlag, der Präsident möge seine Kriegsanleihen verkaufen, waren Opfer der Flammen geworden, ebenso wie Autogramme von Wilson, Bell und anderen. Verbrannt waren auch Präsident Tafts Einstellungszusage an Hill und mehrere Briefe von Manuel L. Quezon, der in regem Schriftwechsel mit Hill stand, bevor er Präsident des Commonwealth der Philippinen wurde.

Am schlimmsten war jedoch, dass prall gefüllte Aktenordner mit vertraulichen Fragebögen von Koryphäen wie Luther Burbank, Thomas Edison und Hunderten weiteren Berühmtheiten, die an seiner Forschung über das Geheimnis des Erfolgs teilgenommen hatten, ebenfalls von den Flammen geraubt worden waren.

Viele Jahre später konnte sich Napoleon noch immer an das entsetzliche Gefühl erinnern, das ihn schier zu überwältigen drohte, als er die verkohlten Überreste des Gebäudes betrachtete:

> Der Verlust meines Magazins kostete mich mein ganzes Geld, die Männer, denen ich vertraut hatte, hatten mich maßlos enttäuscht … Aber diese Verluste waren nichts im Vergleich dazu, dass durch das Feuer Sachen unwiederbringbar verloren waren; Dinge, die ich als Erinnerung an Männer aufbewahrt hatte, die mich in den Phasen meines Lebens am meisten unterstützt hatten, als ihre Anerkennung das Einzige war, was ich besaß. Doch ich habe mich zusammengerissen … Ich zog damals den Schluss, materiellen Dingen nie wieder so viel Bedeutung beizumessen.«

* * *

Napoleon Hill redete offen über seine menschlichen Schwächen. Gut möglich, dass er auch welche besaß, über die er nicht sprach. Doch was immer man auch über ihn sagen kann, keiner vermochte es so gut wie er, sich nach einer Niederlage wieder aufzurappeln.

Nachdem Hill sich 1000 Dollar geliehen hatte, um seinen Lebensunterhalt finanzieren zu können, bis er wieder einmal von null anfangen würde, stieg er in den Zug nach Ohio. Nicht, dass es dafür einen konkreten Grund gegeben hätte. Doch irgendwie war er davon überzeugt, »der Ort, wo etwas Wertvolles verloren ging, ist ein angemessener Ort für einen Neubeginn«.

Unverzüglich machte er sich an die Anwendung seiner Erfolgsprinzipien auf seine aktuelle Lage und legte sein Hauptziel fest. Er wollte eine Wirtschaftsschule kaufen und leiten – ein wenig bescheidenes Ziel für jemanden, der erst kurz zuvor bankrottgegangen war, zumal er die Kosten eines solchen Erwerbs mit 100.000 Dollar ansetzte. Doch wie immer, wenn Napoleon unter Druck geriet, kam seine beste Seite zum Vorschein.

In einem ersten Schritt sah er sich die Städte und Örtlichkeiten an, die seinen Kriterien entsprachen, und legte sich dann auf bestimmte Gebäude fest. Mit dem Metropolitan Business College im Westen von Cleveland fand er, was er suchte. Die Schule war in einem Neubau untergebracht, und der Eigentümer, ein Privatmann, bot sie ihm für 125.000 Dollar zum Kauf an. Das war deutlich mehr, als Napoleon veranschlagt hatte, doch er löste dieses Problem mithilfe eines kreativen Vertrags, der allen Beteiligten die Möglichkeit einräumte, ohne größeres Risiko einen Gewinn zu erwirtschaften.

Im Prinzip war Hills Plan zur Finanzierung seines Vorhabens eine Art Mietkauf. Er würde die Schule gemäß eines Geschäftsplans, auf den sich der Eigentümer und er geeinigt hatten, zunächst für drei Jahre übernehmen. Der Vertrag räumte ihm zudem die Möglichkeit ein, die Schule zu einem Zeitpunkt seiner Wahl zu erwerben oder sie an den Eigentümer zurückzugeben. Bis dahin erhielt der Eigentümer zum einen Mietzahlungen und zum anderen einen bestimmten Anteil an den jeweiligen Nettoerlösen.

Der Schuleigentümer willigte freudig ein, was an Hills cleverem Geschäftsplan gelegen haben dürfte, der vorsah, die Zahl der Einschreibungen mithilfe gezielter Werbemaßnahmen drastisch zu erhöhen – darunter wöchentlich stattfindende Vorträge über Hills Erfolgsphilosophie, gratis für alle Schüler im letzten Jahr der Highschools im Umkreis von 50 Meilen.

Da er die alltäglichen administrativen Aufgaben in die Hände eines zuverlässigen Finanzexperten legte, den er aufs Sorgfältigste überprüft hatte, konnte sich Hill Anfang 1924 seiner neuen Aufgabe widmen und hielt an fünf Tagen die Woche drei Vorlesungen. Die Ergebnisse entsprachen seinen Erwartungen. Jahrelang hatte er bei seinen erwachsenen Zuhörern Hoffnung geweckt, sie dazu gebracht, etwas aus ihrem Leben zu machen und ihm Sinn zu verleihen. Nicht minder erfolgreich weckte er bei seiner jugendlichen Zuhörerschaft den dringlichen Wunsch, ihr Leben in die eigene Hand zu nehmen, sich eigene Ziele zu setzen, die nicht von fremdbestimmten Grenzen eingeschränkt wurden, und den eigenen Ansprüchen gerecht zu werden, um dann anderen dabei zu helfen, genau das Gleiche zu tun. Im Herbst war es dann so weit, und alle Studienplätze waren vergeben.

Kurz hintereinander nahm Hill noch praktische Kurse zu Journalismus, Verkaufstechniken, Werbung und Rhetorik in den Lehrplan mit auf und schulte Mitarbeiter der Metropolitan darin, die Vorträge an den Highschools zu halten, sodass ihm wieder mehr Zeit blieb, um auf Vortragsreisen zu gehen. Im Rahmen einer dieser Veranstaltungen hielt er die Eröffnungsrede am Salem College in West Virginia. Dieser Auftritt hatte große Auswirkungen auf sein späteres Leben, denn dort lernte er Jennings Randolph kennen, der 1932 ins House of Representatives gewählt und später ein enger Berater von Präsident Franklin D. Roosevelt werden sollte.

Obgleich Hill unglaublichen Erfolg mit seiner Wirtschaftsschule hatte und sich immer mehr Studenten einschrieben, waren es schwierige Jahre für ihn und seine Familie. Wie bei jeder Firmengründung war das persönliche Einkommen auch in diesem Fall auf ein Minimum begrenzt, und zwar so lange, bis er schwarze Zahlen schrieb und die Schule Gewinn abwarf. Für Florence und die Jungen hieß das wieder einmal, dass sie von der Hand in den Mund leben mussten und wieder einmal über Monate hinweg voneinander getrennt waren. Napoleon versuchte, sich nebenbei etwas Geld zu verdienen, und schrieb für unterschiedliche Zeitschriften Artikel und hielt Vorträge, doch es reichte bei Weitem nicht für ein sicheres Einkommen für seine Familie aus, von Wohlstand ganz zu schweigen.

Florence verlor den Glauben an ihren Mann. Bis ins Jahr 1925 wiesen Napoleons Briefe an sie darauf hin, dass ihre Ehe in einer Krise steckte. Er flehte sie an, ihm zu schreiben. Er malte in fantasievollen Worten Bilder eines gemeinsamen Urlaubs, schwärmte von Geschenken, die er ihr machen wollte, und von dem Haus, das sie im Jahr darauf kaufen würden – vorausgesetzt, seine Geschäfte liefen gut. Er wollte, dass sie ihre Depressionen loswürde, und riet ihr deshalb zu neuer Kleidung oder einem neuen Haarschnitt. Jeder seiner Briefe endete damit, wie einsam er doch sei und dass auch er Zweifel hege, ob alles nach Plan laufen würde.

Im tiefsten Winter des Jahres 1925 war Napoleon am Boden zerstört und schrieb an Florence:

> Du hast ja keine Ahnung, wie es sich anfühlt, wenn dich keine Menschenseele aufbaut und ermutigt und alle negativen Kräfte auf dich einströmen. Es braucht schon eine schier übermenschliche Willensstärke, um dem etwas entgegensetzen zu können. Ich würde alles dafür geben, wenn ich jemanden an meiner Seite hätte, der mir sagt, dass *er weiß, dass ich Erfolg haben werde* – selbst wenn er das nicht ernst meint oder nicht wirklich daran glaubt. Ich würde das so gerne jeden Tag aufs Neue hören, an manchen Tagen gerne auch zweimal. Ich habe es mir selbst immer wieder gesagt … aber diese zweite Stimme in mir ist nicht davon überzeugt.

Später in diesem Jahr, als das College mehr Gewinn abwarf, Hill gutes Geld mit seinen Vorträgen verdiente und er ein weiteres vielversprechendes neues Unternehmen gegründet hatte – »Thirteen Club«, in etwa mit dem Co-Operative Club aus seiner Zeit bei *Napoleon Hill's Magazine* vergleichbar –, schöpfte Florence wieder etwas Mut, und Napoleon war wieder einmal voller Optimismus. In einem Brief vom 13. Juli versprach er Florence und den Jungen, dass er ihnen schon bald ein Haus, ein Auto und ein Pony kaufen würde. Anders als in seinen früheren Briefen, in denen nur von einer vagen

Hoffnung auf eine solche Zukunft die Rede war und Napoleon sehr bedrückt klang, strotzte er nun vor Selbstbewusstsein und schmiedete eifrig Pläne. Zudem konnte er seine jüngste Vergangenheit nun ohne Scham aufarbeiten.

> Seit über sieben Jahren lehre ich nun die Gesetze des Erfolgs mit ihren 15 Punkten. Immer wenn ich mit anderen über das Geheimnis des Erfolgs sprach, während meine eigene Familie Not litt, schienen sie mich zu verspotten. Ich kann nicht sagen, weshalb ich das getan habe. Manchmal habe ich mich gefragt – und dir dürfte es nicht anders ergangen sein –, ob es nicht besser für uns alle gewesen wäre, wenn ich einen Schlussstrich gezogen und mir eine Stelle als Buchhalter gesucht hätte, denn dann hätte ich zumindest einen bescheidenen Lebensunterhalt verdienen können. Aber *irgendetwas* hielt mich davon ab.

Er beendete seinen Brief mit einer prägnanten Zusammenfassung seines Wesens und ging dabei sowohl auf seine geradezu heroischen Stärken als auch auf seine schändlichen Schwächen ein.

> Ich habe mich nicht unterkriegen lassen, habe gelitten, wurde enttäuscht und habe andere enttäuscht. Und all das, weil ich nicht anders konnte. Ich war all dem hilflos ausgeliefert … Ich hätte mich in den letzten sechs oder sieben Jahren mindestens ein Dutzend Mal umentschieden und etwas anderes gemacht, *aber ich konnte nicht.*«

Vermutlich war das die einzige Zeit in Hills Leben, in der er einräumte, dass es Dinge im Leben gibt, die sich der eigenen Kontrolle entziehen. Und so war es ja auch in Napoleons Leben. Sein Sendungsbewusstsein brauchte eine größere Bühne als das Metropolitan Business College und ein größeres Publikum, als es in Klassenzimmer und Clubräume passte. Auch als das College florierte und die Nachfrage nach seinen Vorträgen im Raum um Cleveland stieg, tat sich ein neues Abenteuer für Napoleon auf, dem er nicht widerstehen konnte.

Es nahm seinen Anfang, als er sich an der Wahlkampagne eines Mannes beteiligte, der ihm immer wieder unter die Arme gegriffen hatte. Und so reiste Hill quer durch den Bundesstaat und hielt Wahlkampfreden für ihn.

Eines Abends sprach er zu Geschäftsleuten aus Canton, Cleveland, darunter war auch Don Mellet, der Verleger von *Canton Daily News*. Mellet war beeindruckt von Hills wortgewaltigen, einer Predigt nicht unähnlichen Vorträgen über Politik, Bildung und Leistung und fand es äußerst faszinierend, dass Hill sein ganzes Leben damit zugebracht hatte, die grundlegenden Prinzipien von Erfolg und Scheitern zu erforschen. Noch bevor sie sich zum Abschied die Hände reichten, hatten sie ausgemacht, dass Napoleon nach der Wahlkampagne erneut nach Canton reisen und unter der Schirmherrschaft der Zeitung mehrere Vorträge über seine Erfolgsphilosophie halten würde.

Anfang 1926 war aus der freundschaftlichen Beziehung zwischen Hill und Mellet sozusagen das personifizierte Beispiel einer Mastermind-Gruppe geworden, zu der Carnegie ihm einst geraten hatte. Neben einer öffentlichkeitswirksamen Werbekampagne für Hills Vorträge plante Mellet eine tägliche Kolumne für Hill, die er zum einen in seiner Zeitung abdrucken und zum anderen weiteren Zeitungen im ganzen Land anbieten wollte. Dazu hatte er sich etwas ganz Besonderes einfallen lassen: Jede Zeitung, die die Kolumne kaufte, bekam dafür einen sechsteiligen Kurs über Verkaufstechniken von Hill höchstpersönlich, an dem ihre besten Werber teilnehmen konnten.

Flugs wurde diese Idee in Canton und den Nachbarstädten ausprobiert – mit durchschlagendem Erfolg. In einem spontanen Entschluss überschrieb Napoleon seinen Anteil an dem College seinem Finanzverwalter und ging eine Partnerschaft mit Mellet ein.

Mellet war ein aggressiver, dickfelliger Journalist und Zuchtmeister, der Napoleon schikanierte und herumkommandierte, damit dieser lernte, noch höheren journalistischen Standards zu genügen. Angesichts von Napoleons Hang zu scharfzüngiger Arroganz und seinem wohlverdienten Stolz auf seine Schreibkunst könnte man glauben, die freundschaftliche Beziehung zwischen den beiden Männern hätte in Sekundenschnelle zu Feindschaft umschlagen müssen. Weit gefehlt. Sie respektierten einander in hohem Maße, akzeptierten den einzigartigen Stil des anderen und schafften es gemeinsam, der Kolumne zu einem fulminanten Start zu verhelfen.

Sobald die Kolumne als fester Teil der Zeitung etabliert war, widmeten sich die beiden Männer einer neuen unternehmerischen Aufgabe – Hills bislang größter. Mellet wollte, dass Napoleon die Ergebnisse seiner lebenslangen Erforschung der Erfolgsprinzipien in einem Buch zusammenfasste. Genauer gesagt sollte es eine Buchreihe mit acht Bänden werden – die größte und umfassendste Abhandlung über Erfolg, die je geschrieben wurde. Mellet war so begeistert von diesem Vorhaben, dass er Hill mitteilte, er würde seine Position bei der Zeitung aufgeben und sich stattdessen ganztägig für das Gelingen der Publikation des »Erfolgsbuchs« einsetzen.

Während sich Napoleon abmühte, den umfangreichen Text zu strukturieren und zu schreiben, erstellte Mellet einen Plan, wie sie die 50.000 Dollar auftreiben könnten, die sie für den Druck und die Vermarktung des Buchs benötigten.

Kurz bevor Mellet die Finanzierung ihres Projekts abschloss, verzettelten sich die beiden auf einem Nebenschauplatz. Mellets Reporter hatten Beweise dafür, dass Gangster gegen die Prohibitionsgesetze verstießen, Schulkindern in Canton Rauschmittel und Schwarzgebrannten verkauften und die örtliche Polizei bestochen hatten, damit diese wegsah. Beide Männer regten sich fürchterlich über diese Geschehnisse auf. Mellet druckte einen Artikel in den *Daily News*, in dem er seinem Ärger Luft machte, und Hill nutzte seine Verbindung zu Vic Donahey, dem Gouverneur von Ohio, der daraufhin Ermittlungen gegen die korrupte Abteilung der örtlichen Polizei in Canton einleitete. Doch das war noch nicht alles. Hill übernahm die Koordination eines Teams von Privatermittlern, das von den *Daily News* beauftragt worden waren, eine unabhängige Untersuchung durchzuführen.

Sie hatten edle Motive, standen aber auf verlorenem Posten. Hill zufolge ließen sich die Strippenzieher und Mächtigen aus Canton gehörig von den Gangstern einschüchtern. Die andere Zeitung in Canton ignorierte die Story ihres Konkurrenzblattes komplett, und selbst die religiösen Häupter der Stadt weigerten sich, Hills Aufruf, doch gefälligst etwas zu unternehmen, nachzukommen.

Als sich der Aufruhr über die bestechlichen Polizisten etwas gelegt hatte und die Untersuchung durch die staatlichen Behörden in vollem Gange war, konnte Mellet die Finanzierung ihres Buchprojekts endlich in trockene Tücher bringen. Er hatte Richter Elbert H. Gary, Verwaltungsratsmitglied von U.S. Steel, überzeugt, sich zu verpflichten, für jeden leitenden Angestellten des riesigen Unternehmens ein Exemplar zu erwerben. Hill und Mellet gingen davon aus, dass es sich dabei um ein Auftragsvolumen in Höhe von 150.000 Dollar handelte. Doch das war noch nicht alles, Gary hatte sich bereit erklärt, ihnen über ein besonderes Anreizprogramm dabei zu helfen, dass auch andere Branchenriesen solche Aufträge platzierten. Mellet und Gary vereinbarten für Ende Juli 1926 ein Treffen, um die Details zu klären und einen Vertrag abzuschließen.

Eine Woche vor dem vereinbarten Treffen war Mellet auf dem Nachhauseweg, als ein Gangster und ein übergelaufener Polizist im Hinterhalt auf ihn lauerten. Als Mellet aus seiner Garage trat, trafen ihn mehrere Maschinengewehrsalven, die ihn sofort töteten.

Hill entging einem ähnlichen Schicksal nur, weil er aufgrund einer Autopanne erst am nächsten Morgen nach Canton zurückkehrte. Unmittelbar nach seinem Eintreffen dort erfuhr er von dem brutalen und niederträchtigen Mord an Mellet und erhielt wenig später einen anonymen Anruf. Er hätte eine Stunde Zeit, aus der Stadt zu verschwinden. Da Hill die Ausweglosigkeit der Situation klar war, ließ er alles stehen und liegen und machte sich aus dem Staub.

Wieder einmal hatte er gekämpft und sich durchgeboxt, um dem Regenbogen zu folgen. Und wieder einmal hatte er kurz vor dem Ziel gestanden, der versprochene Goldschatz war zum Greifen nahe gewesen. Und wieder einmal war alles weg. Napoleon Hill verkroch sich in seinem 43. Lebensjahr in West Virginia, war mittellos und in keiner Weise in der Lage, seine fassungslose Familie zu unterstützen. Er verließ das Haus nur mit einer Pistole in der Tasche. Zum ersten Mal in seinem Leben spürte er, was es heißt, in ständiger Angst zu leben.

Kapitel 5

1927 bis 1933

Zunächst ging das Leben für Napoleon unverändert weiter. In einem Brief aus einem nicht näher bezeichneten Ort an Florence vom 19. Juli 1926, wenige Tage nach Mellets Ermordung, sprach Hill davon, nach Canton zurückzugehen und noch einmal von vorne anzufangen. »Mr. Mellets Tod hat uns so sehr aufgewühlt, dass wir kaum in der Lage waren zu arbeiten. Wie du der beigelegten Werbeanzeige entnehmen kannst, werde ich mich nun wieder meinem Geschäft widmen.«

Im selben Brief lud er Florence zu einem Picknick am Sonntag in Canton ein.

Einen Monat später schrieb er ihr von einer langen Vortragsreihe, die für den Herbst in Indiana geplant war.

Die Begeisterung, die daraus sprach, sowie der geplante Umfang dieser Tour waren typisch für den »alten« Hill: ein halbes Jahr lang Vorträge, überwältigende Publicity und aktive Unterstützung »durch den ganzen Politzirkus in Indiana«, sogar der Gouverneur persönlich würde kommen. Seine Vortragsreihe würde in Indianapolis beginnen, wo er von allen drei Zeitungen unterstützt würde, er würde das Podium mit dem Bürgermeister und dem Polizeichef teilen und von der Marschkapelle der Polizei bei seinem Auftritt begleitet werden. Zudem könne er mit der Unterstützung der mächtigsten gesellschaftspolitischen Kraft des Bundesstaates – des Ku-Klux-Klans – rechnen.

»Das ist die wohl am aufwendigsten geplante Vortragsreihe dieses Bundesstaates«, schwärmte er. Doch als er diesen Brief im September schrieb, wusste er noch nichts von den düsteren Schatten, die schon bald auf sein Leben fallen sollten. Tatsächlich war dies für ein ganzes Jahr der letzte Brief von Napoleon an Florence, denn die Gangster, die Mellet auf dem Gewissen hatten, machten nun Jagd auf Napoleon.

Wie bereits erwähnt, erhielt Hill seine erste Morddrohung kurz nach Mellets Tod am Telefon, mutmaßlich war es der übergelaufene Polizist, der Mellet erschossen hatte. Seine Aufforderung war kurz und bündig: Verschwinde aus Canton oder dich ereilt Mellets Schicksal.

Hill hatte keine Wahl. Trotz seines heißblütigen Temperaments und seiner Treffsicherheit mit Pistole und Gewehr war er kein Mörder und konnte beileibe nicht davon ausgehen, aus diesem Kampf als Sieger hervorzugehen. Die Gangster waren ihm zahlenmäßig haushoch überlegen, und sie hatten zu viele Verbindungen zur örtlichen Polizei, zu Politikern und Richtern. Napoleon verließ die Stadt, so schnell er konnte.

Sein erster Halt führte ihn nach Cleveland, wo er versuchte, die von ihm und Mellet geplante Tour zu retten. Die Vorträge waren inzwischen wichtiger als das Manuskript, da er dringend Geld brauchte. Sein Brief an Florence, in dem er ihr von der Tour quer durch Indiana berichtete, stammte aus Cleveland.

Doch Mellets Mörder hegten keineswegs die Absicht, Hill in so enger Nachbarschaft zu Canton zu dulden. Sie übten weiterhin immensen Druck auf ihn aus, und kurz nachdem er Florence geschrieben hatte, verschwand Napoleon im Schutz der Dunkelheit aus Ohio. Er fuhr weit in die Wälder West Virginias hinein und suchte Schutz bei seiner Verwandtschaft. Sein Exil dauerte ein ganzes Jahr. Für Hill war das so etwas wie eine private Vorhölle, ein ganzes Jahr lang war er wie gelähmt vor Angst und Schrecken und völlig unproduktiv.

»In der Zeit, in der ich mich vor den Gangstern versteckte«, schrieb Hill in seinen Memoiren, »verließ ich das Haus so gut wie nie am Abend, und wenn doch, lag meine Hand auf einer schussbereiten Maschinenpistole. Wann immer ein mir unbekanntes Fahrzeug vor dem Haus hielt, rannte ich in den Keller und beobachtete seine Insassen mit Argusaugen … Ich hatte solche Angst, Opfer eines gewaltsamen Mordes zu werden, dass Tag und Nacht ein Leibwächter in meiner Nähe war …«

So kam es, dass Napoleon Hill den 26. Oktober 1926 – seinen 43. Geburtstag – in seinem Versteck zubrachte. Und daran änderte sich auch im laufenden Jahr nicht viel. Während andere Männer seines Alters sich am wachsenden Wohlstand Amerikas erfreuten und die fantastischen Vergnügungen der letzten Jahre der Goldenen Zwanziger genossen, war Hill mittellos und mehr denn je von seiner Familie isoliert. Während andere Ehepaare einen neuen, weniger anstrengenden Lebensstil pflegten, wenn ihre Kinder langsam flügge wurden und das Haus verließen, war Napoleons Ehe zerrüttet, und für seine Jungen war er nicht mehr der durch Abwesenheit glänzende Vater, sondern ein völlig Fremder.

Scham, Schmach und Schuld – keines dieser Gefühle war Hill fremd, aber am allermeisten litt er während seines Exils unter seiner Angst. Für einen Mann, der es sein ganzes Leben gewohnt war, mit dem Kopf durch die Wand zu rennen, und der keinen Gedanken an damit verbundene Risiken vergeudete, sondern sich nur flüchtig die Prellungen ansah, die er sich dabei zugezogen hatte, war das eine gänzlich neue und völlig verwirrende Erfahrung.

Sogar ein Jahrzehnt später konnte er diese Tortur noch im Detail beschreiben:

> Zum ersten Mal in meinem Leben machte ich die Erfahrung, was es heißt, in ständiger Angst zu leben. Zwar hatte ich schon mehrere Niederlagen einstecken müssen, aber das hatte lediglich dazu geführt, dass ich Zweifel hegte, ob es mir an Entschlossenheit fehlte, doch damals war in mir nur noch diese Angst, die ich offenbar nicht loszuwerden vermochte …
>
> Nach wenigen Monaten war ich ein einziges Nervenbündel. Ich hatte allen Mut verloren. Von dem Ehrgeiz, der mich in den langen Jahren meiner Suche nach den Gründen für Erfolg oder Misserfolg beflügelt hatte, war nichts mehr da. Schritt für Schritt glitt ich langsam in eine Lethargie, von der ich, so meine Angst, mich nie wieder erholen würde …
>
> Wäre der Same des Wahnsinns in meinem Erbgut angelegt gewesen, hätte er in diesen Monaten, in denen ich mein Dasein als lebender Toter fristete,

keimen müssen. Törichte Unentschlossenheit, unschlüssige Träume, Zweifel und Ängste beherrschten meinen Verstand – Tag und Nacht.

Die Notlage, in der ich mich befand, war in zweierlei Hinsicht katastrophal. Zum einen lag es in der Natur der Sache, dass Unentschlossenheit und Angst meine ständigen Begleiter waren. Zweitens blieb mir in meinem unfreiwillig bezogenen Versteck nur Müßiggang, was die Zeit noch unerträglicher werden ließ und mir große Sorgen bereitete. Mein Verstand war wie gelähmt. Mir war klar, dass ich mich selbst aus diesem geistigen Zustand befreien musste. Doch wie? Mein Einfallsreichtum, der mich bislang zuverlässig aus allen Notlagen hinausgeführt hatte, schien wie weggeblasen und ließ mich hilflos zurück.

Aus all meinen Problemen, die bis dahin belastend genug waren, entstand ein neues, das schmerzhafter war als alle anderen zusammengenommen. Ich sprach immerzu davon, dass ich den Großteil meines Lebens einem Regenbogen hinterhergelaufen und den Ursachen von Erfolg und Misserfolg auf den Grund gegangen war, und doch war ich jetzt hilfloser als die Tausende von Menschen, die ich als Versager verurteilt hatte.

Dieser Gedanke war extrem demütigend. Ich hatte im ganzen Land Vorträge gehalten … gab vor zu wissen, wie sich die Erfolgsprinzipien anwenden lassen, und hier stand ich nun und war unfähig, sie anzuwenden. Ich war mir sicher, ich könnte der Welt nie wieder selbstbewusst entgegentreten.

Jedes Mal, wenn ich mich im Spiegel betrachtete, entdeckte ich den Ausdruck von Selbstverachtung auf meinem Gesicht. Ich sah mich selbst als Scharlatan, der anderen ein Mittel gegen das Scheitern verkaufte, es selbst aber nicht anwenden konnte.

Für Hill war dieses Jahr des Exils das Jahr, in dem er am meisten auf die Probe gestellt wurde. Auch wenn er selbst diese Parallele nie gezogen hat, war es doch vergleichbar damit, dass sich Jesus seinerzeit in die Wildnis begab. Und die ultimative Versuchung – aufgeben und alles, woran er glaubte, hinter sich zu lassen – war zu real für Napoleon. Selbst als die Mörder von Mellet verurteilt worden waren und nun lebenslänglich hinter Gittern saßen, brachte es Hill nicht über sich, sein Versteck zu verlassen.

»Dieses schockierende Erlebnis hat meine ganze Eigeninitiative zerstört«, schrieb Napoleon. »Ich hatte das Gefühl, als hätten mich bedrückende Kräfte fest im Griff. Es war ein Albtraum. Ich war am Leben. Ich hätte umherziehen können. Aber mir fiel nicht ein einziger Schritt ein, der mich an den

Punkt gebracht hätte, von dem aus ich wieder beginnen würde, das Ziel zu verfolgen, das ich mir vor Jahren gesetzt hatte. Es dauerte nicht lange, und mir war alles egal; schlimmer noch, ich wurde launisch und gereizt denjenigen gegenüber, die mir in der Stunde meiner Not Unterschlupf gewährt hatten.«

Ein verbitterter, haltloser Napoleon Hill verbrachte noch mehrere Monate in West Virginia, selbst als die Gefahr vorüber war. Sein verzweifeltes Bedürfnis, einen Neuanfang zu wagen, blieb ungestillt. Seine Vortragsreisen, seine Helfer und seine Förderer waren nur noch eine blasse Erinnerung; und hätte er sich die Zeit genommen und alle Hindernisse überwunden, die ihn von einem Neubeginn abhielten, wären die Einnahmen aus seinen Vorträgen viel zu bescheiden gewesen, als dass ein Mann mittleren Alters seine Karriere darauf hätte aufbauen können. Mit dem Tod von Richter Gary, der kurz nach Mellets Ermordung schwer krank geworden und bald darauf verstorben war, zerplatzte sein Traum von der Veröffentlichung seiner Buchreihe über Erfolg wie eine Seifenblase.

Langsam flachte Hills Depression ab. Eine neue Angst begann, das Gefühl von Hoffnungslosigkeit und Verzweiflung beiseitezuschieben: Mehr als alles andere fürchtete Hill sich, dass dies alles gewesen sein könnte, dass er den Rest seines Lebens so verbringen müsste – außer es gelänge ihm, das Ruder herumzureißen. Es war ihm nicht gelungen, einen sicheren Hafen anzusteuern, der ihm Schutz bot vor den Widrigkeiten des Lebens, sondern er hatte vielmehr aufgehört zu leben. Tief in seinem Inneren konnte er ein solches Leben nicht hinnehmen, und deshalb begann er, sich seinen Weg zurück zu erkämpfen.

»Die Wende kam schlagartig im Herbst 1927«, schrieb Hill. »Eines späten Abends verließ ich das Haus und machte mich auf den Weg zu einer Schule, die mit Blick auf das ganze Dorf oben auf einem Hügel stand … Ich lief um das Gebäude herum und versuchte, meinen verwirrten Geist dazu zu bringen, einen klaren Gedanken zu fassen. Ich muss wohl an die hundert Mal um die Schule gelaufen sein, bevor sich mein Verstand zu etwas durchrang, was zumindest im Ansatz an einen strukturierten Gedanken erinnerte.«

Konnte er keinen klaren Gedanken fassen, rief sich Hill seine Erfolgsprinzipien der Reihe nach zurück ins Gedächtnis. Auch wenn ein Teil von ihm sich noch immer dem Müßiggang hingeben und einfach nur ausruhen wollte, zwang er sein Bewusstsein, dorthin zurückzukehren, wo alles seinen Anfang genommen hatte. Er reiste in Gedanken fast 20 Jahre zurück zu Andrew Carnegie und zu dem Grundstein aller anderen Prinzipien, auf die er gestoßen war. Und da durchfuhr ihn die Erkenntnis: Seinem Leben fehlte ein Hauptziel, eine zentrale Aufgabe.

Noch während er wieder und wieder um das Gebäude stapfte, versuchte er, sich eine zu überlegen, die zu realisieren es wert wäre und die ihn vor allem dazu brächte, den Kopf zu senken, anzugreifen und die Mauern um ihn herum niederzureißen.

In der kristallreinen Luft dieser Novembernacht in den Bergen brachten ihn seine Gedanken an den Rand zur Mystik. Er zerbrach sich förmlich den Kopf über Carnegies Konzept vom »anderen Ich« – die Fähigkeit mancher Menschen, denen es in einer Krisensituation gelingt, alte Gewohnheiten abzulegen und zu einem anderen Menschen zu werden, der mit dieser Situation fertigwird.

Schließlich kam er zu dem Ergebnis, dass sein Martyrium eine Art Test für ihn war, eine Phase, die ihn zwang, sein »anderes Ich« zu entdecken.

Er überdachte seine Philosophie, seine Lebensaufgabe und grübelte über den Sinn seines Lebens nach. Wieder einmal wurde ihm die Tatsache bewusst, dass er fast 20 Jahre damit verbracht hatte, eine Philosophie zu entwickeln. Er war erneut verschreckt von der Undurchführbarkeit seiner Unternehmung und tief bewegt, als er daran dachte, wie viel positive Energie diese Philosophie der ganzen Menschheit geben könnte. Wieder rief er sich die Ermahnung Carnegies ins Gedächtnis zurück, als er die Herausforderung des Industriellen annahm: Er hatte ihn davor gewarnt, dass es mindestens 20 Jahre dauern würde, bis er die Prinzipien des Erfolgs zusammengetragen, verdichtet und analysiert hätte. Hill erkannte, dass er sich dem Ende dieser Zeitspanne allmählich näherte.

Nach einiger Zeit schoss ihm ein Gedanke durch den Kopf, der so gewaltig und konkret war, dass er hätte meinen können, einen Befehl erhalten zu haben. Er würde schon am nächsten Tag nach Philadelphia reisen und sich um die Veröffentlichung seiner achtbändigen Philosophie kümmern.

Es gab da ein paar Details, die andere Leute von dem Entschluss abgebracht hätten, den Napoleon in dieser Nacht gefasst hatte. Erstens, er kannte weder einen Verleger noch potenzielle finanzkräftige Sponsoren in Philadelphia. Zweitens, er war arm wie eine Kirchenmaus, was zwei weitere Fragen aufwarf: Wie sollte er sich die Anreise leisten – geschweige denn eine Unterkunft und Essen, noch dazu für unbestimmte Dauer?

Dennoch machte sich Napoleon auf den Weg, zunächst den Hügel hinunter nach Hause, wo er zum ersten Mal seit einem Jahr tief und fest schlief wie ein Kind. Nach dem Aufwachen begann er, wieder einmal seine Siebensachen zu packen und sich dabei klarzumachen, was seine Entscheidung konkret bedeutete. Sein finanzielles Problem löste er zumindest zum Teil, indem er sich Geld von seinem Schwager borgte – später dann auch von Florence und sogar seinem Sohn Blair, der im Alter von 16 Jahren im Hinterhof ein profitables Geflügel- und Eiergeschäft betrieb.

Keine Frage, Hills Plan war unausgegoren und entbehrte offenkundig jeder Logik, ganz zu schweigen von den geringen Aussichten auf Erfolg. Im Grunde hatte Napoleon nur vor, wieder umzuziehen und eine sichere Unterkunft samt Verpflegung und ein leeres Leben in West Virginia hinter sich zu lassen, um sich in Philadelphia auf eine ihm völlig unbekannte Welt einzulassen. Dieser Art von impulsivem Glücksspiel verdankte Hill den Großteil seiner Erfolge, aber auch Niederlagen, doch im Herbst 1928 musste er ein Risiko eingehen, um sich wieder lebendig fühlen zu können.

Und genau das tat er dann auch. Nachdem er die ganze Nacht durchgefahren war, richtete er sich in einem komfortablen Hotel in Philadelphia in der Locust Street ein und machte sich an die Arbeit. Er überredete eine Druckerei vor Ort, ihm eiligst feinstes Briefpapier und Visitenkarten zu drucken, auf denen seine neue Adresse in einfacher, fett gedruckter Serifenschrift stand – die Art von konservativem und seriösem Briefkopf, die den Eindruck erweckte, als lebte NAPOLEON HILL schon seit Jahren in der Locust Street Nummer 1718. Sobald er mit dem Briefpapier unter dem Arm zurück im Hotel war, setzte er eilig ein Schreiben an Florence auf und bat sie, ihm sämtliche Unterlagen zu seinen Gesetzen des Erfolgs, die auf dem Dachboden aufbewahrt wurden, zu schicken. Organisiert, wie er war, hatte er alle fraglichen Bücher vor Jahren ordentlich in einer Holzkiste verstaut, in der gerade noch so viel Platz war, dass ihm Florence noch seine Galoschen hineinlegen konnte. Sie waren ein Zugeständnis an das Novemberwetter in Philadelphia und die Tatsache, dass Napoleon seine Galoschen wohl lange Zeit tragen müsste, wenn er in der Hoffnung auf seinen großen Durchbruch auf dem Bürgersteig auf und ab lief.

Gute zwei Wochen später traf die Bücherkiste bei ihm ein; Hill hatte die Zeit in hektischer Betriebsamkeit verbracht. Einen Band seines Manuskripts ließ er in teures Leder binden und mit einem Goldrand versehen. Während er darauf wartete, dass diese Arbeiten abgeschlossen würden, verbrachte er fast zwei Tage und Nächte damit, eine Liste von Verlagen und Geschäftskontakten zusammenzustellen, die er später aufsuchen wollte. Sogleich machte er sich dann an die Präsentation, die er wieder und wieder einübte.

Danach stattete Hill zahllosen Verlegern und Geschäftsleuten in Philadelphia einen ermüdenden Besuch nach dem anderen ab und rief potenzielle Kandidaten von außerhalb an oder schrieb ihnen. Sein oberstes Ziel lautete, einen Verleger zu finden, der das Buch sofort nehmen und ihm sogar einen Vorschuss auf die Tantiemen zahlen würde. Sein Plan B lautete, ein Unternehmen oder einen Unternehmer zu finden, das oder der die Veröffentlichung der Bücher entweder über eine Vorbestellung oder als reine Investition übernehmen würde; Hill ging davon aus, dass er mindestens 25.000 Dollar bräuchte, um seine Bücher drucken zu lassen.

Mehrere Wochen steckte Hill seine ganze Energie – und er besaß jede Menge davon – und seinen Einfallsreichtum in Präsentationen bei seinen potenziellen Geldgebern, in Telefonate und Briefe. Doch seine Mühe machte sich nicht bezahlt, er kassierte nur Absagen. Verleger schreckten vor dem finanziellen Risiko zurück, eine 1500-seitige, achtbändige Philosophie zu veröffentlichen, noch dazu von einem Autor, der sich auf dem Buchmarkt noch keinen Namen gemacht hatte. Allein der Vertrieb wäre in ihren Augen ein Albtraum – die achtbändige Ausgabe wäre unerschwinglich, würde sich bestenfalls nur langsam verkaufen und bräuchte zu viel Platz in den Regalen oder Lagern der Buchläden.

Was private Investoren anbelangte, so war die Zeit an Napoleon unbemerkt vorbeigegangen. Er hatte geglaubt, gute Chancen bei den Industriegrößen zu haben, die er in den vergangenen 20 Jahren interviewt hatte, doch der Großteil von ihnen war bereits verstorben oder hatte sich schon längst aus dem Geschäftsleben zurückgezogen. Bei seinen Kontakten aus der jüngeren Unternehmergeneration galt Napoleons Zusicherung, ein ausgeklügeltes Erfolgsrezept entwickelt zu haben, nicht mehr viel; 1928 blühte Amerikas Wirtschaft und führte zu Wohlstand und Chancen im Überfluss, weshalb Erfolg eher als Geburtsrecht denn als Ziel angesehen wurde, für das es sich zu kämpfen lohnte.

In seinen späteren Jahren behauptete Napoleon, er hätte dem Sturm an Absagen nur deshalb trotzen können, ohne mit der Wimper zu zucken, weil ihm sein »anderes Ich« manch guten Rat gab. Jahre danach verlor er kein Wort mehr über diesen inneren Kampf, weil er nicht wollte, dass ihn diejenigen, die er für sich gewinnen wollte, für verrückt hielten. Doch er war alles andere als verrückt. Was er als »anderes Ich« bezeichnete, war ein Alter Ego, ein Abwehrmechanismus eines Mannes, dessen einzige Hoffnung auf Erfolg darin bestand, weiterhin fest an sich zu glauben. Positiv zu denken, war Teil seiner Persönlichkeit. Diese Fähigkeit funktionierte im Prinzip nicht anders als das menschliche Immunsystem, außer dass der Ursprung dieser Kraft nicht greifbar war. Wenn der Frust zu groß zu werden und seinen Willen weiterzumachen zu schwächen drohte, bombardierte Napoleons »anderes Ich« sein Bewusstsein mit positiven Gedanken, die auf Glauben und Entschlossenheit beruhten.

Napoleon Hills Vater James Monroe Hill als junger Mann in den 1890er-Jahren. Auf Drängen seiner zweiten Frau, die auch großen Einfluss auf Napoleon ausübte, brachte sich Hill senior selbst die Fähigkeiten eines Zahnarztes bei und betrieb eine erfolgreiche Praxis.

Napoleon Hill – damals noch als »Oliver Napoleon« bekannt – war erst 21 Jahre alt, als dieses Foto 1904 in Wise County, Virginia, aufgenommen wurde.

Napoleon Hills erste Schule, die Laurel Grove School in Wise County.

Florence Hornor wirkt auf diesem Bild, das vermutlich um 1908 – kurz vor ihrer Hochzeit mit Napoleon Hill – aufgenommen wurde, sehr sanftmütig.

Flora Elizabeth Hornor (geborene Hood), die Mutter von Florence, war noch immer die willensstarke Matriarchin des Hornor-Clans, als dieses Foto um 1925 in Orlando, Florida, entstand.

Napoleon und seine Söhne Jimmy (rechts) und Blair um 1915. Blairs längeres Haar kaschierte, dass er ohne Ohren auf die Welt gekommen war.

Napoleon Hill 1934 in Washington, D.C., als er Berater für Franklin D. Roosevelt war. Seine 51 Jahre sieht man ihm nicht an.

Als dieses Foto 1941 entstand, war David H. Hill, Napoleons dritter Sohn, 23 Jahre alt und als Platoon Sergeant [A. d. Ü.: der erfahrenste Unteroffizier des Zuges als Führungsgehilfe des Zugführers] in Alaska stationiert. Sechs Wochen später erfolgte der Angriff auf Pearl Harbor.

Blair Hill, Napoleons zweiter Sohn, war ein erfolgreicher Kaufmann und Bürgerrechtler, als dieses Foto Anfang der 1960er-Jahre aufgenommen wurde.

Hills Mentor Andrew Carnegie machte ein kleines Vermögen mit Eisenbahnen und ein riesiges als Pionier der amerikanischen Stahlindustrie.

Wie von Carnegie beauftragt, interviewte Hill viele verdiente Persönlichkeiten Amerikas, um dem Geheimnis des Erfolgs auf den Grund zu gehen, darunter Henry Ford, die ehemaligen Präsidenten Taft und Wilson und – wie hier abgebildet – den großen Erfinder Thomas Alva Edison.

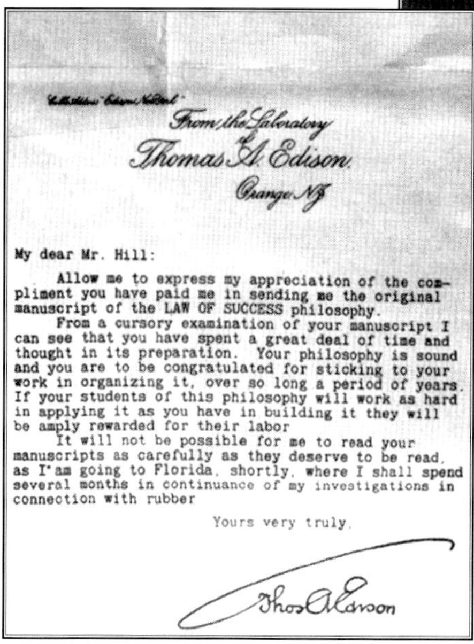

From the Laboratory
Thomas A. Edison,
Orange, N.J.

My dear Mr. Hill:

Allow me to express my appreciation of the compliment you have paid me in sending me the original manuscript of the LAW OF SUCCESS philosophy.

From a cursory examination of your manuscript I can see that you have spent a great deal of time and thought in its preparation. Your philosophy is sound and you are to be congratulated for sticking to your work in organizing it, over so long a period of years. If your students of this philosophy will work as hard in applying it as you have in building it they will be amply rewarded for their labor

It will not be possible for me to read your manuscripts as carefully as they deserve to be read, as I'am going to Florida, shortly, where I shall spend several months in continuance of my investigations in connection with rubber

Yours very truly,

Thos A Edison

Edison schrieb diesen Brief kurz vor der Veröffentlichung von *Law of Success* an Hill. Napoleon und sein Verleger hatten Vorabexemplare des Werks an bekannte Persönlichkeiten wie Edison geschickt, um sich ihre Zustimmung dafür zu sichern, ihren Namen zu Werbezwecken für das Buch verwenden zu dürfen.

Im Jahr 1920 war Hill mit 37 Jahren der selbstbewusste Herausgeber von *Napoleon Hill's Magazine*.

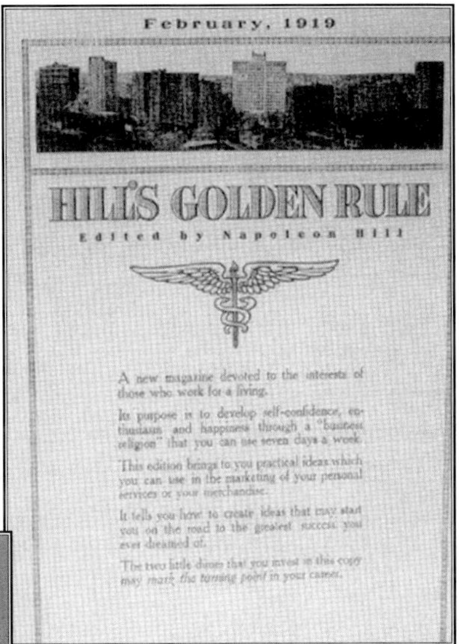

February, 1919

HILL'S GOLDEN RULE

Edited by Napoleon Hill

A new magazine devoted to the interests of those who work for a living.

Its purpose is to develop self-confidence, enthusiasm and happiness through a "business religion" that you can use seven days a week.

This edition brings to you practical ideas which you can use in the marketing of your personal services or your merchandise.

It tells you how to create ideas that may start you on the road to the greatest success you ever dreamed of.

The two little dimes that you invest in this copy may *mark the turning point* in your career.

Hills erster kommerzieller Erfolg mit der Verbreitung seiner Philosophie war eng mit dem Magazin *Hill's Golden Rule* verknüpft. Doch die Freude darüber war nicht von langer Dauer. Streitsüchtige Geschäftspartner erzwangen sein Ausscheiden.

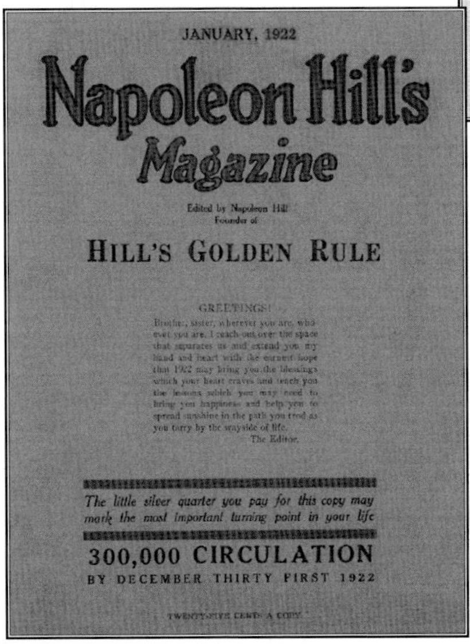

JANUARY, 1922

Napoleon Hill's Magazine

Edited by Napoleon Hill
Founder of

HILL'S GOLDEN RULE

GREETINGS!

Brother, sister, wherever you are, whoever you are, I reach out over the space that separates us and extend you my hand and heart with the earnest hope that 1922 may bring you the blessings which your heart craves and teach you the lessons which you may need to bring you happiness and help you to spread sunshine in the path you tread as you tarry by the wayside of life.

The Editor.

The little silver quarter you pay for this copy may mark the most important turning point in your life

300,000 CIRCULATION
BY DECEMBER THIRTY FIRST 1922

TWENTY-FIVE CENTS A COPY

Mit dem Erfolg von *Napoleon Hill's Magazine* stellte Hill unter Beweis, dass er aus seinen Fehlern gelernt hatte. Auf dem Titelblatt ging er von einer Auflage von 300.000 Exemplaren bis Ende 1922 aus, doch dieses Ziel dürfte Hill wohl nicht erreicht haben.

Rosa Lee Hill, Napoleons zweite Ehefrau, zeigt ihr gewinnendes Lächeln in einer Zeitung Floridas von 1939. Das Ehepaar hatte sich erst kurz zuvor mit den Einnahmen aus *Think and Grow Rich* ein schlossähnliches Anwesen in Mount Dora, Florida, gekauft.

Napoleon und Annie Lou Hill – beide eng mit Kalifornien verbunden – bei einem Besuch bei Freunden in Toccoa, Georgia, kurz nach ihrer Heirat 1943.

Dieses Foto, entstanden Mitte der 1950er-Jahre, zeigt Hill mit der alten Schreibmaschine der Marke L. C. Smith, auf der er in den 1920er-Jahren *Law of Success* und alle seine späteren Werke schrieb.

Inspiriert von W. Clement Stone warb Hill erneut für seine Philosophie, obwohl er zu dieser Zeit bereits im Ruhestand war. 1954 kam das Magazin *Success Unlimited* auf den Markt, als Teil der Bemühungen von Napoleon Hills Geschäftspartnern, die Nachfrage nach der »Science of Success« neu zu beleben. Später wurde daraus ein unabhängiges Verlagshaus.

Hill hält 1959 einen Vortrag über die »Science of Success« vor übervollem Haus in Chicago.

K. Duane Hurley (links), Präsident des Salem College in West Virginia, steht 1957 neben Napoleon Hill, nachdem er ihm den Ehrendoktor für Literatur verliehen hat.

W. Clement Stone (links) und Napoleon Hill werben 1960 in einem Chicagoer Buchladen für ihr gerade erschienenes Buch *Success Through a Positive Mental Attitude.*

»Mein Verstand sagte mir, meine Liste [an potenziellen Unterstützern] sei abgearbeitet, aber mein ›anderes Ich‹ sagte einfach nur: ›Mach weiter!‹«

Und genau das tat er.

Napoleon Hills Krise fand kurz nach Thanksgiving im Jahr 1928 ihr Ende. Spät am Abend in jener Nacht döste er erschöpft weg, nachdem er zuvor Stunden damit verbracht hatte, eine neue Liste mit potenziellen Geldgebern zu erstellen. In seinem Traum kehrte er in seine ruhmreichen Jahre zurück, spürte die förmlich knisternde Spannung und genoss seine Ausgelassenheit. Und mit einem Mal sah er vor seinem inneren Auge den Namen eines Werbekunden von *Hill's Golden Rule*: Andrew Pelton.

Pelton war Verleger, saß in Connecticut und hatte regelmäßig Werbeanzeigen für Selbsthilfebücher in *Hill's Golden Rule* veröffentlicht. Dass Hill sich über ein Jahrzehnt später an ihn erinnerte, war nicht ungewöhnlich. 1919 hatte sich das von Pelton verlegte Buch mit dem Titel *Power of Will* (von Frank Channing Haddock) bestens verkauft. Ihm zufolge hatte es »Tausende aus dem Sumpf der Verzweiflung gerissen«, weil es die Leser gelehrt hatte, »einen starken, unbezwingbaren Willen zu entwickeln«. Hill war zweifelsohne vertraut mit dem Inhalt, und es ist denkbar, dass er ein paar Lektionen daraus genutzt hat, um sein »anderes Ich« zu erschaffen.

Sogleich nach dem Aufwachen schrieb Napoleon einen mitreißenden Brief an Pelton, erklärte, worum es in seinem Manuskript ging und wie er sich die Veröffentlichung vorstellte. Peltons Interesse war sofort geweckt. In einem Telegramm bat er Napoleon um ein Treffen – in Philadelphia –, um einen Blick in das Manuskript zu werfen und seinen Plan zur Veröffentlichung mit ihm zu besprechen.

Napoleon konnte seinen Sieg förmlich schmecken, weshalb er alles tat, damit die Besprechung zum gewünschten Ergebnis kam. Der Erfolg, den er sich ein paar Wochen in den prächtigsten Farben ausgemalt hatte, als er in West Virginia wieder und wieder um die Schule gestapft war, rückte in greifbare Nähe. Jetzt würde ihn nichts mehr aufhalten können. Schnell borgte er sich weitere 50 Dollar von seinem Schwager und mietete die Suite in Philadelphias bestem Hotel, wo er sich mit Pelton treffen wollte. Er machte einen großen Auftritt und schritt entschlossen und hoch erhobenen Hauptes zur Rezeption.

Als er die Kaution bezahlte, sorgte er dafür, dass die Empfangsdame einen Blick auf das dicke Geldbündel werfen konnte, das er bei sich trug, und schritt dann mit dem Selbstbewusstsein eines Rockefellers zum Lift. Auf dem Weg nach oben in seine Suite bat er den Pagen, ihm die teuersten Zigarren zu besorgen (als dieser mit lediglich ausgezeichneten Zigarren zurückkam, schickte er ihn ein zweites Mal los), und gab ihm dann das Vierfache des damals üblichen Trinkgelds für seine Mühe.

Napoleons Scharade hatte Methode. Er wollte in Peltons Augen als unglaublich erfolgreicher Mann dastehen, als Mann, dessen persönliche Leistungen ihn zum Experten für Erfolg machten – und als Mann, um dessen Manuskript sich zahlreiche Verlage rissen.

Kaum 24 Stunden später, als Pelton im Hotel ankam, kannte jeder Page und jeder Angestellte Hill und dessen Großzügigkeit. Sie behandelten ihn und seinen Gast wie Mitglieder eines Königshauses. Hills Auftreten rundete seinen bereits perfekt ausgearbeiteten Plan perfekt ab. Anders als andere Verleger, die sich auf Literatur oder populärwissenschaftliche Bücher spezialisiert hatten, kannte Pelton das Potenzial des Marktes für Selbsthilfebücher. Außerdem kannte und bewunderte er Napoleon und wusste, dass er aus der Zeit mit seinem Magazin und wegen seiner Vorträge noch viele Anhänger hatte. Und ihm war bekannt, dass Napoleon durchaus in der Lage war, unermüdlich für sein eigenes Werk zu werben. Ihre Besprechung war kurz und auf den Punkt: »Ich zeigte ihm das Originalmanuskript meiner Philosophie und erklärte kurz, welche Mission ich dahinter sah. Er blätterte ein paar Minuten darin, hielt mit einem Mal inne und starrte ein paar Sekunden lang wortlos die Wand an. Dann meinte er: ›Ich werde dieses Buch für Sie verlegen.‹«

In der Folge arbeiteten die beiden Männer zügig einen Vertrag aus. Pelton würde das Kapital zur Verfügung stellen sowie den Druck und den Vertrieb des Buchs übernehmen. Napoleon würde sein Manuskript überarbeiten und sich mit ganzer Energie der Werbung für sein Buch widmen. Außerdem erhielt Napoleon auf der Stelle einen Vorschuss, den er bitter nötig hatte.

* * *

»Ich bin noch immer in der Stimmung von 1910«, schrieb Hill einige Monate später an Florence. Diese Stimmung hatte in dem Augenblick begonnen, als sein Gespräch mit Pelton zu Ende war. Aus dem Auftrieb und dem Mut, die Napoleon weg von West Virginia und hinein in diese Besprechung geleitet hatten, wurden rasch grenzenloser Optimismus und Zuversicht – und das machte den Weg frei für die Leidenschaft, die er auch beim Werben um Florence an den Tag gelegt hatte und die der Hauptgrund dafür war, dass vor so langer Zeit die Geburtsstunde von *Hill's Golden Rule* geschlagen hatte.

Napoleon feierte seine Wiedergeburt, indem er noch härter arbeitete als je zuvor. Auszüge aus seinem Originalmanuskript leitete er eilends den großen Geistern zu, mit denen er ausführliche Gespräche geführt hatte – Männern wie Thomas Edison, dem Zeitungskönig Cyrus Curtis, dem Branchenriesen des Einzelhandels F. W. Woolworth, dem ehemaligen Präsidenten Woodrow Wilson und dem ehemaligen Präsidenten und späteren Obersten Bundesrichter William H. Taft.

Zwei von ihnen – Taft und Curtis – antworteten innerhalb einer oder zwei Wochen. Beide sicherten Hill zu, das gesamte Manuskript zu lesen, und schwärmten von einer bestimmten Passage. Als das Buch in Druck ging, hatten alle ihr Einverständnis erklärt, dass Hill und Pelton ihre Namen abdrucken und zu Werbezwecken nutzen durften.

Sämtliche Kommentare dieser bekannten Persönlichkeiten fanden sich in der Erstauflage von *Law of Success*[1] und seitdem auch in jeder weiteren Auflage. Nicht nur der Inhalt selbst, sondern auch die Namen dieser Unter-

1 Auf Deutsch: *Gesetze des Erfolgs*.

stützer würden noch Jahrzehnte später eine Bedeutung für alle erfolgsorientierten Menschen haben.

Nachdem er die Auszüge aus seinem Manuskript zur Post gebracht hatte, sperrte sich Napoleon 12 bis 18 Stunden am Tag in sein Zimmer ein und arbeitete weiter an diesem Projekt. Diese Aufgabe – den Text zu redigieren, zu aktualisieren und zu verdichten – war auch für einen produktiven Autor, der im Umgang mit der Schreibmaschine geübt war, eine ermüdende Angelegenheit.

Er hämmerte wie wild auf die inzwischen schon sehr ramponierte Schreibmaschine ein, die seit seiner Zeit bei *Hill's Golden Rule* sein getreuer Begleiter war, und bearbeitete Seite für Seite. Er war Redakteur, Korrekturleser, Autor und Schreibkraft in einer Person. Auf keiner Seite, die er aus der Schreibmaschine zog, waren Grammatik- oder Tippfehler, sein Stil war so, wie man es von ihm gewohnt war: lebendig, leidenschaftlich und herzergreifend.

Napoleon begann in den letzten Wochen des Jahres 1927 mit der Arbeit an seinem Manuskript und war am 26. März 1928 damit fertig. Er feierte diesen Anlass mit einem zweiseitigen Brief an Florence, in dem er davon schwärmte, dass das soeben fertiggestellte Werk »um 100 Prozent besser als vorher« war. Im selben Brief erzählte Napoleon, dass er eine Stelle als Verkaufsleiter bei einem Autohändler in West Philadelphia angenommen hätte, um so lange Geld zu verdienen, bis die ersten Tantiemen eintrafen. Seine ungeduldige Erwartung dieses Geldflusses war ein deutliches Zeichen dafür, dass er »noch immer in der Stimmung von 1910 war«.

»Die Tantiemen für die Vorträge werden erst in zwei oder drei Monaten ausgezahlt, und bis das große Geld rollt, wird es Herbst werden«, schrieb er. »Doch die Sache ist im Gang, und unser Plan garantiert mir ein Einkommen von mindestens 1000 Dollar im Monat, sobald alles erst einmal angelaufen ist. Sobald mir die erste Abrechnung vorliegt, kaufe ich dir ein Landhaus, und den Großteil dessen, was dann noch übrig ist, bringen wir auf die Bank, denn ich will nie wieder auf Almosen angewiesen sein, so wie im letzten Jahr. Davon habe ich ein für alle Mal die Nase voll.«

Wie immer lag Napoleon mit seiner Einschätzung, wie lange es dauern würde, bis er mit seinem Buch Geld verdienen würde, falsch. Und auch damit, wie viel Geld er letztlich damit machen würde. Im Sommer 1928 trudelten wie versprochen die ersten Tantiemen – eine winzige Summe – bei ihm ein, doch bis die fetten Schecks kamen, war es bereits Februar 1929.

Dafür fielen sie dann umso höher aus. Hill dürfte wohl keinen einzigen Scheck in Höhe von 1000 Dollar, wie es der ursprüngliche Plan vorgesehen hatte, für sein Buch *Law of Success* erhalten haben. Im Jahr 1929 lagen seine monatlichen Tantiemen dafür bei durchschnittlich 2500 Dollar, eine für die damalige Zeit beträchtliche Summe.

Trotz des unerwarteten Wohlstands, der zu guter Letzt über sie hereinbrach, stellte die Phase davor eine hohe Belastung für die Ehe der Hills dar. Florence war in dem Jahr, in dem sich ihr Mann schutzsuchend bei seiner Familie verkrochen hatte, faktisch gezwungen gewesen, ihre Familie ganz allein zu ernähren. Sie, Blair und ihre Verwandten hatten sein Comeback finanziert. Hills Vorschuss reichte gerade so lange, bis er seine Arbeit an dem Manuskript fertiggestellt hatte. Seine neue Stelle bei dem Autohändler verhieß zunächst ein sicheres Auskommen, doch Hill kündigte im Sommer 1928, weil er sicher war, die Tantiemen würden demnächst bei ihm eingehen.

Der Schriftwechsel von 1928 legte nahe, dass ihre Ehe in einer Krise steckte. Die meisten seiner Briefe gingen an die Jungen; in den wenigen an Florence malte er ihr aus, was sie sich alles leisten könnten, wenn sie erst einmal reich wären, und flehte sie an, ihm doch mehr mitzuteilen als nur Oberflächlichkeiten.

Auch Florence' Wohnsituation war nicht ohne. Gut möglich, dass sie sich ihrer Familie verpflichtet fühlte, weil sie die Jungen und sie immer unterstützt hatte. Aus diesem Grund hatte sie zugestimmt, zu ihrer Mutter zu ziehen, einer älteren Dame, die nach Aussagen anderer Familienmitglieder stets übellaunig und herrschsüchtig war. In seinem Versuch, Florence aufzuheitern, sprach Napoleon in mehreren Briefen davon, wie sie ihrer Mutter zumindest eine Zeit lang entfliehen könnte.

Sofern es für Florence tatsächlich schwierig war, mit ihrer Mutter zusammenzuleben, muss sie im Sommer 1928, als Napoleon seine Stelle bei dem Autohändler kündigte, verzweifelt auf eine gute Nachricht gewartet haben. Ende März dieses Jahres hatte sie ihre einzige Möglichkeit, ihrer Mutter zumindest stundenweise zu entkommen, verloren – ihr Auto, das sie für Einkäufe und Besorgungen nutzte. Eines Tages war Florence auf einer Brücke ins Schleudern gekommen und den Hügel hinuntergerauscht. Der Wagen war ein Totalschaden, sie selbst trug zum Glück nur leichtere Verletzungen davon – lediglich ihre Laune war an einem Tiefpunkt angekommen.

Die endlose Warterei auf die fetten Schecks mag Florence jedenfalls sehr belastet haben – im Gegensatz zu Napoleon, der sich davon lediglich überrascht zeigte, dass er sich mit seiner ursprünglichen Prognose getäuscht hatte, während Florence allmählich das Vertrauen in seine Fähigkeit verlor, eine Arbeit erfolgreich abzuschließen. Fakt war jedoch, dass sich *Law of Success* von Anfang an bestens verkaufte; die Unregelmäßigkeit, mit der die Schecks eintrafen, spiegelte lediglich wider, wie lange es damals dauerte, den Vertrieb zu organisieren, Bücher in bescheidener Anzahl an die Buchhändler zu versenden, um die Nachfrage zu prüfen, dann die Nachbestellungen abzuwickeln, deren Größenordnung sich nach den ersten Verkäufen richtete.

Law of Success verkaufte sich sogleich nach Erscheinen unglaublich gut – was erstaunlich war, bedenkt man den Verkaufspreis des Buches. Jeder einzelne Band (von insgesamt acht) kostete an die 4 Dollar – die komplette Ausgabe war also zum stolzen Preis von über 30 Dollar erhältlich. Mit diesem Betrag konnte eine vierköpfige Familie 1929 einen Monat lang ihr Essen bezahlen. Und dennoch wurde das Buch ein Verkaufsschlager, und die Buchhändler bestellten wieder und wieder Exemplare nach.

Wie das Leben so spielt, wurde *Law of Success* genau aus den Gründen ein Klassiker, die viele konservative Verleger abgeschreckt hatten. Die Leser und Buchhändler mochten es aufgrund seiner Einzigartigkeit.

Allein schon durch seinen Umfang, der eher an eine Enzyklopädie denken ließ, unterschied sich das Werk von dem nicht abreißenden Strom an

Selbsthilfebüchern, die mal mehr und mal weniger angesagt waren. Seine philosophische Dimension bot den Gelehrten und Erfolgreichen viel Stoff zum Nachdenken. Sein lehrgangsähnlicher Aufbau – für Napoleon war *Law of Success* eher Vortragsmaterial als Buch – bot den vom Leben gebeutelten Massen praktische Ratschläge, wie man Schritt für Schritt in seinem Leben vorwärtskommt. Und alles stand in engem Zusammenhang mit dem überzeugenden Pragmatismus von Carnegies ursprünglichem Konzept: Das gesamte Werk drehte sich um die kollektive Weisheit von Amerikas erfolgreichsten Branchenführern aus Industrie und Handel. Bei den »Gesetzen«, die in *Law of Success* ausführlich dargelegt wurden, handelte es sich nicht um graue Theorie, sondern um Fakten und Zitate, das Evangelium des Kapitalismus für jedermann. Noch nie zuvor war ein solches Buch veröffentlicht worden.

Auch das gewichtige und hochpreisige mehrbändige Format der Erstausgabe von *Law of Success* bot Lesern und Buchhändlern einzigartige Vorteile. Schließlich war es möglich, einen Band nach dem anderen zu erwerben, was sich die Leser eher leisten konnten. Für die Buchhändler war *Law of Success* der Vorläufer der modernen Fortsetzungsromane: Kunden, die den ersten Band kauften, kamen in der Regel wieder, weil sie auch den zweiten Band lesen wollten, dann den dritten und so weiter. Die Verkaufszahlen ab dem dritten Band ließen sich anhand der bereits verkauften Exemplare der ersten zwei Bände exakt kalkulieren, was das Risiko schmälerte, auf dem Werk sitzen zu bleiben. Zudem kurbelte das Werk den Kundenverkehr der Buchläden an; jeder, der den ersten Band erstanden hatte, käme wahrscheinlich noch sieben weitere Male, um alle anderen Bände zu erwerben.

Der erste Band von *Law of Success* war ein fehlerbehaftetes, ausschweifendes, stellenweise unverständliches Manuskript, das ein geübter Lektor mit einem ausgeprägten Sinn für die Ansprüche des Buchmarktes zu einem glatt polierten, schnell lesbaren 50-seitigen Text zusammengefasst hätte. Tatsache ist, dass die anderen sieben Bände ähnlich fehlerhaft waren, wenn auch nicht mehr in dem Umfang wie der erste Band. Davon abgesehen wäre *Law of Success* aller Wahrscheinlichkeit nach ein ganz gewöhnliches und kurzlebiges Buch gewesen, wenn man normale Maßstäbe für Druck und Vertrieb angesetzt hätte. Doch seine Unvollkommenheit gepaart mit der schonungslosen Missachtung aller Konventionen des Buchgeschäfts waren Teil seiner Kraft und Frische. Daran änderte sich auch bis zur vierten Auflage, nach unzähligen Nachdrucken und über 60 Jahren anhaltender Nachfrage nichts.

Der erste Band von *Law of Success* erklärte Carnegies Konzept, ging kurz auf Hills Ringen darum ein, das Werk zu verfassen und drucken zu lassen, und fasste zu guter Letzt seine 15 Erfolgsprinzipien zusammen. Die Stärke von Hills Prinzipien oder »Gesetzen« wurde ebenso deutlich gemacht wie das, was sie verhießen.

Im Abschnitt über ein *konkretes Hauptziel* ging es darum, dass Erfolg ohne Fokus und Hingabe nicht möglich ist; zudem versprach Hill, die Leser zu lehren, wie sie zu einem lohnenden Hauptziel gelangen.

Selbstvertrauen hatte nichts mit Egoismus zu tun; für ein gesundes Selbstbewusstsein galt es, die sechs Grundängste zu überwinden – Armut, mangelnde Gesundheit, Alter, Kritik, Liebesentzug und Tod; Hills Kapitel über Selbstvertrauen war eine Mischung aus Fakten, Anekdoten und purer Inspiration als Mittel gegen diese Ängste.

Bei der *Gewohnheit zu sparen* ging es um die Notwendigkeit, Kapital in einer freien Marktwirtschaft anzuhäufen; Hills Kapitel über dieses Thema zeigte den Lesern, »wie sich Einkommen systematisch verteilen lässt«.

In weiten Kreisen galten *Initiative und Führungsqualitäten* als Grundvoraussetzung für Erfolg; Hill beschrieb, wie jeder diese Eigenschaften erlernen und entwickeln kann.

In *Vorstellungskraft* ging es darum, wie wichtig Kreativität für jede berufliche Laufbahn ist; in diesem Kapitel zeigte Hill, wie Vorstellungskraft entsteht und was sich damit anfangen lässt.

Und so ging es auch mit den anderen zehn Erfolgsgesetzen weiter: Begeisterung, Selbstbeherrschung, die Gewohnheit, mehr zu tun als das, wofür man bezahlt wird, eine angenehme Persönlichkeit, präzises Denken,

Konzentration, aus Fehlern lernen, Toleranz und zu guter Letzt Hills Lieblingsgesetz, die Umsetzung der Goldenen Regel.

Im ersten Band ging es hauptsächlich um Napoleons Mastermind-Prinzip, eine pragmatische Erweiterung des alten Sprichworts »Vier Augen sehen mehr als zwei«. Hill definierte »Mastermind« als »Koordination von Wissen und Engagement im Geist der Harmonie zwischen zwei oder mehr Menschen, um ein bestimmtes Ziel zu erreichen«. Auch wenn dieses Konzept an sich nichts Neues war, seine Anwendung auf die Geschäftswelt war es: Die Mastermind-Allianz forderte von ihren Mitgliedern nicht nur, sich mit Haut und Haar einem bestimmten Ziel zu verschreiben, sondern auch der Rolle, die der Einzelne in dieser Gruppe übernahm, und darüber hinaus den Strategien und Taktiken, auf die man sich geeinigt hatte. Die Mastermind-Allianz zog gewissermaßen einen Schlussstrich unter die Differenzen zwischen Geschäftspartnern und machte den Weg frei, ihre gesamte Energie in die Anforderungen des Marktes zu stecken.

Jahrzehnte später griffen Unternehmensberater genau auf dieses Prinzip zurück und verwendeten die Analogie eines Laserstrahls, dessen Kraft daraus entsteht, scheinbar geringe Energiemengen zu konzentrieren und auf ein Ziel zu fokussieren. Das Schöne an Hills Mastermind-Prinzip war, dass es sich ebenso auf Ehen, Familien und Karrieren anwenden ließ wie auf Unternehmen und soziale Einrichtungen. Tatsächlich sollte W. Clement Stone, der damals 26-jährige Eigentümer einer florierenden Versicherungsgesellschaft in Chicago, seine Vertreter später lehren, eine Mastermind-Allianz mit ihren Ehefrauen zu bilden, um dafür zu sorgen, dass die Anforderungen einer Karriere im Vertrieb die Eheleute vereinten, und um sicherzustellen, dass weder die Karriere noch die Ehe den Bach runterging.

Doch der erste Band von *Law of Success* ging über die schwerfällige Erläuterung des Mastermind-Prinzips hinaus. Er machte seinen Lesern unmissverständlich klar, dass dieser »Kurs« und sein Lehrer nicht an konventionelle Dogmen gebunden wären. Um die Verbindung zwischen seinen Erfolgsgesetzen und den Naturgesetzen darzustellen, zog Napoleon Parallelen zu Molekülen, Atomen und Elektronen. Ferner verfolgte er einen ausführlichen metaphysischen Diskurs über die »Schwingungsfluidität von Materie«, die für die Existenz eines universellen Mediums – Äther – sprach, in dem die Gedankenwellen der Menschen mehr oder weniger ewig schwingen und von jedem dafür offenen Menschen empfangen und auf das gegenwärtige Leben angewandt werden können.

Law of Success hätte man wohl als Hirngespinst eines Wahnsinnigen abtun können, wäre es nicht eine bekannte Tatsache gewesen, dass viele von Hills unwahrscheinlichsten Thesen auf die Gedankengänge von Größen wie Thomas Edison und Alexander Graham Bell zurückgingen. Aufgrund dieses höchst ehrbaren Ursprungs brachten diese Passagen die Leser zum Staunen und motivierten sie wie kein anderes Selbsthilfebuch dazu, über das Leben in größerem Maßstab nachzudenken.

Zudem äußerte sich *Law of Success* über zwei Institutionen der damaligen Zeit. Hill machte sich offen über Pädagogen und Erzieher lustig, die Bildung und Erziehung auf die Vermittlung von Wissen reduzierten. Bildung höre seiner Meinung nach nicht mit dem passiven Konsum von Wissen auf. Zu einer vernünftigen, wertvollen Erziehung gehöre es auch zu lernen, wie Wissen strukturiert, klassifiziert und in die Tat umgesetzt wird. »Eine ›gebildete‹ Person«, schrieb Hill, »ist jemand, der weiß, wie er an alles kommt, was er braucht, um das Hauptziel seines Lebens zu verwirklichen, und zwar ohne dabei die Rechte Dritter zu verletzen.«

Hill gab eine Aussage Henry Fords vor Gericht zum Besten, um diese Lektion in Sachen Bildung zu unterstreichen. Dieser hatte eine Zeitung wegen Verleumdung verklagt, die ihn als »ignoranten Pazifisten« dargestellt hatte. Hill zufolge hatte deren Anwalt Ford etwa eine Stunde lang in die Zange genommen und ihn zu seinen Kenntnissen in Geschichte, Geografie und anderen Schulfächern befragt, bis Ford schließlich der Kragen geplatzt war und er sagte: »Sollte ich die dumme Frage, die Sie mir gerade gestellt haben, wirklich beantworten wollen – oder auch jede der anderen Fragen, die mir hier zugemutet wurden –, so darf ich dazu vielleicht anmerken, dass ich auf meinem Schreibtisch nur auf den richtigen Knopf drücken muss, um mir Leute zu Hilfe zu holen, die mir jede Frage beantworten können, die das Unternehmen betrifft, für das ich mich mit ganzer Kraft einsetze. Würden Sie mir freundlicherweise erklären, weshalb ich meinen Kopf mit Allgemeinwissen vollstopfen sollte, damit ich Fragen beantworten kann, wenn ich doch um mich herum Menschen habe, die mir alles sagen können, was ich wissen will?«

Und die Moral von der Geschicht? In den Augen von Hill lautete sie: Niemand muss alle Antworten kennen, sollte jedoch wissen, wie er an die Antworten auf Fragen kommt, die wirklich von Belang sind.

Wahrscheinlich nahmen die Pädagogen Hill seine Kritik an ihrem Fachgebiet weniger übel als religiöse Häupter seine Äußerungen über die Bibel. Napoleon unterschied zwischen der »Bibel der Natur« und der von den organisierten Kirchen verwendeten und warf Letzterer vor, Erstere zu definieren.

> Die [Bibel der Natur] zu ändern, steht den Menschen nicht zu. Zudem gibt sie ihre Erzählungen weder in altertümlichen toten Sprachen noch in Form von Hieroglyphen von Halbwilden wieder, sondern in einer Weltsprache, die jeder, der Augen besitzt, lesen kann. Die Bibel der Natur, aus der alles wertvolle Wissen stammt, darf von den Menschen in keiner Weise verändert oder manipuliert werden.

Es existieren keine Nachweise, dass Hills Vorbehalte gegenüber der Bibel und organisierten Kirchen zu einem öffentlichen Aufschrei geführt hätten, doch bekannt ist, dass Hill wegen *Law of Success* und einigen späteren Werken Unmengen an erbosten Briefen von Gläubigen erhielt.

Der lang erträumte Reichtum begann Anfang 1929 wahr zu werden, als allmählich Geld in die Kassen der Familie Hill floss. Ende Januar verfasste ein triumphierender Napoleon in New York City einen vierseitigen Brief an Florence und beschrieb, wie er die zahlreichen Geschäftsmöglichkeiten zu nutzen gedenke, die sich aufgrund des frühen Erfolgs seiner Bücher aufgetan hätten.

Ein Immobilienmakler von Long Island – ein Freund von Florence – wollte unbedingt, dass Hill sein Verkaufspersonal schulte und leitete. Dieses Stellenangebot umfasste die Zahlung eines Gehalts zuzüglich Provision und Provisionsaufschlag in Höhe von insgesamt 250 Dollar die Woche – ein fürstlicher Lohn im Jahr 1929 und in Kombination mit seinen Tantiemen die Eintrittskarte für ein Leben in Wohlstand.

Hill lehnte das Angebot jedoch ab und entschied sich stattdessen für die Zusammenarbeit mit Bernard MacFadden, dem die Boulevardzeitung *New York Evening Graphic* und viele Zeitschriften in Riesenauflage gehörten. Hill lernte MacFadden bereits Anfang der 1920er-Jahre kennen, als beide Vorlesungen an der Wirtschaftsschule in Iowa gaben. Hill hatte im Laufe der Jahre mehrere Artikel über Erfolg für MacFaddens Publikationen geschrieben. Kurz nach dem erfolgreichen Debüt von *Law of Success* vereinbarten MacFadden und Napoleon, Letzterer solle eine tägliche Kolumne über Erfolg für den *Evening Graphic* verfassen. Auch die Kolumne war ein sofortiger Erfolg, und MacFadden veröffentlichte sie daraufhin auch in anderen Blättern. Die Reaktion der anderen Zeitungen war so begeistert, dass die beiden davon ausgingen, monatlich um die 100 Dollar daran zu verdienen. Der Haken war, dass MacFaddens Redakteure wollten, dass Hill in Vollzeit an der Kolumne und einem neuen MacFadden-Magazin arbeitete.

Zu ihrer Abmachung gehörte auch, dass MacFadden Werbeanzeigen für Hills *Law of Success* in seinen Publikationen schaltete. Diese Art von Werbung versprach den Absatz des Buchs in großer Stückzahl – und damit auch höhere Tantiemen für Hill.

»Alles in allem«, resümierte Napoleon, »meint es das Schicksal jetzt gut mit mir, und die Chancen stehen hervorragend, dass dies mit Abstand das beste Jahr meines Lebens wird.« Und so kam es. Nur Wochen nachdem er diesen Brief geschrieben hatte, trudelten dicke Schecks ein, und Napoleon und Florence kosteten ihren ungeahnten Reichtum in vollen Zügen aus. Nach Jahren voller Schmach und Entbehrung verfügte Florence mit einem Mal über Hunderte von Dollar Haushaltsgeld. Und Hill, der den größten Teil seines Erwachsenenlebens versucht hatte, den Eindruck zu vermitteln, er sei wohlhabend und erfolgreich, obwohl er in Wahrheit arm wie eine Kirchenmaus war, konnte plötzlich, ohne mit der Wimper zu zucken, mehrere Hundert Dollar in die Geschäfte investieren, von denen er schon Jahre geträumt hatte, und sich dennoch den von ihm so geschätzten Lebensstil eines Weltbürgers leisten. Jetzt konnte er sich die teuersten Zigarren des Tabakwarenhändlers jeden Tag kaufen und ganz selbstverständlich im besten Hotel der Stadt übernachten. Er hatte zwar schon immer moderne, gut geschneiderte Anzüge getragen, aber nun konnte er sich so viele davon gönnen, wie er wollte.

Für einen Mann, der zeit seines Lebens von Autos geschwärmt hatte – je größer und teurer, desto besser –, erreichte er 1929 außerdem einen zuvor undenkbaren Meilenstein: Hill kaufte seinen ersten Rolls-Royce.

Fast ein Jahr führte die Hill-Familie ein Leben in Luxus. Aus den liebevollen Briefen zwischen Florence und Napoleon geht hervor, wie glücklich sie waren. Sie trafen sich oft, um ein romantisches Wochenende miteinander zu verbringen. Sie scherzten miteinander, träumten von ihrer Zukunft und nahmen die Jungen zu Picknicks und fröhlichen Ausflügen mit. Und im Sommer 1929 war es dann endlich so weit: Hill erfüllte sich und seiner Familie den lang gehegten Wunsch und kaufte ein »hübsches Fleckchen Erde auf dem Land«, wo sie endlich alle unter einem Dach wohnen konnten.

Napoleons »hübsches Fleckchen Erde auf dem Land« war natürlich weder Haus noch Farm – und auch kein schlichtes Heim. Es war ein unberührtes, bewaldetes Lehen, das sich über knapp 250 Hektar idyllisches Weideland in den Catskill Mountains im Bundesstaat New York erstreckte. Das weitläufige Herrenhaus hatte drei Stockwerke, und jedes besaß eine umlaufende kalkweiße Veranda. Die rondellförmige Auffahrt beanspruchte fast einen halben Hektar; das Gebäude selbst wurde von mehreren Nebengebäuden flankiert, die alle in Napoleons Vorstellung dazu bestimmt waren, eine Rolle bei seinen nächsten geschäftlichen Vorhaben zu spielen. Zusammen wirkten diese Gebäude wie eine aristokratische Kolonie am Ufer eines kleinen Sees. Weiter entfernt befanden sich die Stallungen, eine Tribüne aus Hartholz, die sich nur zu Fuß erreichen ließ, leise murmelnde Gebirgsbäche und weite Flächen, die sich als Tennisplatz eigneten. Die Aussicht auf das dichte, satte Grün der Catskill Mountains war fantastisch.

Dieses opulente Anwesen bot alles, was Hill seiner Familie immer schon versprochen hatte – Ruhe und Prestige für Florence, Ponys und Bäche für die Jungen –, und es würde zugleich die Bühne für Napoleons großartigstes Konzept sein. Hill hatte das Anwesen gemeinsam mit mehreren Großinvestoren in der Absicht erworben, es in die erste Schule des Erfolgs – von einer Größe, die der einer Universität in nichts nachstand – mit einem idyllischen Campus, Vorlesungssälen und einer sorgfältig zusammengestellten Fakultät zu verwandeln. Zudem beabsichtigten sie, auf dem Grund auch noch Ferienhäuser zu bauen und dann an Interessenten zu verkaufen, die traditionelle Urlaubsvergnügungen mit der Gelegenheit verknüpfen wollten, ihr Wissen über die Prinzipien zu vertiefen, die ihren Erfolg auf Dauer sichern könnten.

Im Gegensatz zu manchen früheren epischen Visionen Napoleons regte diese die Fantasie vieler Menschen an – insbesondere die des Verlegers vom *Catskill Mountain Star*, einer Zeitung für Saugerties, Woodstock, Phoenicia und Dutzende kleiner Dörfer und Weiler in den Catskills. In der Ausgabe des *Star* vom 28. Juni 1929 hieß es, der Erwerb des Anwesens durch Hill und seine Geschäftspartner »ist das größte Geschäft in den Catskill Mountains seit vielen Jahren«. Die Zeitung enthüllte auch, dass ihr eigener Verleger maßgeblich daran beteiligt war, Hill dafür zu gewinnen, seine Schule in dieser Region zu gründen.

Die Art der Berichterstattung des *Star* über Hill belegt auf spektakuläre Weise, wie überzeugend Napoleons Werbung in eigener Sache gewesen war, zumal sie nun durch seinen Status als reicher und berühmter Autor umso glaubhafter wurde:

> Mr. Hill ist in weiten Kreisen Amerikas bekannt, zudem hat er Tausende von Anhängern und Studenten, die in jedem zivilisierten Land dieser Erde zu Hause sind. Er ist der »Erfolgsautor« des *New York Evening Graphic*, und seine Kolumne über Erfolg … erreicht jeden Tag Millionen von Lesern. Er ist der Verfasser einer auf der ganzen Welt bekannten Philosophie [die unter dem Namen] *The Law of Success* bekannt ist …
>
> Er ist unter ärmlichsten Umständen aufgewachsen, Bildung blieb ihm lange Zeit vorenthalten, und doch hat er es trotz dieser widrigen Umstände ge-

> schafft, mehr zu erreichen, als nur seinen bescheidenen Lebensunterhalt zu verdienen. Inzwischen ist er der gebildetste Mann auf Erden, seine Arbeit ist jedem ein Begriff, er ist auf der ganzen Welt bekannt und … sein größtes Werk ist noch nicht abgeschlossen …
>
> Gut möglich, dass es in ganz Amerika keinen anderen Mann gibt, der so viel für unser Volk getan hat und tun wird wie Mr. Hill. Seine Werbung ist international ausgerichtet … [und er] gibt Unsummen dafür aus.

Der *Star* lieferte zudem Details, wie Napoleons Pläne für die weltweit einzigartige und erste »Erfolgssiedlung« aussahen:

> Mr. Hill wird auf seinem Gelände zwei weitere Seen anlegen, das Clubhaus umbauen und im Prinzip sein ganzes Grundstück verschönern.
>
> Das … Anwesen dient als Unterkunft für Mr. Hills Studenten, die aus allen Teilen der Welt herkommen werden, um alles über die berühmte Philosophie des *Law of Success* zu erfahren. Mr. Hill und sein Lehrkörper übernehmen die Vorlesungen im Sommer. Das große Gebäude neben dem Clubhaus wird in einen Hörsaal und andere Unterrichtsräume umgebaut. Im Bedarfsfall können noch weitere solche Gebäude errichtet werden.
>
> Schon nächstes Jahr wird eine Jungenschule eröffnet, wobei der Unterricht ganzjährig stattfindet. Im Sommer werden die Jungen lernen, wie sich das Beste aus dem Boden herausholen lässt. Ihnen werden Kenntnisse vermittelt … in Körperpflege, gesunder Ernährung, den richtigen Sportarten und so weiter. Jeder Junge muss Körper und Geist trainieren, ganz gleich, wie viel Geld seine Eltern für ihn ausgeben.
>
> Nachdem Mr. Hill mehr als zwölf Jahre lang in der Praxis bewiesen hat, dass er aus Versagern erfolgreiche Männer machen kann, setzt er nun an, den Beweis anzutreten, dass er Jungen mit der richtigen Schulbildung vor Niederlagen bewahren kann …
>
> Mr. Hill plant die Veröffentlichung eines landesweiten Magazins, das in jedem Bundesstaat, jeder kleineren und größeren Stadt und jedem Dorf Amerikas erhältlich sein wird. Dadurch wird unsere Heimatstadt im ganzen Land bekannt werden.

Im Juli 1929 bezogen Napoleon, Florence und die Jungen ihr neues, prächtiges Heim. Es dürfte wohl der wunderbarste Sommer ihres Lebens gewesen sein. Die Umbauten waren bereits im Gang. Napoleon war damit beschäftigt, die Entstehung und Veröffentlichung der ersten Ausgabe von *Top O' the World* zu beaufsichtigen, einer 16-seitigen Werbeschrift im Kleinformat über die baldige Gründung und die Mission seiner »Erfolgssiedlung«. Darin schilderte er seine persönlichen Kämpfe und die Entstehung seiner Erfolgsprinzipien, die letzten Endes zur Gründung seiner Siedlung geführt hatten.

Zum ersten Mal überhaupt lebten Hills Söhne mit ihrem Vater zusammen und verbrachten viel Zeit mit ihm. Napoleon nahm sie zu ausgedehnten Wanderungen in die Wälder mit, lehrte sie die verschiedenen Tierrufe, Spurenlesen und andere Fähigkeiten eines Holzfällers und Jägers, die er selbst als Junge in Wise County erlernt hatte. Abends bewies er ihnen, wie gut er Geige und Klavier spielen konnte.

Doch die Jungen lernten auch seine strenge Seite kennen. Jahre später erzählte David von der Lieblingsbestrafung seines Vaters – er ließ den Jungen, der etwas angestellt hatte, Steine aus dem Feld klauben, was eine anstrengende und sinnlose Form der Beschäftigung war – zumindest in den Augen der Jungen. Hills Absicht war zweifelsohne, den Boden für das Bestellen des Feldes vorzubereiten, doch es lagen so viele Steine herum, dass die Jungen keine Hoffnung hatten, diese Aufgabe zeit ihres Lebens bewältigen zu können. Die Jungen hätten vielleicht Napoleons unerschütterliche Begeisterung selbst dafür geteilt, wenn es nicht so gewesen wäre, dass Hill selbst niemals einen Stein aufhob oder einen Spaten oder eine Hacke in die Hand nahm. Kurz vor seinem 45. Geburtstag hatte Napoleon es endlich zu Ruhm und Reichtum gebracht. Davon hatte er als Jugendlicher stets geträumt, während er sich für ein spärliches Entgelt schwer plagen musste; für ihn stand außer Frage, dass er jemals wieder körperlich arbeiten würde, und dabei war ihm herzlich egal, dass er genau das anderen wärmstens empfahl. David hatte später immer wieder gesagt, dass er seinen Vater niemals körperlich arbeiten gesehen hatte.

Doch Napoleons Disziplinarmaßnahmen wurden durch Ponyreiten, Schwimmen und Angeln, Liederabende und seine fesselnden Erzählungen mehr als wettgemacht. Die Familie Hill war enger miteinander verbunden und glücklicher als je zuvor.

Der Sommer wich jedoch unweigerlich dem Herbst. Während sich die Blätter in den Wäldern mehr und mehr verfärbten, änderte sich auch das Familienleben der Hills. Es fing damit an, dass Napoleon immer öfter abwesend war, um Reden und Vorträge zu halten, was aber der Preis war, den er für seinen Erfolg zu zahlen hatte. Hill war stark nachgefragt, und durch seine bewegende Redekunst verkauften sich seine Bücher wie nie zuvor. Sein Name war in aller Munde, und er erfüllte die vertraglichen Pflichten für seinen Verlag mit Bravour. Seine öffentlichen Auftritte boten Hill allerdings noch mehr als das: Er konnte vor der ländlichen Stille in den Catskills fliehen. Er brauchte das Pulsieren der Stadt, die elektrisierende Energie des auf ihn wartenden Publikums, das Schulterklopfen bei geschäftlichen Treffen und die gesellschaftliche Anerkennung, wenn er zur richtigen Zeit mit den richtigen Leuten in den richtigen Restaurants gesehen wurde.

Als sich das Laub in den Wäldern der Catskills zu verfärben begann, war Napoleon schon wieder ständig unterwegs. Florence und die Jungen dürfte seine Abreise sehr frustriert haben, doch das war längst nicht die einzige Enttäuschung, wie sie schon bald feststellen mussten.

Nicht nur Napoleon Hills Leben war 1929 steil nach oben gegangen, auch die sprunghafte amerikanische Wirtschaft florierte in einem bislang ungekannten Ausmaß, was größtenteils auf die Entwicklung des Aktienmarktes zurückzuführen war. In den Zeitungen gab es zuhauf Berichte, wie es ganz normale Bürger zu mehr oder weniger großem Wohlstand gebracht hatten, indem sie ihren hart erarbeiteten Spargroschen an der Börse investiert hatten. Eine typische Story des Tages berichtete, wie es der Hausangestellte eines Börsenmaklers geschafft hatte, von seinem Boss empfohlene Aktien über den sogenannten Buying on Margin[2] zu erwerben und innerhalb kur-

2 A. d. Ü.: Im Aktienhandel steht Buying on Margin für einen Handel, bei dem der Käufer nicht den vollen Kaufpreis selbst erbringt. Stattdessen leistet er die sogenannte Margin als Eigenanteil und erhält die Restsumme als eine Art Kredit vom Aktienhändler (Broker), um so mit einer größeren Summe an der Börse zu spekulieren. Auf diese Weise entsteht eine Hebelwirkung: Steigt der Kurs der Aktie, gewinnt man eventuell viel mehr, als wenn man nur eigenes Geld investiert. Umgekehrt werden aber auch mögliche Verluste höher.

zer Zeit aus seinem Sparguthaben, das aus Trinkgeldern bestand, ein Vermögen von 250.000 Dollar zu machen. Ein ähnlicher Bericht handelte von einer Krankenschwester, die ihr Erspartes in Aktien gesteckt hatte, die ihr von einem ihrer Patienten empfohlen worden waren, worauf sie in weniger als einem Jahr 30.000 Dollar verdient hatte.

Selbst wenn diese Geschichten stark übertrieben waren, damit sich die Zeitungen gut verkauften, steht eines fest: Zwischen 1928 und 1929 wurden am amerikanischen Wertpapiermarkt unglaubliche Summen gemacht. Angesagte Aktien wie die der Radio Corporation of America vervierfachten ihren Wert im Laufe eines Jahres. Samuel Insull, Eigentümer eines gigantischen Imperiums von Energieversorgungsbetrieben und einer der Bekannten von Hill, die er durch *Law of Success* kennengelernt hatte, hatte einen 50-tägigen Lauf, bei dem der Wert seines Aktienportfolios um schätzungsweise 7000 Dollar *pro Minute* stieg, und das 24 Stunden am Tag.

Doch zu der Zeit, als Napoleon wieder auf die Walz ging, reagierte der Börsenmarkt bereits nervös und geriet ins Taumeln. Über ein Jahr lang hatten führende Politiker und Unternehmer die Öffentlichkeit davor gewarnt, dass die Aktien überbewertet seien und alle, die damit handelten, zu viel Fremdkapital dafür einsetzten. Im September 1929 kam es zu überstürzten Panikverkäufen, und der Markt brach ein – gefolgt von kurzen, starken Kursanstiegen, da massenweise Spekulanten in der Hoffnung auftauchten, Aktien zu einem niedrigen Kurs kaufen und wenige Tage später zu einem viel höheren Kurs wieder abstoßen zu können und sich daran eine goldene Nase zu verdienen. Für die optimistischen und aggressiven Spekulanten stellten solche Börsenabstürze eine gute Chance dar, ebenso auch für das Buying on Margin – der Erwerb von Aktien mit wenig Eigen- und viel Fremdkapital.

Am 3. Oktober – etwa die Zeit, in der Hill sein New Yorker Büro neu eröffnete – erreichten die Panikverkäufe einen Höchststand. In der letzten Stunde, bevor die New Yorker Börse schloss, wurden 1,5 Millionen Aktien verkauft, und die Kurse stürzten ins Bodenlose. Sogar Stahlaktien waren davon nicht ausgenommen und verloren 10 Prozentpunkte. Zwei Tage später hatte sich der Markt wieder erholt, nur um am 15. Oktober wieder abzustürzen. Am nächsten Tag war alles wieder beim Alten, doch am 18. Oktober brach der Markt nach nur zweistündigem Handel vollends zusammen. Am Tag darauf begann die hektische Aufholjagd, die bis zum 23. Oktober anhielt.

Als Hill an diesem Tag beim Mittagessen saß – drei Tage vor seinem 45. Geburtstag –, war er sich des nervenaufreibenden Melodramas, das sich auf der Wall Street abspielte, durchaus bewusst. Am 23. Oktober endete die Erholung des nervösen Marktes um die Mittagszeit; doch schon am Nachmittag kam es erneut zu Panikverkäufen, und sechs Millionen Aktien – zu normalen Zeiten entsprach diese Menge dem Handelsvolumen einer Woche – wurden zu einem Schnäppchenpreis abgestoßen. Napoleon, der selbst nicht mit Aktien handelte, sah zu, wie sich die wirtschaftliche Katastrophe anbahnte, ohne im Geringsten zu ahnen, wie sehr sie sich auf sein eigenes Leben auswirken würde.

Am nächsten Tag wurden fast 13 Millionen Aktien an der New Yorker Börse gehandelt und sorgten für einen Nettoverlust in Höhe von 3 Millionen Dollar an Aktienwert. Am Montag, dem 28. Oktober, wurden neun Millionen Aktien gehandelt, und die Kurse fielen um unglaubliche 14 Millionen Dollar. Die Polizei sperrte die Wall Street ab, woraufhin es erst recht zu Panikverkäufen kam.

Am Dienstag, dem 29. Oktober 1929, war die amerikanische Wirtschaft am Ende. Hysterische Aktionäre verkauften zu jedem Preis. Das Handelsvolumen an der New Yorker Börse überschritt die Grenze von 16 Millionen Aktien, die Kurse sanken erneut ins Bodenlose. An nur einem einzigen Tag verlor die New Yorker Börse unglaubliche *10 Milliarden Dollar* – mehr als doppelt so viel, wie damals Geld in den Vereinigten Staaten von Amerika in Umlauf war.

Es war der schwärzeste Tag der Geschichte der amerikanischen Wirtschaft. Jahre später schätzten Historiker die Zahl von Amerikanern, die unmittelbar von den Folgen des Börsencrashs betroffen waren, auf ein bis drei Millionen – nicht nur Börsenhändler und Spekulanten, die Vermögen auf dem Papier verloren hatten, sondern unzählige ahnungslose Bürger, deren Sparguthaben sich durch Bankpleiten in Luft auflösten oder deren fremdfinanzierte Käufe platzten, weil verzweifelte Banken ihnen die Kredite kündigten. Zudem verloren Tausende von Amerikanern ihren Job.

Für zig Millionen weitere US-Bürger, darunter auch Napoleon und seine Familie, machte sich der Börsencrash erst Wochen oder Monate danach in vollem Ausmaß bemerkbar. Jahre später erinnerte sich Napoleon, wie distanziert er sich fühlte angesichts der ganzen Verzweiflung, die in den Tagen um den Absturz der Börse in New York herrschte. »Ich amüsierte mich insgeheim über das Verhalten der Menschen, die so emsig bestrebt waren, einen Lohn fürs Nichtstun zu erhalten, indem sie sich darauf einließen, an der Börse zu spekulieren – und die stattdessen im nächsten Moment für ihre Investitionen nichts bekamen … Was um mich herum geschah, ließ mich kalt. Ich war mir sicher, dieser Sturm würde vorübergehen und die Welt wäre innerhalb weniger Monate ganz die alte.«

Napoleon hörte 1929 mit seiner Vortragsreihe in New York auf und arbeitete stattdessen an seinem nächsten Buch, *The Magic Ladder to Success*. Die Verkäufe von *Law of Success* verebbten mit einem Mal, doch Hill ging wie die meisten Amerikaner davon aus, dass die Folgen des Absturzes nur von kurzer Dauer sein würden. Der damalige Präsident Herbert Hoover überzeugte die Industriellen, keinesfalls die Löhne der Arbeiter zu kürzen, und kurbelte die Wirtschaft durch eine geringe Steuersenkung und eine bescheidene Aufstockung der öffentlichen Ausgaben an. Am Neujahrstag sprach das Arbeitsministerium davon, dass 1930 ein »großartiges Jahr für die Beschäftigten« würde.

Das wurde es natürlich nicht. Ein großer Teil der amerikanischen Kapitalanlagen wurde aus der Wirtschaft abgezogen, als ausländische Investoren ihr Geld in europäische Banken transferierten, um von den hohen Zinssätzen zu profitieren, die von den Regierungen subventioniert wurden, um ihrerseits den wirtschaftlichen Zusammenbruch abzuwehren. Als die Nachfrage nach Konsumgütern in Amerika immer weiter sank, blieb das Lohnniveau zwar unverändert, aber es wurden Tausende von Stellen gestrichen, was die Konsumausgaben in eine Abwärtsspirale und dann fast zum Erliegen brachte. Im gleichen Moment, als die Industriewirtschaft nahezu zum Stillstand kam, lagen auch die Anbauflächen in ganz Amerika so gut wie brach.

Historiker schätzen den gesamten Verlust durch den Börsencrash und die anschließende Depression von 1929 auf 50 Milliarden Dollar. Bis 1932 war aus dem Land der unbegrenzten Möglichkeiten ein Friedhof der geplatzten Träume geworden. Bis 1933 stand einer von vier Lohnempfängern auf der Straße, und ein Großteil des Rests begnügte sich mit niederen, schlecht bezahlten Tätigkeiten. Guts- und Farmpächter verloren ihr Land und strömten in die Städte, nur um mit anderen verzweifelten Opfern dieser Zeit vor den Suppenküchen Schlange zu stehen und eine Unterkunft in den sogenannten Hoovervilles zu suchen – Elendsvierteln, in denen baufällige Hütten und Baracken von mittellosen Hausbesetzern errichtet und bewohnt wurden.

Bis 8. Mai 1930 blieb die Familie Hill noch einigermaßen verschont von dem wirtschaftlichen Desaster, das ganz Amerika erschütterte. Florence und die Jungen waren nach Lumberport zurückgekehrt, aber nur wegen der Schule und weil sie in der Nähe ihrer Freunde und ihrer Familie sein wollten. Napoleon schrieb Florence an diesem Tag aus seinem Büro in New York und teilte ihr mit, wie sehr er ihr romantisches Intermezzo genossen hätte und dass er fest davon überzeugt sei, seine Erfolgssträhne würde noch lange anhalten. »Deine Figur war wunderbar, und du warst so nett, vor allem aber so fröhlich und überschwänglich, dass sich alle von Neuem in dich verliebt haben, auch meine Wenigkeit.«

Was das Geschäftliche anging, hatte er seine Vortragsreihe in Kurse umgewandelt und sein neues Buch, *The Magic Ladder to Success*, wurde gerade gedruckt. »Ich freue mich auf mein neues Buch, denn es wird mir Hunderte neuer Studenten und neue Kontakte bringen, auf die ich dringend angewiesen bin«, schrieb Napoleon an Florence. »Mit der alten Riege geht es nicht mehr weiter.«

Für ihn gab es keinen triftigen Grund, sich Sorgen zu machen. Er sprach davon, wie dankbar er sei, »erneut an der Spitze zu stehen«, und beschrieb sein jüngstes Nebengeschäft mit einem bis dato noch nicht in Erscheinung getretenen Kollegen, der genauso schnell aus Hills Leben verschwand, wie er aufgetaucht war – ein sicheres Zeichen dafür, wie schnell optimistische Pläne von der niedergedrückten Stimmung im ganzen Land plattgewalzt wurden:

> Mr. North schreibt an einem neuen Stück, das auf Lincolns Leben basiert und sich die Prinzipien von *Law of Success* zunutze macht. Er ist davon überzeugt, dass es ein großer Erfolg wird. Jeder, dem er davon erzählt, ist auch dieser Meinung. Es ist eigentlich mein Stück und wird von den Parks produziert, die davon ausgehen, dass es mindestens 2.000.000 Dollar einbringt. Was für eine hübsche Stange Geld! Ich kann aus den Karten lesen, dass dieses Jahr finanziell gesehen mein bestes wird, auch wenn es nicht wirklich gut angefangen hat. Die Arbeit, die ich im Westen des Landes geleistet habe, erweist sich als gute Grundlage für mich … Ich bin mir sicher, sie wird uns später noch viel nutzen …

Nur wenige Monate später klopften die Kreditgeber an die Tür der Familie Hill. *The Magic Ladder to Success* war zu einer Zeit auf den Markt gekommen, als viele Amerikaner kaum Geld zum Überleben hatten. Eine wachsende Anzahl von ihnen konnte sich den Luxus eines Buchs nicht mehr leisten, und vor allem keines, in dem es darum ging, Chancen, die es schon längst nicht mehr gab, für sich zu nutzen. In kommerzieller Hinsicht war das Buch ein Rohrkrepierer. Schlimmer war jedoch, dass sich auch *Law of Success* kaum noch verkaufte. Die Höhe von Hills Tantiemen sank von fantastischen vierstelligen Beträgen auf Summen, die kaum den Lebensmitteleinkauf deckten. Im August des Jahres schickte Andrew Pelton Florence einen Scheck über nur mehr 53 Dollar, im September waren es nur noch 21 Dollar und lediglich 15 Dollar im Oktober. Hill schrieb noch immer seine Kolumne über Erfolg, aber von der vielversprechenden Zahl von interessierten Fremdverlagen waren nur noch 40 übrig geblieben, von denen viele in eine finanzielle Schieflage abrutschten.

Anfang Oktober 1930 war die kurze Affäre der Hills mit Wohlstand und Reichtum vorbei; ihre finanzielle Not war größer denn je. Florence bat wieder einmal ihre Familie um Hilfe, damit sie Lebensmittel und Kleidung für die Jungen kaufen konnte, und Napoleon musste ihren Verlobungsring zum Pfandleiher bringen, um seinen Lebensunterhalt davon bestreiten zu können. Schon längst war er mit den Zahlungen für das Anwesen in den Catskills in Verzug geraten. Der Eigentümer zeigte Geduld und wartete mit der Zwangsvollstreckung, während Hill verzweifelt unter seinen einst wohlhabenden Freunden und geschäftlichen Kontakten nach einem Geldgeber und Retter in der Not suchte. Doch es sollte nicht sein. Die wenigen Finanziers, die den Ausbruch der Depression überstanden hatten, waren viel zu pragmatisch, um in eine private Schule mit zweifelhaftem Lehrplan – noch dazu an einem absolut abgelegenen Ort – zu investieren. Der Traum vom Garten Eden für Hill und seine Familie – und sein Traum von einer Universität des Erfolgs – war geplatzt wie eine Seifenblase, noch bevor das Jahr endete.

In einem Brief an Florence vom 5. Oktober 1930 versuchte Napoleon, optimistisch zu klingen, was seine neuesten Strategien in Sachen Erfolg betraf. Eine davon drehte sich um einen Film, an dem ein befreundeter Kollege, Lester Park, gerade arbeitete, die andere war Werbung für *Law of Success*, die zu gleichen Teilen seiner Verzweiflung und seiner Naivität geschuldet war. Hill beschrieb seinen Plan mit diesen Worten:

> Ich arbeite an einem Plan für einen kostenlosen Ausbildungsplatz an einem College … und zwar für den Highschoolschüler, der die beste Idee für einen Film einsendet, der auf den Inhalten der *Law-of-Success*-Lehrbücher basiert. Wir wollen eine Vertriebsmannschaft auf die Beine stellen, die dafür sorgt, dass dieser Wettbewerb an allen Highschools des Landes ausgeschrieben wird. Wenn ich damit fertig bin, werde ich innerhalb eines Jahres wieder ein reicher Mann sein. Wenn nicht, komme ich ins Gefängnis … Dahinter steckt die Idee, dass jeder, der mitmachen will, erst einmal die *Law-of-Success*-Lehrbücher kaufen muss, damit er auf Ideen für den Wettbewerb kommt.

Napoleon hatte dieses Kaufanreizsystem auch schon bei *Napoleon Hill's Magazine* ausprobiert – ohne jeden Erfolg. Und daran änderte sich auch 1930 nichts. Auch aus seinem Wunsch, einen Film zu machen, wurde nichts. Wie ganz Amerika hatte Napoleon plötzlich nicht einmal mehr einen Traum, geschweige denn die Mittel, um ihn sich erfüllen zu können.

Wie Tränen im Ozean flossen die Tage in Napoleon Hills Leben unbemerkt dahin – einer nach dem anderen –, als hätte jemand einen Mantel des Vergessens über die dunklen Jahre 1931 und 1932 ausgebreitet. Es war aber beileibe nicht so, dass es ihm an kühner Entschlossenheit oder hehrem Einsatz gemangelt hätte.

Anfang 1931 machte sich Hill daran, etwas gegen die düstere Stimmung seiner Landsleute und sein Schicksal zu unternehmen. Im März erschien die erste Ausgabe des Magazins *Inspiration* im Format 14 mal 21 Zentimeter, und zwar im Verlag »International Success Society« – dessen verheißungsvoller Name hoffentlich Programm würde. Napoleon Hill hatte die 40 Seiten geschrieben, lektoriert, gestaltet und produziert und war zugleich Firmenchef, Gründer und einziger Angestellter der Gesellschaft. *Inspiration* war von der ersten bis zur letzten Seite einmalig. Das Magazin enthielt nicht eine Werbeanzeige und auch keine Leitartikel; die ersten 30 Seiten waren gespickt mit kurzen, inspirierenden Tipps, Anekdoten und Zitaten – insgesamt über 100 davon. Die restlichen Seiten waren »The Question Box« gewidmet, einem Kummerkasten, in dem Hill Fragen angeblicher Leser beantwortete. Napoleon selbst hatte sich die Fragen ausgedacht und beantwortete sie mal frei von der Leber weg, mal sarkastisch:

> **Frage:** Ich will ein Vermögen machen, und zwar schnell, und mir ist ziemlich egal, womit. Was können Sie mir raten?
>
> **Antwort:** Treffen Sie sich mit Al Capone und ändern Sie Ihre Adresse in »Justizvollzugsanstalt«.
>
> **Frage:** Mein Sohn weigert sich, sich eine Arbeit zu suchen. Er zeigt nur Einsatz, wenn er Geld aus mir herauspressen will. Wie bringe ich ihn dazu, seine Brötchen selbst zu verdienen?

Antwort: Geben Sie ihm nichts mehr zu essen, bis er sich einen Job sucht. Hunger bewirkt oft mehr als Worte, wenn es darum geht, einen jungen Mann davon zu überzeugen, dass er arbeiten gehen muss.

Als Kummerkastenonkel spiegelte Napoleon die nationale Stimmung wohl mindestens genauso gut wider wie jeder Autor der damaligen Zeit. Doch nur wenige Amerikaner waren bereit, 25 Cent dafür auszugeben, sich von Hill oder anderen Laien inspirieren zu lassen, weshalb *Inspiration* nach nur zwei Ausgaben wieder vom Markt verschwand.

Hill ließ sich – ganz wie es seine Art war – davon nicht entmutigen. Im April 1931 versuchte er erneut, wieder auf die Füße zu kommen, zumal in seinen Augen auch die Wirtschaft langsam wieder Auftrieb gewann. Er verlegte seine Einsatzbasis nach Washington, D. C., und gründete die International Publishing Corporation of America, wieder eine Gesellschaft mit einem vielversprechenden Namen, deren Geschäftsidee es war, Hills Bücher, die unverkauft in den Lagern der Buchläden zu viel Platz einnahmen, zum Selbstkostenpreis zu erwerben. Doch das war längst noch nicht alles, was Hill vorhatte. Gemeinsam mit einigen Geschäftspartnern steckte er Tausende von Dollar in die Werbung für »Mental Dynamite« – Vorlesungen unter dem Motto »geistiges Dynamit«, die in der näheren Umgebung stattfinden sollten. Sinn und Zweck dieses Vorhabens war es, zahlungswilliges Publikum für die Vorträge, die Bücher, vor allem aber für die Aktien der International Publishing Corporation of America zu interessieren.

»Dies ist die größte Werbekampagne, die je für einen Dozenten ins Leben gerufen wurde«, sagte er Florence. »Ich sehe keinen Grund, weshalb das danebengehen könnte. Diese Stadt ist wie geschaffen für mich und meine Arbeit, mit all ihren Staatsdienern, die gerne etwas anderes tun wollen. Wir rechnen mit mindestens 100 Teilnehmern. Es könnten aber auch leicht 500 werden. Jeder Kurs kostet 20 Dollar. Bei 100 Teilnehmern machen wir einen Gewinn von 500 oder 600 Dollar. Außerdem kommen wir so an eine Liste mit Leuten, denen wir unsere Aktien verkaufen können, und genau das ist es ja, was wir zurzeit am meisten wollen.«

Kurze Zeit später gründete Napoleon eine mit diesem Vorhaben verbundene Organisation, und zwar die International Success University. Unter ihrem Banner brachte er das *Success Magazine* im Oktober auf den Markt.

Doch Napoleon war mit seiner optimistischen Haltung bezüglich der amerikanischen Wirtschaft zu voreilig, denn sie sollte sich erst 1933 auf niedrigem Niveau wieder stabilisieren. Ihre vollständige Genesung ging in quälend langsamen Schritten voran. Anfang der 1930er-Jahre war nur wenigen Menschen Erfolg beschieden, und Napoleon zählte nicht dazu. Mit dem Geld, das er mit seinen Vorträgen verdiente, kam er gerade über die Runden – zumindest die meiste Zeit. Gelegentlich musste er sich Geld von Florence leihen, um sein Essen und seine Unterkunft bezahlen zu können. Ganze Monate verstrichen, ohne dass Tantiemen ausgezahlt wurden. Und wenn dann doch mal ein Scheck eintrudelte, dann war er auf höchstens 20 Dollar ausgestellt.

Ebenso wie Franklin Delano Roosevelt, der damals für die Präsidentschaft kandidierte, war auch Hill davon überzeugt, die wirtschaftlichen Probleme Amerikas 1931 und 1932 rührten vom mangelnden Vertrauen der Bürger in ihr Land und seine Institutionen her. Später rühmte er sich dafür, den Spruch geprägt zu haben: »Wir brauchen nichts zu fürchten außer der Furcht selbst.«

Ob er nun der geistige Urheber dieser Weisheit war oder nicht, Hill war jedenfalls davon überzeugt und schmiedete 1931 und 1932 eifrig Pläne, um Amerika aus seiner geistigen Lethargie zu holen. Er leitete eine 50.000-Dollar-Kampagne für den Keystone Automobile Club in Philadelphia, die scheiterte, dann eine dreimonatige Rundfunkkampagne, um den Ansturm auf die Banken zu stoppen, die ebenfalls scheiterte, und danach eine Werbekampagne in Baltimore, um das Vertrauen der Bürger in die Finanzinstitutionen ihrer Stadt wiederherzustellen … doch auch daraus wurde nichts.

Hill schob jedes Scheitern auf das mangelnde Vertrauen seiner Geldgeber ihm gegenüber, aber in Wirklichkeit war die Verzweiflung des amerikanischen Volkes so ausgeprägt und so tief in dessen Seele verwurzelt, dass kein einzelner Mann, kein einzelnes Unternehmen und auch keine einzelne Stadt ein Loch in die sich ausbreitende Finsternis schlagen konnte. Dazu brauchte es die Regierung des ganzen Landes – und viel Zeit. Es dauerte keine Wochen oder Monate, sondern Jahre, Amerika wieder auf die Sprünge zu helfen.

Im Jahr 1933 sollte Hill 50 werden, und er begann allmählich, sich mit seiner Realität – und der Amerikas – abzufinden. Er besaß kein Vermögen, auf das er in schwierigen Zeiten hätte zurückgreifen können, und er allein konnte nicht ändern, wie die Zeiten nun einmal waren. Langsam nahm er seine Lage hin und bestritt seinen Lebensunterhalt mit seinen Vorträgen, verkaufte hin und wieder einen Artikel und wartete auf bessere Zeiten.

Doch Hills Passivität sollte nicht allzu lange andauern. Kurz vor seinem 50. Geburtstag erhielt er Post von der Regierung unter Roosevelt. Auf die nachdrückliche Empfehlung des Kongressabgeordneten Jennings Randolph, einer von Hills langjährigen Bewunderern, der großen Einfluss auf das Reformprogramm »New Deal« hatte, sollte Hill als Berater, Redenschreiber und Pressesprecher für das Weiße Haus arbeiten, genauer gesagt für die National Recovery Administration (NRA) – eine von Präsident Roosevelt als Teil des New Deal ins Leben gerufene Behörde zur Bekämpfung der Weltwirtschaftskrise.

Hill und diese Organisation – das passte wie die Faust aufs Auge! Die NRA war Roosevelts größte Waffe gegen die anhaltende Depression. Ihr vordinglichster Auftrag war es, das »Gleichgewicht« der nationalen Wirtschaft wiederherzustellen, und zwar mithilfe weitreichender Befugnisse bei der Festsetzung von Löhnen und Preisen. Für Laissez-faire-Kapitalisten wie Napoleon Hill roch das Ganze sehr nach Sozialismus; mancher besorgte Bürger verglich das Ganze sogar mit Mussolinis Faschismus in Italien. Doch die größte Herausforderung – und zugleich Sinn und Zweck – der NRA war es, das Vertrauen der amerikanischen Bürger wieder zu gewinnen und sie zu mobilisieren. Hill, eine der wenigen Privatpersonen, die so ritterlich-edelmütig und auch ein kleines bisschen größenwahnsinnig waren, dies auf eigene Faust zu versuchen, war wie für diese Position geschaffen. Er unterschrieb den Vertrag auf der Stelle. Und ebenso wie bei seiner Tätigkeit für die Wilson-Regierung lehnte er ein Gehalt ab.

Kapitel 6

1933 bis 1941

Das Weiße Haus
24. April 1933

Mein lieber Mr. Hill,

der Präsident hat mich gebeten, Ihnen seinen Dank für Ihr Schreiben vom 20. April zu bestellen. Er weiß es zu schätzen, dass Sie ihn darüber informieren wollen, was Ihnen dank Ihrer zahlreichen Kontakte bezüglich der Stimmung des amerikanischen Volkes zu Ohren gekommen ist. Er möchte mit Ihnen bei der Konferenz am Samstag darüber sprechen.

Mit freundlichen Grüßen
Louis McH. Howe
Sekretär des Präsidenten

Napoleon Hills persönliche Erinnerung an seine Beziehung zu Franklin Delano Roosevelt und zu seinem Kabinett ist überraschenderweise recht dürftig. In Gesprächen mit engen Freunden und in einigen seiner Aufzeichnungen behauptet Hill mitunter, er hätte den historischen Spruch »Wir brauchen nichts zu fürchten außer der Furcht selbst« geprägt und sei maßgeblich für den Inhalt von so manchem Kamingespräch von Roosevelt verantwortlich gewesen.

So unwahrscheinlich das in den Ohren von Hills zahlreichen Kritikern und Feinden klingen mochte, noch unwahrscheinlicher war, dass der ultraliberale, aristokratische Roosevelt und der autodidaktische und erzkonservative Hill im jeweils anderen einen vertrauenswürdigen und geschätzten Partner finden würden, um gemeinsam die Geschicke Amerikas zu ändern.

Doch aus einer anderen Perspektive war diese Partnerschaft – oder Mastermind-Allianz, wie Hill sie nannte – nichts anderes als die logische Verbindung zweier Männer, die das Gefühl einte, das Vertrauen der Bevölkerung in das amerikanische System wiederherzustellen, genieße oberste Priorität. Hill hatte mehrere Jahre erfolglos versucht, der Depression Einhalt zu gebieten und Privatpersonen und Geschäftsleuten das Geschäftsevangelium nahezubringen, das W. Clement Stone später als positives Denken bezeichnete. Roosevelt sah sich vor die gleiche Herausforderung gestellt, wenn auch aus höherer Warte, und war sich darüber im Klaren, dass die Kunst der Überzeugung – die Fähigkeit, seine Mitmenschen mit dem gesprochenen oder geschriebenen Wort zum Umdenken zu bringen – auf jeden Fall ebenso wichtig war, wie Gesetze zu erlassen. Im Amerika des Jahres 1933 gab es kaum noch jemanden, der es so gut vermochte, seine Zuhörer mit Worten zu fesseln, wie Napoleon Hill. Außer vielleicht Roosevelt selbst war niemand so gut wie Hill darin, eine Philosophie allen Schichten der amerikanischen Bevölkerung zu verdeutlichen.

Und so kam es, dass Anfang 1933, kurz nachdem Roosevelt sein Amt angetreten hatte, eines schönen Morgens dessen Sekretär bei Hill anrief und ihm ausrichten ließ, der amerikanische Präsident wünsche ihn zu sprechen. Hill war in weniger als einer Stunde vor Ort, und die beiden Männer waren sich rasch einig. Roosevelt wollte den traditionellen Apparat zur Informierung der Öffentlichkeit durch einige entschieden neuartige Ansätze zur öffentlichen Meinungsbildung ergänzen. Hills Aufgabe war es dabei, auf die Stimmung der breiten Masse zu achten und sie dem Präsidenten zu berichten, Ideen für eine effiziente Kommunikation mit der breiten Masse zu entwickeln und unterschiedliche Projekte zu leiten, die darauf abzielten, Amerikas Zweifel und Ängste ein für alle Mal zu überwinden.

»Über mein Gehalt wurde kein Wort verloren und auch nicht darüber, wer es mir zahlen würde«, schrieb Hill in *The Science of Personal*

Achievement, einem Buch, das er Jahre später verfasste. »Ich dachte nicht eine Sekunde darüber nach, was ich verlangen sollte. Mir ging es mehr darum, wie ich dem Präsidenten dabei helfen könnte, etwas gegen diese lähmende Furcht zu unternehmen, die sich im ganzen Land ausgebreitet hatte.«

Hills erste Aufgabe bestand darin, alle denkbaren Institutionen zu identifizieren, die die öffentliche Meinung in Amerika beeinflussten, und Strategien auszuarbeiten, wie sich diese in den Kampf gegen die Furcht einbinden ließen. Hills erstaunliches Ergebnis enthielt das Offensichtliche – Kongress und Medien –, aber auch Institutionen, die zuvor unter den Tisch gefallen waren, etwa öffentliche Schulen und religiöse Häupter.

Die Regierung machte sich sofort daran, Hills Vorschläge in einen Aktionsplan umzuwandeln, und Hill ließ bei der Beurteilung, ob dieses Programm effektiv sein würde, keine Bescheidenheit walten:

> Damit stand dem Präsidenten der Vereinigten Staaten von Amerika eines der mächtigsten Mastermind-Programme zur Verfügung, die dieses Land je in die Wege geleitet hat.
>
> Dieser Plan sah die parteiübergreifende Zusammenarbeit beider Kammern des Kongresses vor …
>
> Dieses Programm mobilisierte Geistliche aller Konfessionen. Es gilt zu bedenken, welche beeindruckende Arbeit die Kirchen geleistet haben, als ihre Geistlichen von der Kanzel aus die Kirchgänger dazu brachten, sich wieder mit ihrem Land zu identifizieren, obwohl sie zeitweise von Angst überwältigt waren. So etwas habe ich nie zuvor und seitdem auch nie wieder gesehen.
>
> Auch die Zeitungen und Radiosender wurden Teil dieses neuen Mastermind-Konzeptes. Es dauerte nicht lange, da war in den Schlagzeilen nicht mehr von »wirtschaftlicher Depression« die Rede, sondern von »rascher Erholung der Wirtschaft«.
>
> Darüber hinaus wurden alle Unterrichtsstufen öffentlicher Schulen Teil dieses riesigen kreativen Programms zur Bildung der öffentlichen Meinung, das der Präsident auf den Weg gebracht hatte. Von ihren Lehrern erfuhren die Schüler nun auch von den schönen Seiten ihres Landes, über welche die Angstschürer und Misstrauensverbreiter geschwiegen hatten.

Roosevelts berühmte Kamingespräche waren die perfekte Ergänzung des breit angelegten Angriffs der amerikanischen Regierung auf jede Form der Schwarzseherei. Da Hill praktisch einer der Kanäle zwischen Roosevelt und den Bürgern an der Basis war, konnte er den Präsidenten stets mühelos darüber unterrichten, welche Themen dem amerikanischen Volk am Herzen lagen. Und da Hill genau wusste, wie gut er darin war, andere von etwas zu überzeugen, genierte er sich nicht, dem Präsidenten ein Skript vorzulegen, das ihm dabei half, seinen Standpunkt zu verdeutlichen.

Hill gewann zwar einerseits die Bewunderung und warmherzige Anerkennung von Roosevelt und dem Weißen Haus für seinen selbstlosen Einsatz, musste aber andererseits so manchen Spaß auf seine Kosten einstecken. Eine von Hills Lieblingsgeschichten aus dieser Zeit drehte sich um die Gehaltsverhandlung, die einige Monate, nachdem er bei der Roosevelt angefangen hatte, stattfand.

> Eines Tages wollte der Präsident von mir wissen, wie viel ich verdiene und wer meinen Gehaltsscheck ausstellt. »Das würde ich auch gerne wissen«, lautete meine Antwort.
>
> Wir sprachen noch ein paar Augenblicke darüber, gelangten aber zu keiner Entscheidung. Dann ergriff ich das Wort: »Mr. President, ich habe Ihr Stellenangebot nicht angenommen, um damit Geld zu verdienen. Was halten Sie davon, wenn Sie mir 1 Dollar im Jahr zahlen?«
>
> Steve Early, der Pressereferent des Präsidenten, war bei dem Gespräch mit dabei. Als er davon hörte, sagte er: »Na gut, Nap, the Sap[1], wenn das alles ist, was Sie wollen, bitte schön!«
>
> Von diesem Tag an sprachen mich Präsident Roosevelt und Steve Early immer mit dem Spitznamen »Nap, the Sap« an. Teil meines Jobs war es, Reden im Namen des Präsidenten vor Handelskonzernen im ganzen Land zu halten. Bei einem dieser Vorträge in Cumberland, Maryland, stellte mich ein Mitarbeiter des Präsidenten als »Nap, the Sap« vor und erklärte, wie ich zu dem Spitznamen gekommen sei. Das Publikum johlte, und ich lief rot an.

1 A. d. Ü.: »Sap« ist ein umgangssprachlicher Begriff für »Trottel«.

Leider hielten Florence Hill und die Jungen Napoleons patriotische Freigiebigkeit weder für lustig noch für heldenhaft. Es war das endgültige Aus für eine Ehe und ein Familienleben, die für Napoleon immer an zweiter Stelle, also nach seiner Arbeit gestanden hatten. Napoleon war kaum in der Lage, in dieser Phase seines Lebens seinen eigenen Lebensunterhalt zu bestreiten, so wenig, wie er mit dem Schreiben und dem Halten von Vorträgen verdiente, weshalb Florence und die Jungen – wie schon so oft – ganz auf sich selbst gestellt waren. Doch wieder einmal gelang es ihnen. Dank einer gehörigen Portion Eigeninitiative und mit der Unterstützung durch Florence' Familie und Napoleons Vater besuchten alle drei Jungen das College, das David und Blair später erfolgreich abschlossen.

Doch ihr harter Kampf ums Überleben während dieser freudlosen Zeit der Wirtschaftskrise führte zu immer größerer Verbitterung und feindseligen Gefühlen gegenüber Napoleon, nicht nur bei Florence' Familie, sondern auch bei Florence selbst, bei seinem eigenen Vater und auch bei seinen Söhnen, von denen einer – Jimmie – sogar von Florence' Bruder adoptiert worden war.

Während der Großen Depression gab es immer weniger Besuche und Briefe zwischen Napoleon und seiner Frau und ihren Söhnen. In einem Brief aus dem Jahr 1934 von Hill an David, der damals an der Berea Academy in Kentucky studierte, ging es um die ihn bedrückende Entfremdung zwischen dem Vater und seiner Familie: »Ich fand es sehr schön, die Weihnachtszeit mit euch Jungen verbringen zu können, zumal ich auch nicht damit gerechnet hatte. Das wurde mir erst klar, als eure Mutter mich in Martinsburg besucht hatte«, schrieb Napoleon. »In mancher Hinsicht hat mich euer Besuch unglücklich gemacht, aber im Großen und Ganzen war ich froh, meine drei prima Jungen ein paar Tage um mich zu haben. Anscheinend haben die Umstände meines Lebens dafür gesorgt, dass ich euch nicht wirklich ein Vater sein konnte, aber zum Glück hattet ihr eine Mutter, die euch Vater und Mutter in einer Person war …«

Weiter unten in diesem Brief schrieb Hill noch: »Ich wünschte, ihr und eure Mutter würdet mir schreiben. Schließlich bin ich euer Vater und will wissen, wie es euch geht, auch wenn mich Blair auf dem Laufenden hält, was er und Jimmie so treiben.«

Im Sommer 1934 kehrte Napoleon nach Lumberport zurück und nahm Florence und seine Söhne mit auf die Weltausstellung nach Chicago. Im Nachhinein wurde klar, dass dieses Treffen ein bittersüßer Abschied war. David Hill erinnerte sich: »Es war das letzte Mal, dass wir gemeinsam irgendwohin gegangen sind.«

1935 gelang es Florence schließlich, die ehelichen Bande zu durchtrennen. Da damals eine Scheidung in West Virginia nicht legal war, hatte James Hill, der vollstes Verständnis für ihre missliche Lage hatte und Mitgefühl für Florence empfand, ihr eine Reise nach Florida bezahlt, wo sie einvernehmlich geschieden wurde. Im Anschluss daran sahen oder schrieben sich James und Napoleon kaum noch, obwohl Napoleons Eltern bis zu ihrem Lebensende regelmäßigen Kontakt mit Florence und ihren Enkeln pflegten.

Die Scheidung ging nicht spurlos an Napoleon vorüber. Seitdem malte er seine Kindheit in den düstersten Farben und sprach in diesem Zusammenhang nur noch von Armut, Analphabetismus, Unwissenheit und unmenschlicher Düsternis. Seine Stiefmutter Martha Hill war der einzige Lichtstrahl in diesem schwarz gezeichneten Bild. Bei den seltenen Gelegenheiten, wenn er von dem bemerkenswerten Weg sprach, wie sein Vater ein erfolgreicher Zahnarzt wurde, beschränkte er sich auf das Notwendigste und zollte lediglich Martha seine Anerkennung für die Leistungen seines Vaters. Auf ähnliche Weise rationalisierte er seine Scheidung in seinem Tagebuch als etwas, was sich bereits kurz nach der Eheschließung abgezeichnet hätte, weil Florence nicht in der Lage gewesen wäre, ihre Ehe zum Mittelpunkt ihres Lebens zu machen. Tief in seinem Inneren wusste Napoleon wohl, dass an dieser Kritik nichts dran war, denn, das muss zu seiner Ehrenrettung gesagt werden, er hat sie weder veröffentlicht noch öffentlich darüber geredet.

Napoleon war 50, als seine Scheidung rechtskräftig wurde. Die folgenden zwei Jahre war er für die Regierung unter Roosevelt tätig und bestritt seinen Lebensunterhalt, so gut es eben ging, mit dem Schreiben und seiner Arbeit als Dozent. Allen Widrigkeiten zum Trotz setzte er sein aussichtsloses Bemühen fort, etwas aus seiner International Publishing Corporation zu machen. Erst 1934 war er dann endgültig davon überzeugt, dass sich mit dem Verkauf von Büchern kein Geld verdienen ließ, und wandelte sein Unternehmen in eine Art Wohltätigkeitsorganisation um, die den Menschen dabei helfen sollte, Erfolg zu haben. Zudem ging er dazu über, seine Aktionäre um Spenden zu bitten. Seine Bemühungen brachten ihm nur sehr wenig Geld ein, aber sie inspirierten Napoleon zu einer höchst cleveren postalischen Direktwerbung. In einem dieser Schreiben setzte er das Konzept einer »angenehmen Persönlichkeit« mit dem Interesse an Mitmenschen gleich.

> Unser Unternehmen bemüht sich redlich, eine solche Persönlichkeit zu entwickeln, indem es sich für die Probleme anderer interessiert und ihnen bei deren Lösung hilft, nämlich durch die Empfehlung des *Law of Success*.
>
> Ich bin mir sicher, wenn Sie die Dankesbriefe derer, denen schon geholfen wurde, lesen könnten, wäre Ihnen klar, inwieweit Sie als loyaler Aktionär Ihren Beitrag dazu leisten können. Selbstredend [wüssten Sie] es dann zu schätzen, was das »gute alte Gesetz des Ausgleichs« für jedes Ihrer Opfer bereithält, das Sie bringen, um uns dabei zu unterstützen, anderen zu helfen.
>
> Das Gesetz des steigenden Ertrags ist der Beweis dafür, dass Saatgut, das in fruchtbaren Boden gepflanzt wird, auf mannigfache Weise seinen Weg zurück zu Ihnen finden wird. Aus diesem Grunde dürfte es zu Ihrem Vorteil sein, so viele Samen wie möglich zu pflanzen.
>
> Sie können sich ... für diesen Monat in unsere Ehrenliste eintragen [und] uns dabei unterstützen, unser solides Aufbauprogramm fortzusetzen, dessen Ziel es ist, jeden Monat besser abzuschneiden als im Monat davor, indem Sie Ihr Versprechen einlösen und uns einen Scheck über den größtmöglichen Betrag zusenden.
>
> Am besten, Sie bringen den Scheck noch heute zur Post, denn Sie wissen ja, der Same, den Sie pflanzen, um uns dabei zu unterstützen, anderen zu helfen, wird eines Tages viele Früchte tragen ... Wir zählen auf Sie. *Bedenken Sie, wir können das schaffen, und zwar nur wir allein.*

Keine Frage, Hill hatte zwar als Autor, Dozent und Berater für Roosevelt zu tun, aber das reichte ihm nicht. Er glaubte, nachdem seine Ehe gescheitert war, nur mit der Einsamkeit fertigzuwerden, wenn er bis zum Umfallen arbeitete. Aus diesem Grund arbeitete er in vielen einsamen und sehr langen Nächten an verschiedenen Manuskripten, weil er darauf vorbereitet sein wollte, wenn die Amerikaner eines Tages wieder vom Erfolg zu träumen wagten und sich daranmachten, diesen Traum auch umzusetzen.

Ende 1936 neigte sich Napoleons Arbeit für die Roosevelt-Regierung ihrem Ende zu, und die amerikanische Wirtschaft nahm allmählich wieder Fahrt auf. Inzwischen saßen bei Hills Vorträgen wieder mehr Zuhörer in den Sälen – schließlich hatte er sich einen Namen als Berater des Präsidenten gemacht. Seine Fähigkeit, auch bei größeren Menschenmengen Herz und Seele der Anwesenden anzusprechen, löste tosenden Applaus aus. Die Nachfrage nach seinen Vorträgen stieg, und es dauerte nicht lang, bis er wieder auf Lesetour war und seine ergreifenden Ausführungen zum Thema Erfolg Amerikanern im ganzen Land näherbrachte.

Während Hill seine Auftritte vor dem aufmerksam lauschenden Publikum genoss und förmlich spürte, wie die Luft vor Spannung knisterte, machte ihm das Leben als Reisender durch zahllose Städte klar, wie einsam er war, vor allem da er keine Frau mehr hatte, der er abends schreiben konnte. Wie selbstverständlich begann er deshalb damit, das Publikum während seines Vortrags zu mustern und sich nach attraktiven alleinstehenden Damen umzusehen, die seiner Vorstellung von einer perfekten Frau entsprachen. Eines Tages legte er während einer Rede in Knoxville, Tennessee, seine Notizen beiseite und verkündete der überraschten Zuhörerschaft, sein größter Wunsch sei, seine »Traumfrau« zu finden – und dann beschrieb er sie.

Mit Blick auf Napoleons Ruf in der Öffentlichkeit und seine Fähigkeit, Bewunderung auf sich zu ziehen, ist es nicht weiter überraschend, dass sein offenes Interesse an einer Beziehung und sein Dasein als frischgeschiedener Mann auf der Suche nach einer ungebundenen Frau viele Kandidatinnen anlockte. Auch wenn nur wenige davon hoffen durften, Napoleons hohen Ansprüchen an eine eheliche Verbindung zu genügen, war er, wie seine Freunde und Vertrauten bestätigten, doch so bereit wie nie zuvor in seinem Leben, jede sich bietende Gelegenheit zu nutzen, um Frauen kennenzulernen.

Gut möglich, dass sein Herz ein kleines bisschen schneller schlug, als er – ein Mann, der sich unverhohlen dazu bekannt hatte, auf Brautschau zu sein – auf das Podium trat, um vor fast 100 Frauen eine Rede zu halten. Gleich zu Beginn durchforstete er, wie es ihm mittlerweile zur Gewohnheit geworden war, das Publikum nach Gesichtern, die sein Interesse weckten. Das taten zwar viele, aber nur eines stach aus der Menge hervor: Es gehörte einer 29-jährigen Frau, die ihm kurz vor Beginn seines Vortrags vorgestellt worden war. Ihr Name lautete Rosa Lee Beeland, und in ihrem Buch *How to Attract Men and Money* schilderte sie ihre erste Begegnung Jahre später mit diesen Worten: »Er musterte mich zweimal von Kopf bis Fuß, verneigte sich kurz und eilte von dannen. Später erfuhr ich, dass er mich von seiner Liste der ›Verdächtigen‹ gestrichen hatte, weil er meinte, ich wäre ›zu attraktiv, um auch noch klug zu sein‹.«

Egal welche Zweifel Hill an Rosa Lees Intellekt und ihrer Eignung für die Ehe auch hatte, sie waren wie weggeblasen aufgrund ihrer blendenden Schönheit und ihres ausgeprägten Sexappeals, wie er bemerkte, als sie sich nach dem Vortrag ein zweites Mal begegneten.

Auch wenn er es nie zugegeben hat, ist es durchaus denkbar, dass Hill ein zweites Treffen mit Rosa Lee im Kopf hatte, als er anbot, er stünde im Anschluss an seinen Vortrag jedem Zuhörer zur Verfügung, um sich dessen Probleme anzuhören. Ganz gleich, was Napoleons Beweggrund letzten Endes war, für Rosa Lee war das die Gelegenheit schlechthin. Sie hatte nämlich während der Rede spontan beschlossen, Napoleon Hill zu ehelichen, weshalb sie geduldig darauf wartete, als Letzte mit Hill sprechen zu dürfen, denn nur so hatte sie alle Zeit der Welt, um die Dinge in die richtige Richtung zu lenken.

Es kam, wie es kommen sollte. Nach wenigen Minuten schlug das Herz des großen Napoleon Hill Purzelbäume. Ihr Gespräch hatte kaum begonnen, als ihn die Erkenntnis traf, dass er es hier mit genau der »Traumfrau«

zu tun hatte, von der er nach seiner Scheidung zu träumen begonnen hatte. Und wie bei einem Schuljungen verwandelten sich seine Knie in Pudding und sein Hirn in Brei.

»Er wurde plötzlich kalkweiß«, erinnerte sich Rosa Lee. »Er rutschte auf seinem Stuhl herum, als ob er krank wäre. Dann stand er auf und lief durch den Raum und wieder zurück und setzte sich dann auf einen Stuhl neben mich, stand wieder auf, lief wieder hin und her und setzte sich dann erneut. Eines stand jedenfalls fest, er befasste sich mit allem, nur nicht mit der Lösung für meine persönlichen Probleme. Zu guter Letzt stand er auf und teilte mir mit, das Gespräch sei auf den Nachmittag des nächsten Tages verschoben.«

Zwar beklagte sich Rosa Lee bei einer Freundin, wie brüsk Hill sie behandelt hatte, aber sie erschien dennoch zu ihrem Treffen. Napoleon hatte sich da schon viel besser im Griff. Noch bevor sie Platz genommen hatten, erklärte er ihr, er hätte sich verhalten wie ein junger, Hals über Kopf verliebter Bursche, und führte aus, weshalb ihn seine Gefühle übermannt hätten. Anschließend unterhielten sie sich fünf Stunden lang mit dem Ergebnis, dass sie sich verlobten. Nur wenige Wochen später waren sie verheiratet.

In ihrem Buch schrieb Rosa Lee sein stürmisches Werben und ihr Eheglück dem »großartigen universellen Gesetz der gegenseitigen Anziehung« zu. Für Hill dagegen war »gegenseitige Anziehung« eine besonnene Umschreibung der Wogen an Lust, die Rosa Lee in ihm weckte. Rosa Lee meinte damit aber vermutlich mehr als das.

Rosa Lees Mutter war im Wochenbett verstorben, weshalb sie von ihrem Vater und einer Tante großgezogen worden war. Eine der nachhaltigen Lehren aus ihrer Kindheit war der Rat ihres Vaters, sie solle besser lernen, sich jeden Abend im Spiegel ansehen zu können, als sich in dem sinnlosen Unterfangen zu verlieren, anderen zu gefallen. Wie sie selbst über sich sagte, wuchs Rosa Lee schnell zu einer unabhängigen, willensstarken jungen Frau heran, die bereits im Alter von 15 Jahren zu überlegen begann, wie sie den *richtigen* Mann finden könnte. Bis sie Napoleon kennenlernte, wusste sie nicht nur ganz genau, welchen Typ Mann sie zu heiraten gedachte, sondern sie war auch bereit, so lange zu warten wie nötig, um ihren Traummann zu finden.

Rosa Lee schrieb in ihrem Buch, wegen des Geldes zu heiraten sei ebenso ehrenwert wie jeder andere Beweggrund – aber viel praktischer. So oder so, dass sie Hill derart anziehend fand, beruhte wohl mehr auf tiefer Faszination als auf seinem Reichtum. Schließlich stand er damals ohne einen Cent in der Tasche da, und es sah nicht danach aus, als würde sich das in naher Zukunft ändern. Andererseits war er berühmt, hatte Kontakte zu den mächtigsten Männern in der Politik und der Geschäftswelt und war aufgrund seines Alters und seines mehr als selbstbewussten Auftretens die ideale Vaterfigur und vermittelte ihr ein Gefühl von Sicherheit.

Sie heirateten Anfang 1937, als Hill sein Geld bis auf den letzten Cent ausgegeben hatte. Doch Napoleons Sohn Blair, das einzige Familienmitglied, das ihn noch immer bedingungslos liebte und ihm treu ergeben war, sprang ihm zur Seite. Blair und seine frisch angetraute Frau hatten eine winzige Wohnung in New Yorks berüchtigtem Viertel »Hell's Kitchen« bezogen und luden Napoleon und Rosa Lee ein, bei ihnen einzuziehen, was sich für Blair und seine Frau als absolute Katastrophe erwies.

Die beengten Räumlichkeiten boten so gut wie keine Privatsphäre, und Blair war fassungslos ob der Lüsternheit, mit der sein Vater einer anderen Frau als seiner Mutter nachstellte. Bald darauf verschärfte sich die Lage weiter, da – mal abgesehen von seiner Loyalität gegenüber Florence – er an Rosa Lee nichts Nettes entdecken konnte. Aber am allerschlimmsten war Napoleon. Er trieb jeden in den Wahnsinn. Er hielt Blair endlose Vorträge über Erfolg und machte ihm Tag und Nacht die übelsten Vorwürfe, weil er Zigaretten rauchte. In seinem Tagebuch ließ er sich vor Wut schäumend auf über 20 Seiten über Blairs »dreckiges« Laster aus. Am meisten allerdings litt Vera, Blairs Frau, unter Napoleons ständiger Anwesenheit. Sie war den täglichen Angriffen schutzlos ausgesetzt, und Napoleon ließ sich nicht davon abbringen, ihr zu zeigen, dass er sie nicht leiden konnte. Mehrere Monate lang ertrug Vera seine üblen Schikanen und Angriffe aus dem Hinterhalt, doch dann verließ sie Blair und zog zurück nach West Virginia. Kurz darauf folgte ihr Blair, nicht ohne seinem Vater genug Geld dagelassen zu haben, um ein paar Monate davon leben zu können. Blair und Vera versuchten, ihre Ehe zu retten, wurden aber ein paar Jahre später geschieden. Blair wurde ein überaus erfolgreicher Geschäftsmann und beliebter Bürgerrechtler, aber er blieb den Rest seines Lebens unverheiratet.

Napoleons beißende Attacken rührten vermutlich von aufgestauter Frustration her, denn nicht nur seine Wohnsituation, sondern auch die Schreiberei setzten ihm zu, und er stand unter Druck, sein neues Buch zu vermarkten. Er saß Tag und Nacht an den Manuskripten aus seiner Zeit bei der Roosevelt-Regierung. Welche Unzulänglichkeiten Rosa Lee auch gehabt haben mag, sie stand zu ihrem Mann und arbeitete mit ihm gemeinsam an dem Buch. Wie sich zeigte, war sie genau die Art von Lektorin, die Hill seit der Ermordung Don Mellets so sehr vermisst hatte. Sie tippte jede Seite eines jeden Entwurfs auf der Maschine. Sie war es, die Hill dazu brachte, unzusammenhängende Gedanken zu verbinden und wirre Überlegungen zu ordnen. Sie strich ganze Passagen, in denen er zu weit von seinem eigentlichen Thema abkam, brachte ihn dazu, bestimmte Absätze, mitunter sogar ganze Kapitel umzuschreiben, bis er seine Gedanken klar und präzise formuliert hatte.

Das vollständige Manuskript mit dem Titel *The Thirteen Steps to Riches* wurde dreimal umgeschrieben, bevor es Hills Verleger Andrew Pelton vorgelegt wurde. Rosa Lee hatte Napoleon demonstriert, dass sie ohne Murren wie er 20 Stunden am Tag arbeiten konnte. »Bevor sie mit der dritten Fassung des Manuskripts beginnen konnte, musste sie sich die Finger mit Pflastern verarzten, weil die Haut rissig war und sie sogar Blasen an den Fingern hatte«, erinnerte sich Napoleon, »aber sie war dennoch mit wahrer Begeisterung bei der Sache … sie meinte nur, es wäre ihr ein Vergnügen, mir diesen Liebesdienst zu erweisen, auch wenn ihre Finger blutig waren.«

Nach Wochen der Plackerei mit nur wenig Schlaf bat Hill Andrew Pelton zu sich in die Wohnung und überreichte ihm das fertige Manuskript. Der Verleger las das Inhaltsverzeichnis und überflog ein paar Seiten, bevor er den gespannt auf sein Urteil wartenden Hills mitteilte: »Das ist doch auch wieder nur ein Selbsthilfebuch, das sich kaum von Ihren früheren Werken und anderen Titeln unterscheidet, die ich in den letzten Jahren verlegt habe und die sich schlecht verkauften.«

Trotz der Qualen, die die Hills bei der Fertigstellung des Manuskripts erlitten hatten, nahmen sie das vernichtende Urteil des Verlegers mit Gelassenheit auf. »Wir wussten, er würde das Buch veröffentlichen, noch bevor er auch nur einen Blick in das Manuskript werfen konnte«, erklärte Hill ihre Reaktion. »Das Ganze hat uns relativ kaltgelassen … Er hat dann den ganzen Nachmittag über versucht, uns zu demonstrieren, dass dieses Buch nichts Neues sei … aber dann hat meine Frau ihn gebeten, es mit nach Hause zu nehmen und komplett zu lesen. Erst dann könne er beurteilen, worum es geht, und würde schon noch merken, dass es kein Abklatsch meiner älteren Werke oder Bücher anderer Autoren sei.«

Wenn jemand überzeugend auf Männer einwirken konnte, dann war es Rosa Lee – und Pelton stimmte zu. Drei Tage später besuchte er sie erneut und war unter einer Bedingung bereit, das Buch zu verlegen – der Titel sollte etwas eingängiger sein.

Es hält sich hartnäckig das Gerücht, der Verleger habe noch am Abend vor dem Druck darauf bestanden, das Buch unter dem Titel *Use Your Noodle to Win More Boodle*[2] zu veröffentlichen. Letzten Endes einigten sich Verleger und Autor dann aber auf *Think and Grow Rich*. Das dürfte die richtige Entscheidung gewesen sein, denn das Buch wurde auf Anhieb ein Erfolg, und daran änderte sich bis Ende des 20. Jahrhunderts nichts.

An Andrew Peltons erstem Urteil über das Buch war nichts falsch. Weshalb sollte er im Amerika des Jahres 1939 in ein motivierendes Selbsthilfebuch investieren, das sich um Reichtum und Erfolg drehte? Auch wenn der New Deal die Wirtschaft angekurbelt hatte, ließ das Tempo, mit dem sich der Aufschwung vollzog, sehr zu wünschen übrig. Millionen Amerikaner wa-

2 A. d. Ü.: Frei übersetzt etwa: »Kohle machen mit Köpfchen«.

ren noch immer arbeitslos und weitere Millionen unterbeschäftigt. Die Große Depression Amerikas zeigte nur winzige Anzeichen, dass sie im Begriff war, den Weg für einen Aufschwung frei zu machen; bis es so weit war, sollte es noch bis zum Ende des Jahrzehnts dauern. Es gab nicht den geringsten Grund für die Annahme, eine am Boden liegende und darbende Nation würde sich mehr für Hills neuestes Werk interessieren als Anfang der 1930er-Jahre für *The Magic Ladder to Success*.

Pelton verließ sich jedoch auf sein Bauchgefühl und begnügte sich nicht nur damit, *Think and Grow Rich* zu verlegen. Er setzte zudem einen Verkaufspreis von nur 2,50 Dollar fest und gab eine Erstauflage von 5000 Stück in Auftrag – eine damals recht optimistische Menge.

Unglaublich, aber wahr: Die auf den ersten Blick ziemlich riskante Stückzahl konnte die folgende Nachfrage nicht im Ansatz befriedigen. Nur drei Wochen nach Erscheinen war das Buch restlos ausverkauft. Da das Werk ein Bestseller wurde, wurde es immer wieder in immer größerer Auflage nachgedruckt. Wer auch immer in Amerika nach einem handfesten Zeichen dafür suchte, dass die Bürger nunmehr bereit waren, das geistige und emotionale Stigma der Großen Depression abzuschütteln, für den sprachen die Verkaufszahlen von *Think and Grow Rich* eine eindeutige Sprache. Kurz nach Erscheinen der Erstausgabe hatte eine Versicherungsgesellschaft 5000 Stück auf einmal gekauft. Weitere Zehntausende Exemplare wurden über mehrere Großaufträge an den Mann gebracht, und auch in den Buchläden oder über den Direktvertrieb rissen sich die Kunden das Buch aus der Hand.

Noch bevor die Große Depression endgültig vorbei war, wurden über eine Million Exemplare verkauft, und daran änderte sich auch in den kommenden Jahrzehnten nichts – und zwar nicht nur in Amerika, sondern auf der ganzen Welt. Zehn Jahre später hatte es *Think and Grow Rich* auf Platz vier der Liste einer führenden Zeitschrift geschafft, die von ihren Lesern wissen wollte, welches Buch den größten Einfluss auf die erfolgreichen Männer der 1940er-Jahre gehabt hatte. 50 Jahre später wurde das zwanzigmillionste Exemplar verkauft; auch in zahlreichen Büchereien war die

Nachfrage noch vorhanden, und führende Buchläden in ganz Amerika hatten es noch immer auf Lager.

Weshalb verkaufte sich ein Buch, von dem es einst hieß, es wäre kaum anders als all die anderen Selbsthilfebücher, letzten Endes doch so gut?

Möglicherweise liegt es daran, dass *Think and Grow Rich* auf *Law of Success* beruhte und auf Hills einzigartigen, von Carnegie angeregten 20-jährigen Recherchen zum Geheimnis des Erfolgs. Diese Recherchen, aber auch der Inhalt von *Law of Success* machten es zu einem der originellsten Werke der modernen amerikanischen Literatur.

Das anfängliche Zögern des Verlegers, *Think and Grow Rich* zu publizieren, war zweifelsohne darauf zurückzuführen, dass der Großteil des Konzepts aus Hills Analyse der Erfolgsprinzipien stammte, wie er sie in seinem Vorgängerbuch dargelegt hatte. Doch anders als *Law of Success* war das neue Werk keine Sammlung von Vorlesungsnotizen, sondern ein praktischer Ratgeber. Der Leser konnte die darin enthaltenen Informationen sogleich auf sich und seine Situation anwenden, während *Law of Success* eine Mischung aus philosophischer Abhandlung und Lehrbuch war. Der große Unterschied war jedoch, dass *Law of Success* schwer zu lesen war, weil sich sein undisziplinierter Verfasser lang und breit über philosophische Diskurse ausließ, während *Think and Grow Rich* eine faszinierende Mischung aus Anekdoten, Fakten, Checklisten und Ratschlägen bot, die obendrein noch mit einfachen und klaren Worten zu Papier gebracht worden waren – dieser unverwechselbare Stil, gepaart mit der inspirierenden Genialität von Hill, traf den Geschmack des breiten Publikums, da für jeden etwas dabei war.

Auch wenn davon ausgegangen werden kann, dass es Rosa Lee war, die *Think and Grow Rich* zu mehr Klarheit und Prägnanz verholfen hat, ist doch nicht von der Hand zu weisen, dass es von einem reiferen und erfahreneren Napoleon Hill geschrieben wurde. Themen wie der Umgang mit dem Sexualtrieb, die er in seinen früheren Büchern nur am Rande gestreift hatte, wurden nun mit bestechender Logik und authentischen Forschungsergebnissen präsentiert. Andere Ideen wie die zur Vorstellungskraft bestachen jetzt durch ihren praktischen Nutzen. Hill war zum Beispiel einer der Ersten, die eine Verbindung zwischen Fantasie und beruflichem Erfolg sahen; in *Think and Grow Rich* unterschied er zwischen »synthetischer« und »schöpferischer« Vorstellungskraft; diese Unterscheidung und sein Rat, wie man sich beide Eigenschaften aneignen und zunutze machen kann, galten auch noch 40 Jahre später unverändert weiter und sind nach wie vor lehrreich, mit dem Unterschied, dass die wissenschaftlichen Beweise dafür erst seit kurzer Zeit vorliegen. Inzwischen ist Kreativität zu einem dringend angestrebten Ziel von Bildungs- und Wirtschaftsinstitutionen geworden.

Think and Grow Rich legte »13 Schritte zum Reichtum« dar, und jedem einzelnen davon war ein ganzes Kapitel gewidmet. Die »Schritte« reichten von ganz alltäglichen Dingen wie Wünschen und Glauben zu weitaus fortschrittlicheren Konzepten wie Autosuggestion (das Unterbewusstsein ansprechen), dem »Geheimnis der Transmutation sexueller Energie« (wie sich sexuelle Bedürfnisse befriedigen und für einen Karriereschwung in andere Bahnen lenken lassen) und dem »Gehirn« (praktische Lektionen über Gedankenübertragung). Zu den meisten Kapiteln gehörten schlagkräftige Selbsthilfemaßnahmen, die Aktionspläne mit fünf oder sechs Punkten beinhalteten und die der Leser unverzüglich anwenden konnte. Im Kapitel über »Systematische Planung« gab es auch einen Test zur Selbstanalyse und konkrete Anweisungen, wie man zu einer besseren Führungskraft wird. Noch fünf Jahrzehnte später empfehlen Myriaden von Unternehmensberatern genau diese Vorgehensweise.

Das Buch war praktisch und gut zu lesen. Es informierte und gab Ratschläge, und – noch viel wichtiger – es brachte die Leser zum Nachdenken und regte sie an, Bilanz zu ziehen über sich und ihr Leben, über ihre Möglichkeiten zu grübeln, auf ihre Fantasie und Kreativität zurückzugreifen. All das mit dem Ziel, ihr Leben in eine bestimmte Richtung zu lenken. Doch das war noch nicht alles! *Think and Grow Rich* besaß noch eine andere Qualität, die dafür sorgte, dass es auch nach langen Jahren anhaltenden Erfolgs nichts von seiner Frische und Originalität einbüßte. Ein Kritiker drückte es mit diesen Worten am besten aus:

> *Think and Grow Rich* ist mehr als eine Anleitung, wie man reich wird. Dieses Buch ist von einer Spiritualität durchdrungen, die über eine religiöse Doktrin hinausgeht, die in uns verborgene Güte hervorbringt und uns zu außergewöhnlichen Menschen werden lässt. Es verspricht uns, dass wir nicht nur unser eigenes Leben verbessern, sondern das Leben aller, denen wir begegnen, wenn wir diese kostbaren Gaben pflegen und weise einsetzen.«

Es waren diese Qualitäten von *Think and Grow Rich*, die einem Versicherungsvertreter in Chicago 1938 ins Auge stachen. W. Clement Stone hatte eine Ausgabe von Hills Bestseller von einem Unternehmensberater geschenkt bekommen, der versuchte, Stone als Kunden zu gewinnen. Zu dieser Zeit war Stone an nichts interessiert, was ihn Geld kosten würde, denn nach einem vielversprechenden Start lag seine Versicherungsagentur wegen der Großen Depression am Boden. Als *Think and Grow Rich* auf seinem Schreibtisch landete, hatte er seine Belegschaft bereits auf nur mehr 135 Mitarbeiter verkleinert und hatte noch immer Schulden in Höhe von knapp 30.000 Dollar.

Obwohl Stone noch nie von Hill oder seinem Bestseller gehört hatte, weckte der Titel seine Neugier, und er nahm das Buch in die Hand und las die ersten Seiten. Je weiter er kam, desto mehr interessierte ihn, was Hill zu sagen hatte, weshalb er das Buch schließlich von vorne bis hinten durchlas. Er fand seine eigene Philosophie durchaus vergleichbar mit Hills, gewann aber beim Lesen neue Erkenntnisse, die er auf seine Agentur anwenden konnte. Eine davon war das Mastermind-Prinzip – mehrere Leute, die in Harmonie an einem gemeinsamen Ziel arbeiten.

»Es fiel mir schwer, Angestellte für die Arbeit in meinem Büro einzustellen«, äußerte sich Stone später dazu. »Ich war mir sicher, mir meine eigene Konkurrenz heranzuzüchten. Durch das Mastermind-Prinzip wurde mir jedoch klar, dass ich ein Vielfaches herausholen könnte, wenn ich Leute von gutem Charakter einstellen würde, die mir einen Großteil meiner Arbeit abnahmen oder Dinge für mich erledigten, zu denen ich nicht kam.«

Stone war dermaßen begeistert von dieser Mischung aus Inspiration und praktischem Ratgeber, dass er jedem seiner Handelsvertreter ein Exemplar besorgte. »Mit einem Mal geschahen unglaubliche Dinge«, erinnerte er sich:

> Viele meiner Vertriebsleute wuchsen über sich selbst hinaus, was den Umsatz und den Gewinn in die Höhe schnellen ließ. Ihre Haltung hatte sich geändert, anstatt die Dinge in negativem Licht zu sehen, war positives Denken nun ihr Motto. Diejenigen, die auf der Suche nach dem Geheimnis des Erfolgs waren, realisierten, dass sie … über grenzenloses Potenzial verfügten, wenn sie über ihr Bewusstsein auf ihr Unterbewusstsein einwirkten.«

1939 beschäftigte Stone mehr als 1000 Vertriebsmitarbeiter, sein Unternehmen stand weitaus besser da als zu Zeiten vor der Großen Depression, und Stone hatte einen ebenso erfolgreichen Weg eingeschlagen wie Carnegie und Edison, was er vor allem auf den großen Einfluss von *Think and Grow Rich* auf ihn persönlich und seine Handelsvertreter zurückführte.

Offenbar konnte nicht einmal Napoleon Hill, der für sein Leben gern Geld ausgab, den Wohlstand schmälern, der sich wie aus einem Füllhorn über ihn und Rosa Lee ergoss, als *Think and Grow Rich* sich in ganz Amerika zum Verkaufsschlager entwickelte. Von dem Augenblick an, als die ersten großen Schecks bei ihnen eintrudelten, war es endgültig vorbei damit, dass sie von der Hand in den Mund leben mussten. Bereits ein Jahr später lag ihr Nettovermögen bei mehr als 10.000 Dollar, und sie würden noch ein Vielfaches davon in Form von Tantiemen verdienen. 1940 behauptete Hill, mittlerweile mehr als 1 Million Dollar schwer zu sein. Auch wenn unvollständige Finanzunterlagen darauf hindeuten, dass Hills Vermögen weit unter 1 Million Dollar lag, war er auf jeden Fall viel reicher, als er es sich je vorgestellt hatte.

An nur einem Buch hatte Hill in zwei Jahren mehr verdient als in zehn Jahren zuvor. Ein Buch, das in den ersten Monaten ihrer Ehe entstanden war, hatte aus dem angesehenen, aber mittellosen Mann, der es Rosa Lee angetan hatte, eine an Geld und Macht reiche Person des öffentlichen Lebens gemacht. Ein Buch, das durch ihren gemeinsamen unermüdlichem

Einsatz, geistiger und körperlicher Plackerei zum Trotz, geschrieben worden war, hatte Rosa Lee zu mehr Reichtum und Ansehen verholfen, als sie es sich in ihren kühnsten Träumen ausgemalt hatte. Doch der Erfolg ging nicht spurlos an den beiden vorüber.

Zunächst handelte es sich nur um Äußerlichkeiten. Napoleon, der ja schon zeit seines Lebens ein modebewusster Stenz war, füllte seine Schränke mit teuren Anzügen exquisiter Schneider – und klatschte freudig in die Hände, als auch Rosa Lee begann, sich schöne Kleidung anzuschaffen. Jedes einzelne Stück zeugte von ihrem guten Geschmack und betonte durch den raffinierten Schnitt ihre schlanke Figur und ihre modischen Frisuren. Doch teure Kleidung war längst nicht alles, dazu kamen luxuriöse Autos, gehobene Restaurants und eine Villa in einem vornehmen Viertel.

Öffentliche Anerkennung hin, goldener Nippes her, irgendwann hatten sie einen Punkt erreicht, an dem sie an Persönlichkeit verloren, aber umso zynischer wurden – jeder auf seine Art. Obwohl Napoleon sich eine goldene Nase verdient hatte, dachte er nicht mal im Traum daran, seinem Lieblingssohn das Geld zurückzuzahlen, das *Think and Grow Rich* erst möglich gemacht hatte. Rosa Lee war sogar noch unausstehlicher, zumindest wenn es um Blair und den Rest der Familie ging. Natürlich hat Blair all das bemerkt, wie aus einem Brief an Florence von 1938 hervorgeht:

> Verdammt, wenn ich an die letzten Monate denke, bin ich fassungslos. Wie konnte ich mich nur von meinem eigenen Vater so über den Tisch ziehen lassen? Immer wenn ich Hilfe brauchte, hast *du* Partei für mich ergriffen, nicht er … Seine Frau hat mir geschrieben … und ich werde den Eindruck nicht los, dass ihre Worte »Die Götter meinen es gut mit uns« und »Aber jetzt können wir uns zur Ruhe setzen (retire)« der reinste Hohn sind und wohl bedeuten sollen, dass wir finanziell genauso gut dastehen könnten wie sie, wenn Vera und ich uns von den beiden hätten unterbuttern lassen … Ich habe ihr sogar geantwortet und ihr unmissverständlich klargemacht, dass sie, wäre sie mir wirklich freundlich gesonnen, dies leicht beweisen könnte, indem sie ihr Versprechen einhält und ihre Schulden bei mir zurückzahlt. Mit rund 300 Dollar könnte ich meine Rechnungen begleichen und eine Weile davon leben!

Blair, der seinen Vater sein ganzes Leben lang bewundert und ihn vor dem Rest der Familie stets in Schutz genommen hatte, hatte die Nase gestrichen voll. Im selben Brief bezeichnete er ihn als »skrupellosen, selbstgefälligen, treulosen Taugenichts, der Doppelspiel treibt. Eines schönen Tages«, gelobte er feierlich, »wird er dafür bezahlen, wie er dich, mich, David und Jimmy behandelt hat – und zwar reichlich!«

Aber Blair war kein rachsüchtiger Mensch und würde seinem Vater niemals wehtun. Und selbst wenn er versucht gewesen wäre, er hätte Napoleon niemals angetan, was Rosa Lee und Napoleon schon bald darauf ganz allein schafften.

Während Rosa Lee sich in ihrem Ruhm sonnte und bei öffentlichen Auftritten und privaten Interviews von ihrer Märchenhochzeit schwärmte, war Napoleon wieder mit einer Vortragsreihe unterwegs. Irgendwann kam Rosa Lee auf den Gedanken, er würde seine freie Zeit mit anderen Frauen verbringen. Es wird für immer ein Geheimnis bleiben, ob Rosa Lee misstrauisch wurde, weil die Gerüchteküche brodelte, weil es eindeutige Indizien gab oder weil sie grundlos eifersüchtig war.

Sicher ist jedoch, dass die Ehe der Hills 1940 nur noch Fassade war. Im selben Jahr erschien Rosa Lees Buch *How to Attract Men and Money*, das zum Teil den hochgesteckten Erwartungen der Hills an ihre eigene Ehe Tribut zollte, im Endeffekt aber nichts anderes war als eine Chronik zerplatzter Träume.

Das Buch war im Grunde genommen nichts anderes als die einfallsreiche Fortsetzung von *Think and Grow Rich* und Hills Philosophie. Sein Untertitel versprach in fetten Lettern: »Eine neue Philosophie bewährter Methoden, die alleinstehenden Frauen dabei hilft, den richtigen Mann zu finden und zu heiraten – und alle Frauen in die Lage versetzt, dem Mann ihrer Wahl zu größerem Erfolg, auch in finanzieller Hinsicht, zu verhelfen.« Eine der Grundannahmen dieses Buchs war, dass Rosa Lee nur deshalb ein Prinzessinnenleben in einem Schloss in Florida führen konnte, weil sie sämtliche Prinzipien aus dem Geschäftsleben auf die Suche nach dem richtigen Mann angewendet, sich für den besten entschieden und ihm zu

Reichtum verholfen hatte. Gleich auf den ersten Seiten gab es Fotos des luxuriösen Anwesens der Hills zu sehen, eines Nachbaus eines Schlosses mit Blick auf Lake Dora, Florida. In der Bildunterschrift wurde das beeindruckende Bauwerk als »Castle-on-the-Hill« bezeichnet, als »Residenz und Literaturschmiede von Mr. und Mrs. Napoleon Hill«.

In ihrem Vorwort schilderte Rosa Lee ihre Liebe zu Kindern und dass sie und Napoleon der Welt etwas zurückgaben, indem sie ihr Haus und ihr Leben mit 15 Adoptivkindern teilten:

> Ich habe das Privileg, in einem wunderschönen Herrenhaus in Florida zu leben, das an einem sanften Hügel inmitten eines riesigen Grundstücks mit altem Baumbestand gelegen ist und eine herrliche, offene Aussicht auf einen wunderschönen See bietet.
>
> Für meinen Ehemann und mich ist dies der malerischste Flecken dieser Erde, ein wunderbares Zuhause, weshalb wir 15 Kinder adoptiert haben und sie großziehen. Diese Kinder sind der lebende Beweis, dass mit der kommenden Generation alles in Ordnung ist – alles, bis auf ihre Eltern, einige ihrer Lehrer und viele Erwachsene, denen diese Kinder nacheifern wollen.
>
> Unsere Familie wird noch weiter anwachsen, da bin ich mir sicher, aber die bisherigen Erfahrungen zeigen bereits: Wenn wir unsere Kinder in die Welt entlassen, aus der wir sie herausgeholt haben, dann sind sie sowohl auf alles Böse dieser Tage als auch auf Wirtschaftskrisen vorbereitet und werden alles meistern können.
>
> Außerhalb unseres Heims sind unsere Schützlinge allen üblichen Wohl- und Missklängen ausgesetzt; innerhalb unserer vier Wände bekommen sie nie die Wirkung eines einzigen bösen Worts zu spüren.

Die Hills und ihr Verleger mochten davon ausgegangen sein, dass sich ihr Buch mit diesem Idealbild einer häuslichen Gemeinschaft besser verkaufen würde, das ansonsten lediglich eine reichhaltige Palette materialistischer Ansichten enthielt, wie Frauen leben, ihren Partner aussuchen und ihre Ehe führen sollten. Das Herzstück von Rosa Lees Philosophie lautete: Wenn eine Frau schon den ganzen Ärger auf sich nimmt und sich auf die Suche nach dem Richtigen macht, dann sollte sich der Aufwand lohnen und der Mann zumindest reich sein.

Sowohl Rosa Lee als auch Napoleon hatten sich in vielen Passagen von *How to Attract Men and Money* über eheliche Liebe, Hingabe, Offenheit und Vertrauen ausgelassen. »In unserer Familie gibt es keine Geheimnisse«, schrieb Rosa Lee. »Die Post wird am Morgen auf den Schreibtisch gelegt, und dann lesen wir sie laut vor.«

Weiter hinten hieß es in einem von Napoleon verfassten Absatz:

> Meine Frau hat nicht die geringste Angst, mich jemals zu verlieren; sie hat keinerlei Bedenken, dass ich mich je für andere Frauen interessieren könnte; sie macht sich keine Sorgen über unsere Beziehung, außer dass sie immer harmonisch sein soll ... In unserer Ehe ist kein Platz für Eifersucht, Neid oder andere zerstörerische Kräfte, denn in unseren Köpfen gibt es nur positive Gedanken, weshalb wir ständig mit konstruktiven Taten beschäftigt sind.

Zu Beginn ihrer Ehe hatten sowohl Napoleon als auch Rosa Lee den aufrichtigen Wunsch, diese erhabenen Visionen ihres Lebens und ihrer Ehe, die sie in Rosa Lees Buch beschrieben, wahr werden zu lassen. Als sie 1939 ihr schlossähnliches Anwesen in Mount Dora bezogen, machte Napoleon in seiner Steuererklärung geltend, dass zwei Adoptivkinder bei ihnen lebten. Es ist jedoch nicht bekannt, wie lange die beiden dort wohnten und was letztendlich aus ihnen geworden ist. Fakt ist jedoch, dass die Pläne der Hills, eine große Kinderschar aufzuziehen, zu der Zeit, als *How to Attract Men and Money* auf dem Markt war, zu einer fernen und leeren Erinnerung verblassten. Das gleiche Ende nahmen das Vertrauen zwischen den beiden und ihre Finanzen.

Als Erstes verschärften sich die finanziellen Schwierigkeiten, die bereits 1939 mit dem Erwerb des Anwesens in Mount Dora begonnen hatten, das Napoleon und Rosa Lee den gebührenden Rahmen eines millionenschweren Ehepaars gab. Doch auch wenn sie durchaus wohlhabend waren und Napoleon sich oft als jemand darstellte, der es durch das Schreiben und die

Philosophie zum Millionär gebracht hatte, waren sie beileibe keine Millionäre. Sie konnten sich dieses prachtvolle Anwesen und das Personal, das für dessen Pflege nötig war, schlichtweg nicht leisten. Napoleon beklagte sich später bitterlich darüber, dass dieses Herrenhaus Rosa Lees Idee gewesen war – und vermutlich war dem auch so. Davon einmal abgesehen gab es jedoch den perfekten Parkplatz für Napoleons Beitrag zu ihrer finanziellen Misere ab – und das war sein makellos gepflegter Rolls-Royce.

Mitte 1939 standen die Hills kurz vor der Pleite. In einem verzweifelten Versuch, mehr Geld zu beschaffen, packte Napoleon seine Koffer und reiste nach New York City, wo er Vorträge halten, sich dem Schreiben widmen und Verhandlungen über einen weiteren Buchvertrag führen würde. Allerdings müsste der Vorschuss hoch genug sein, um die beiden monatelang über Wasser zu halten

Napoleon ließ verlauten, dass ihn Rosa Lee Anfang 1940 in New York besucht und ihn überredet hätte, die Tantiemen der kommenden zwei Jahre für 5000 Dollar an Pelton zu verkaufen. Dieser Deal zeugt davon, wie dringend das Ehepaar Geld brauchte, denn in zwei Jahren flossen normalerweise Tantiemen in drei- oder vierfacher Höhe auf Napoleons Konto. Doch wenn dieses Geschäft wirklich war, was Rosa Lee wollte, waren Hill die Hände gebunden – schließlich hatte er ihr 1937 in einem vorehelichen Vertrag praktisch sämtliche Tantiemen an seinen Büchern überschrieben. Der Vertrag sollte eigentlich Napoleons Einkünfte vor Forderungen seiner ehemaligen Geschäftspartner, Schuldner oder von Florence' Seite schützen, doch während seiner finanziellen Schieflage 1939 und 1940 wurde daraus die Waffe, die ihn vernichten würde.

Rosa Lee hatte hinter Napoleons Rücken die Dienste eines Rechtsanwalts in Mount Dora in Anspruch genommen. Gut möglich, dass sie von dem Anwalt wissen wollte, wie sie Hills schrumpfendes Vermögen retten könne, doch aus dieser Rechtsberatung wurde ganz schnell die Planung ihrer Scheidung.

Das Ende der Ehe von Rosa Lee und Napoleon Hill kam schnell und mit gnadenloser Wucht. Nachdem Napoleon ihr die 5000 Dollar von Pelton in die Hand gedrückt hatte, kehrte Rosa Lee nach Mount Dora zurück und begann, alle Besitztümer des Paars zu verkaufen, unter anderem auch Hills geliebten Rolls-Royce.

Jahre später erzählte Napoleon in einem Brief an einen New Yorker Anwalt, was dann geschah:

> Im Mai 1940 kehrte ich New York den Rücken und ging nach Atlanta, Georgia, wo ich eine Radiosendung ins Leben rief, um finanziell wieder auf die Beine zu kommen. In Atlanta lebte ich bei [Rosa Lees] Tanten, die, nebenbei bemerkt, von ihrem Verhalten ziemlich verstört waren, das mich an den Rand des finanziellen Ruins gebracht hat. Etwa zur Jahresmitte 1940 rief mich meine damalige Frau an und teilte mir mit, sie hätte die Scheidung beantragt. Dann drohte sie mir, mich wegen mangelnder Unterhaltszahlungen ins Gefängnis zu bringen, außer ich würde schriftlich auf alle Rechte und Ansprüche verzichten und der Scheidung zustimmen.

Hill zufolge wurde er später von Rosa Lee und deren Anwalt genötigt, einen Anwalt ihrer Wahl aus Atlanta zu beauftragen, ihn in dieser Sache zu vertreten. Rosa Lee hätte allerdings auch ohne diesen Schritt alles erreicht, was sie wollte. Schließlich besaß sie einen vorehelichen Vertrag, der ihr praktisch alle Rechte an allen Veröffentlichungen einräumte, die er jemals vor oder während ihrer Ehe verfasst hatte. Aus diesem Grund konnte sie sich sicher sein, dass der Vermögensausgleich zu ihren Gunsten ausfiel. Hills einziges Rechtsmittel wäre gewesen, die Scheidung an sich anzufechten, aber ein Prozess hätte sich verheerend auf seinen guten Namen ausgewirkt, und die Aussichten auf Erfolg waren minimal. Schlimmer noch, er wäre dann ja weiterhin mit Rosa Lee verheiratet gewesen.

Schockiert und erniedrigt, wie er war, gab sich Napoleon geschlagen und stimmte jeder Forderung Rosa Lees zu. Der Antrag auf Vermögensauseinandersetzung wurde im Januar 1941 gestellt, das rechtskräftige Urteil erging zwei Monate später. Weniger als ein Jahr nach Erscheinen von Rosa Lees Buch *How to Attract Men and Money*, in dem wortwörtlich zu lesen war, dass sie und Napoleon »zwei Menschen sind, die das Eheleben in ein paradiesisches Glück verwandelt haben«, schnappte sich Rosa Lee das gesamte Vermögen Hills, dessen sie habhaft werden konnte, und schickte ihn dann fort – einen 56-jährigen Bettelknaben.

Die nächste Erniedrigung ließ nicht lange auf sich warten; obendrein war das Ganze noch bitterste Ironie. Ein Großteil der Freunde und Bekannten des inzwischen geschiedenen Paars ging davon aus, dass ihre Ehe wegen Napoleons Untreue gescheitert war. Rosa Lee hatte verlauten lassen, dass sie ihm Fehltritte unterstellt und einen Privatdetektiv damit beauftragt hätte, ihn in den letzten Monaten ihrer Ehe zu beschatten. Ob Napoleon ihr untreu war oder nicht, ist reine Spekulation – doch für ihn spricht, dass er zwar öffentlich viele ihm peinliche Schwächen, Fehler und Irrtümer eingeräumt hat, jedoch nie von Untreue die Rede war, nicht einmal gegenüber seinen engsten Vertrauten. Zudem hat er bei Freunden und Familie nicht im Ansatz den Eindruck erweckt, er wäre außerehelichen Aktivitäten zugeneigt.

Rosa Lee hingegen ließ Zweifel daran aufkommen, wie sie es mit der ehelichen Treue gehalten hatte, indem sie ihren Scheidungsanwalt heiratete, kurz nachdem ihre Scheidung von Napoleon rechtskräftig geworden war. Napoleon schlussfolgerte daraus, dass ihm Hörner aufgesetzt worden seien und Rosa Lee und ihr Anwalt gemeinsame Sache gemacht hätten, um ihn in den Ruin zu treiben und ihre Affäre auf seine Kosten fortzusetzen.

Doch auch Rosa Lees zweite Ehe verlief nicht wirklich besser als ihre erste. Aufgrund seiner Mutmaßung versuchte Napoleon, Rosa Lee ausfindig zu machen, um sie dann zu verklagen. Als er sie 1944 aufspürte, hatte sie ihre Ansprüche auf Hills Tantiemen bereits an Pelton verkauft – angeblich für einen Bruchteil ihres Wertes – und diente unter ihrem Mädchennamen dem Militär. Nach dem Krieg war sie erneut spurlos verschwunden, nur 1950 tauchte sie für kurze Zeit auf und verklagte Hills damaligen Literaturagenten wegen ausstehender Tantiemen in Höhe von 2000 Dollar. Der Prozess war wohl ihrer verzweifelten Lage geschuldet, hatte jedoch keinerlei Aussicht auf Erfolg – im Gegenteil, der Agent übergab die Sache Hill, der gut vorbereitet auf eine weitere Schlacht vor Gericht gewartet hatte … woraufhin Rosa Lee erneut in der Versenkung verschwand.

Gut möglich, dass es diese letzte Erniedrigung war, die Napoleon 1941 wieder auf die Beine half. Obwohl ihn die Scheidung sehr mitgenommen hatte und er sich im Alter von immerhin 56 Jahren gezwungen sah, wieder einmal bei null anzufangen, schmiedete er schon kurze Zeit danach mit der für ihn typischen Begeisterung Zukunftspläne. Er hatte in seinem Leben schon so viele Höhen und Tiefen erlebt, konnte auf so viele schöne Erinnerungen zurückgreifen, wie er phoenixgleich aus der Asche wieder aufgestiegen war, dass es wohl der Wahrheit entsprach, als er seinen Freunden sagte: »Alles, was mir von dieser Ehe blieb, war das Hemd, das ich trug, und meine gute alte Schreibmaschine. Ich habe alles verloren. Millionen. Aber das war es wert, denn schließlich bin ich dieses Miststück jetzt ein für alle Mal los.«

Kapitel 7

1941 bis 1951

Als das Schreckgespenst Nazideutschland ganz Europa in Furcht und Angst versetzte, erlebte Hill zum Jahresausklang 1940 seine ganz persönliche Hölle. Seine Mittellosigkeit war zwar ein Schock, aber dieser legte sich schnell wieder. Für Hill war diese Erfahrung ja beileibe nichts Neues, und er wusste, er würde seinen Lebensunterhalt immer bestreiten können.

Was ihm jedoch schwer zu schaffen machte, war das Alleinsein, das auf seine Stimmung schlug – und daran sollte sich so schnell nichts ändern. Zum ersten Mal, seitdem er Florence vor mehr als 20 Jahren den Hof gemacht hatte, fühlte er sich schrecklich allein. Sein Vater war inzwischen gestorben, seine Söhne redeten kein Wort mit ihm, und es gab keine Frau an seiner Seite, die ihm Trost spendete und Unterstützung bot oder bei der er seinen Kummer hätte loswerden können.

Da diese freudlosen Tage kein Ende nehmen wollten, überwand Napoleon seinen Stolz und suchte Florence in der Absicht auf, sie demütig um Verzeihung zu bitten. Die zuverlässige, entschlossene und findige Florence war ihm schließlich in so vielen turbulenten Jahren eine konstante Stütze gewesen. Doch Florence wollte nichts davon hören. Immerhin hatte sie die drei Jungen in der dramatischsten und längsten Wirtschaftskrise der amerikanischen Geschichte allein großgezogen und genoss nun ein relativ bescheidenes, aber angenehmes Leben in Florida. Ihr Hunger nach Napoleons Leben, das wie die Fahrt in einer Achterbahn anmutete, war schon längst gestillt. Ihre Antwort war ein kategorisches Nein.

Hill verbrachte Weihnachten 1940 in trauriger Einsamkeit. Er nahm seine Mahlzeiten allein in dem spärlich besetzten Restaurant seines bescheidenen Hotels ein und verbrachte den Tag damit, Zeitungsartikel zu lesen über Hitlers Expansionspolitik in Europa, die Debatte über eine mögliche Beteiligung der Vereinigten Staaten an »Europas Krieg« und die jüngsten Erfolge und Misserfolge des New Deal. Es gab keine Geschenke für ihn, die er hätte auspacken können, und nur wenige Weihnachtskarten, die ihm umso mehr bedeuteten.

Auf Weihnachten folgten leere Tage und Nächte, danach ein ruhiger Jahreswechsel, und dann waren die Feiertage zum Glück endlich vorüber. Hill wusste aus lebenslanger Erfahrung, dass es an der Zeit war, wieder auf die Beine zu kommen, ganz gleich, was seine Depression davon hielt. Und genau das tat er dann auch.

Der Mittwinterhimmel hing tief und dunkel über den dichten Wäldern des westlichen South Carolina, als Napoleon auf dem ruhigen zweispurigen Highway unterwegs war. Er fuhr durch die Landschaft, kein Laut war zu hören, und da regelmäßig die Fahrzeugbeleuchtung ausfiel, hielt er sich konstant an die Geschwindigkeitsbegrenzung, achtete wie ein Luchs auf Wild und den gelegentlichen Gegenverkehr und passte auf, dass er keinen Fahrfehler machte. Er fuhr das neueste DeSoto Coupé. Keine Frage, das war mit einem Rolls-Royce nicht zu vergleichen, aber die lange Motorhaube, die geschwungenen Kotflügel und das schnittige Heck des sportlichen DeSoto sorgten für Aufsehen und machten eines über den Mann hinter dem Steuer klar: Weder sein Alter noch seine Scheidung hatten Napoleon Hill den Elan geraubt, der ihn vor so vielen Jahren dazu gebracht hatte, seine Heimat in den Appalachen zu verlassen.

Napoleon war in Richtung Norden unterwegs, doch dieses Mal wollte er nicht nach Washington, D. C., New York oder Philadelphia oder in eine der anderen Großstädte, in denen er seit seiner Zeit in Wise County zu Hause gewesen war. An diesem trüben Nachmittag im Januar war Hill unterwegs nach Clinton, eine Kleinstadt im ländlichen South Carolina, die an den sanften Hügeln nördlich von Columbia liegt. Mit jeder Meile, die er entspannt zurücklegte, nahm die Vision von seiner Zukunft konkrete Form an. Er hatte Florida und Rosa Lee weit hinter sich gelassen, sein kurzer Ausflug in die glamouröse Welt war für ihn ebenso abgeschlossen wie der schäbige Betrug seiner ehemaligen Frau. Doch auch sein Leben mit Florence und seinen Söhnen, seine Zeit in Wise County und alles andere, was ihn je ausgemacht hatte, war – wie es schien – schon eine ganze Ewigkeit her.

Als Hill nach Clinton einbog, packte ihn das Gefühl von Abenteuerlust, das ihn bei jedem Neuanfang begleitet hatte. Wieder einmal betrat er unbekanntes Terrain. »Es drehte sich das Glücksrad«, wie er es nannte. Das Einzige, worauf er sich verlassen konnte, war, dass das Rad dort stehen blieb, wo er es am wenigsten erwartet hätte – doch die Gefahr, erneut von einer der angsteinflößenden Klippen des Lebens zu stürzen, war nicht größer als die Chance, einen aufsteigenden Stern zu erhaschen. In diesem Spiel musste man freilich das ein oder andere Risiko eingehen, aber selbst mit 56 liebte Napoleon Hill dieses Spiel zu sehr, um sich mit weniger zufriedenzugeben.

Auf den ersten Blick schien Clinton, South Carolina, ein wenig geeigneter Ort für Napoleons Neuanfang. In all den Jahren zuvor hatte es ihn ausnahmslos in die großen Industriestädte des Nordens gezogen, wo sich ihm mehr Chancen boten als überall sonst. Clinton dagegen war eine ruhige Kleinstadt im Süden des Bundesstaates mit rund 5000 Einwohnern. Die einzige Industrie vor Ort bestand aus zwei Baumwollfabriken, die beide ein und demselben Eigentümer gehörten und die der Grund waren, dass Clinton ans Eisenbahnnetz angeschlossen war. Clintons zweitgrößter Arbeitgeber war Dr. William Plumer Jacobs, Präsident des Presbyterian College, Eigentümer der Jacobs Press und Berater für die Öffentlichkeitsarbeit mehrerer Textilunternehmen in South Carolina.

Napoleon hatte sich in den düsteren Januartagen 1941 wegen Jacobs nach Clinton aufgemacht, und er konnte ihn mühelos finden. Sämtliche Straßen in und außerhalb Clintons führten in die Broad Street, und die wiederum führte ins Zentrum der Kleinstadt. Die Jacobs Press befand sich in einem riesigen Gebäude nur etwa einen Block von der Innenstadt entfernt.

Napoleon fuhr in gemächlichem Tempo zum ersten Mal die Broad Street entlang und ließ das beschauliche Ortsbild auf sich wirken. Über seinem Kopf spannten riesige Eichen ein blattloses Dach. Durch die Fenster der Häuser entlang der Straße fiel Licht nach draußen. Die Häuser selbst waren eine Mischung aus eleganter traditioneller Südstaatenarchitektur und einfachen Holzhäusern, von denen die meisten einen sehr gepflegten Eindruck machten, nur vereinzelt waren heruntergekommene Bauten zu sehen. Dieser Anblick verriet Napoleon, dass Clinton eine mäßig wohlhabende Stadt war.

Als Napoleon langsam durch die Innenstadt fuhr, kam er an einem Denkmal zu Ehren der Soldaten der Konföderierten Armee vorbei, was in ihm Erinnerungen an seine Kindheit und Jugend in den Südstaaten, an seine Freunde und Nachbarn weckte, die anhaltenden Groll gegen Shermans Taktiken pflegten. Er musste aber auch an die hässlichen Nachwirkungen des Bürgerkriegs denken und daran, wie viele Betrüger damals ihr Unwesen trieben, während sich Korruption im ganzen Land breitmachte. Jahrelang hatten diese Erinnerungen tief in seinem Unterbewusstsein geschlummert, doch nun kehrten sie wieder in sein Bewusstsein zurück, was nicht allein am Anblick des Denkmals lag, sondern vor allem an William Jacobs' Werk.

Der tiefe Süden der 1940er-Jahre galt in den Augen seiner Bewohner und auch des restlichen Landes als wirtschaftlich rückständige Region, die sich noch immer nicht vom Bürgerkrieg erholt hatte. Ein Großteil der Klassiker der amerikanischen Literatur des 20. Jahrhunderts befasste sich mit der sozialen Ordnung und den Traditionen der Südstaaten, die im Begriff waren, sich aufzulösen. Prägend für die Südstaaten war noch immer die Landwirtschaft, doch die arbeitsintensiven Anbaumethoden, der karge Boden und das mangelnde Investitionskapital hatten es der Region sehr schwer gemacht, sich vom Bürgerkrieg zu erholen. Viele Amerikaner setzten den

Süden ihres Landes mit schlechten Schulen, ländlicher Armut und dem Unwillen, Dinge zu ändern, gleich.

William Jacobs sah das jedoch ganz anders, vor allem was die Zukunft der Südstaaten anging. Wie vielen intellektuellen Südstaatlern war auch ihm durchaus bewusst, dass das zögerliche Wirtschaftswachstum in der Region ausschließlich auf das fehlende Investitionskapital zurückzuführen war. Er hielt die Südstaatler auch nicht für konservativer als alle anderen, in seinen Augen fehlte es ihnen schlicht an der Gelegenheit, die Dinge zu ändern, da das gesamte Investitionskapital, alle Fabriken und damit auch alle Jobs noch immer im Norden zu finden waren. Wenn er sich so in Georgia und South oder North Carolina umsah, erblickte er überall Armut und Not. Was er aber auch sah, war die hart arbeitende Bevölkerung, die die Jobs der im Norden ansässigen und gewerkschaftlich organisierten Arbeiter für weniger Geld verrichten könnte. In seinen Augen waren die Dörfer und vergleichsweise winzigen Kleinstädte im Süden Amerikas ideale Standorte für im Norden ansässige Unternehmen, denn im Süden gab es ein wettbewerbsfähiges Straßen- und Schienennetz, eine für die Produktion ideale Wasserversorgung, zudem niedrige Steuern und billiges Land – wie geschaffen, um darauf Fabriken und Bürokomplexe zu errichten. Er hielt die dortige Arbeiterschaft für selbstbewusste, gottesfürchtige Männer und Frauen, deren puritanische Arbeitsmoral von sich aus Streik und Unruhen verbot – ein großer Pluspunkt für alle Industriellen. Er war überzeugt, der Süden würde wieder zu alter Größe zurückfinden – dieses Mal in wirtschaftlicher Hinsicht –, wenn es gelänge, große Unternehmen hierhin zu locken. Er wusste genau, dass Napoleon Hill dabei von größtem Nutzen sein könnte.

Hill zufolge trafen sich die beiden Männer 1940 in einem Restaurant in Atlanta. Hill hielt dort eine Vortragsreihe, weil er dem Besitzer, einem ehemaligen Studenten von ihm, dabei helfen wollte, dass seine neu eröffnete Gaststätte einen fulminanten Start hinlegte. Jacobs war nicht nur vertraut mit Hills Werken, sondern kannte womöglich auch dessen Radiosendung. Nachdem er sich einige seiner Vorträge angehört hatte, vereinbarte er ein privates Treffen mit Napoleon.

Jacobs' Angebot war nichts, womit Hill schnell hätte reich werden können, aber es bot ihm die Gelegenheit, sich von seiner großmütigen Seite zu zeigen und zu seinen Wurzeln als Prediger der Geschäftswelt zurückzukehren. Hill müsste dazu nach Clinton ziehen, seine komplette Philosophie persönlicher Leistungen zu einem Selbsthilfekurs umschreiben und eine Vortragsreihe namens »Die Philosophie amerikanischer Leistungen« auf die Beine stellen. Diese Vortragsreihe würde dann am Presbyterian College getestet und nachgebessert werden, bevor sie Schulen, Städten und Fabriken in ganz South Carolina samt den Bruderstaaten im tiefen Süden Amerikas angeboten werden konnte. Hill sollte Jacobs aber auch dabei unterstützen, eine mächtige Gruppe wirtschaftlicher Führungspersonen davon zu überzeugen, dringend benötigtes Startkapital für sein Lieblingsprojekt bereitzustellen: die Ansiedlung von Unternehmen aus den Nordstaaten in den Südstaaten Amerikas.

Gut möglich, dass Napoleon gegen Ende des Jahres 1940 lukrativere Angebote vorlagen. Doch nachdem seine Ehe mit Rosa Lee ein derart katastrophales Ende gefunden und er erkannt hatte, welch übles Doppelspiel sie gespielt hatte, wollte sich Hill sittsamen, hochmoralischen Menschen anschließen und edle Ziele verfolgen. Jacobs' Ansinnen diente einem Zweck, der – besser als Geld es vermochte – Napoleon die Chance gab, seine Seele zu heilen.

Nachdem er sich ein bisschen umgesehen hatte, betrat Hill das Jacobs'sche Gebäude – und ein neues Leben begann. Jacobs' Sekretärin empfing ihn mit einem freundlichen Lächeln und meldete ihn bei ihrem Vorgesetzten an. Während sich Jacobs auf die Besprechung vorbereitete, wurde Napoleon den restlichen Büromitarbeitern vorgestellt, die ihn warmherzig empfingen und mit offensichtlicher Begeisterung begrüßten. William Jacobs hatte wohl beschlossen, seinem neuen Geschäftspartner einen königlichen Empfang zu bereiten.

Bei Hills erstem Termin mit Jacobs in Clinton kam dieser gleich zur Sache. Die Besprechung war kurz und erbaulich. Napoleon erzählte Jacobs, wie er als Kind, das in Wise County, Virginia, großgeworden war, reagiert hatte, als er von General Shermans Marsch zum Meer und dessen Strategie der verbrannten Erde erfuhr. »Ich war so aufgebracht, dass ich einen Tobsuchtsanfall bekam und mir schwor, dass ich eines Tages in den Norden gehe und es diesen Yankees heimzahle ...«

»Na prima«, rief Jacobs mit einem amüsierten Grinsen. »Und gleich morgen fangen wir damit an!«

Nachdem die Besprechung vorüber war, fuhr Hill ein paar Blocks zu der Wohnung, die ihm Jacobs zur Verfügung stellte, damit er sich gleich eingewöhnen konnte. Hatte Hill auch nur die geringsten Zweifel an seiner Entscheidung gehegt, künftig in Clinton zu wohnen, waren sie wie weggeblasen, als er die Auffahrt zu seinem neuen Heim hinauffuhr. In dem Gebäude, in dem sich seine Wohnung befand, hatte einst Jacobs' Vater Ferdinand gewohnt. Das stattliche, weitläufige Bauwerk hatte drei Geschosse und war mit Schindeln verkleidet. Ihm vorgelagert war eine schattige Veranda, der Rasen rund um das Haus war ebenso makellos gepflegt wie die hoch aufragenden Laubbäume. Jedes Stockwerk des prächtigen Anwesens war zu einer großen Wohnung umgebaut worden. Da seine Wohnung im dritten Stock lag, musste Hill zwar viele Treppen steigen, um dorthin zu gelangen, aber die Mühe war es wert: Als er seine Schreibmaschine an ihren Platz gestellt und sich an den Tisch gesetzt hatte, bot sich ihm die Aussicht auf den schönsten Landstrich, den er je gesehen hatte. Schon während er mit dem Auspacken beschäftigt war, begannen die Wunden auf Napoleons Seele zu heilen.

Hill stürzte sich augenblicklich in seine Arbeit und genoss die in Clinton herrschende Atmosphäre des stillen Eifers. Am Anfang gab es noch jede Menge Ablenkung. Er pendelte zwischen seiner Wohnung, Jacobs' Büros und den wöchentlichen Vorlesungen am Presbyterian College. Schon am frühen Morgen setzte er sich an die Schreibmaschine. Er überarbeitete systematisch alle Aufzeichnungen, Reden und Briefe aus den vergangenen 30 Jahren sowie seine zerfledderten Notizen der Interviews mit Carnegie, Edison und anderen damaligen Größen, die ihn inspiriert hatten, sein Leben der Erforschung der Geheimnisse des Erfolgs zu widmen … Er verwarf Fakten und Anekdoten, durchforstete sein Lebenswerk auf kleinste Hinweise, die er zuvor vielleicht übersehen hatte, und stellte seine früheren Interpretationen infrage.

Den ganzen Tag über drang das hektische Geklapper von Hills Schreibmaschine aus seinem Büro und bis weit in die Nacht dann aus seiner Wohnung. Wenn er gerade nicht an dem Manuskript für die 17 Abhandlungen arbeitete, die unter dem Namen *Mental Dynamite* bekannt werden würden, bereitete er die Vorlesungen am Presbyterian College vor oder entwarf Anschreiben und Unterlagen für Jacobs' Kampagne zur Förderung des industriellen Wachstums in den Südstaaten.

Seine Nachbarn und Kollegen bei der Jacobs Press hielten Napoleon für einen ruhigen Mann, dem harte Arbeit Spaß machte. Er war sympathisch und hatte einen tollen Sinn für Humor, war aber auch sehr reserviert und stets auf seine Arbeit konzentriert. Trotzdem nahm er sich immer die Zeit, Fragen zu seiner Philosophie zu beantworten oder seine derzeitige Arbeit zur Diskussion zu stellen. Nur seichtes Geplänkel war nichts für ihn, wie jeder rasch merkte.

Wochen und Monate vergingen, und Napoleon bekam sein einsames, fast schon klösterliches Leben sehr gut. Mit *Mental Dynamite* kam er gut voran, das Projekt von Jacobs war auch schon halb fertig, und Hills Vorlesungen erfreuten sich wachsender Beliebtheit, auch bei Zuhörern aus dem ferneren Umland. Er fand sogar noch die Zeit, experimentelle Aufsätze zu verfassen und das Konzept für eine philosophische Abhandlung über Gut und Böse im zeitgenössischen Amerika zu entwerfen.

Er war ein ganz neuer Mensch, der so gut wie nichts mehr mit dem »millionenschweren Autor« gemein hatte, der für seine angeblichen Affären mit der holden Weiblichkeit, für seine Arroganz und seine unverhohlene Begeisterung für ein Leben in Saus und Braus berühmt-berüchtigt geworden war. In Clinton war er ein arbeitsamer Mann, der – außer in geschäftlichen Angelegenheiten – gerne für sich allein war. Das einzige Laster, das man ihm vorwerfen könnte, war, dass er gerne eine gute Zigarre rauchte und mit der organisierten Kirche nichts am Hut hatte. Er hatte keine Affären, noch nicht einmal Rendezvous und beabsichtigte keineswegs, daran etwas zu ändern.

Zum Glück für Napoleon war er der Einzige, der 1941 in Clinton der Liebe abschwor. Ohne dass er es bemerkt hatte, hatte sich Annie Lou Norman, Jacobs' Sekretärin, in ihn verliebt. Annie Lou war 47, alleinstehend und flirtete auch mal mit Anrufern, wollte sich aber nicht binden, bis der Richtige des Weges käme. Sie war eine einmalige Mischung aus einer traditionsbewussten Südstaatlerin und einer modernen, pragmatischen Frau. Sie besaß den Charme und die Anmut einer Plantagenschönheit, das Herz einer Sozialarbeiterin und den humorlosen Geschäftssinn einer Rechnungsprüferin.

Annie Lou Norman war das zweite von sieben Kindern einer Familie aus der Mittelschicht in South Carolina. Bildung zählte in dieser Familie am meisten – Annie Lous Vater verschlang Bücher geradezu und war Vorbild für seine Kinder, es ihm gleichzutun. Im Amerika des frühen 20. Jahrhunderts, wo über den Wert der Bildung für Männer noch heiß diskutiert wurde und Bildung für Frauen allgemein als Zeitverschwendung galt, war der schon ältere Norman ein Querdenker und Vorreiter. Er brachte seinen Kindern – auch den Töchtern – bei, dass das Streben nach Wissen und Erleuchtung eines der edelsten Ziele sei.

Seine Einstellung fiel bei Annie Lou auf fruchtbaren Boden. Sie besuchte die Grund- und Mittelschule erfolgreich, weil sie eine echte Passion für das Lesen und Lernen entwickelt hatte, und bekam dann ein Stipendium für ein örtliches College. Noch bevor sie ihre Laufbahn am College beginnen konnte, verstarb ihr Vater. Als sein ältestes Kind, das noch zu Hause wohnte, brachte sie ihr erstes Opfer und tauschte das College gegen einen Job und wurde so zur Haupternährerin der Familie.

Doch das Glück ließ die junge Annie Lou nicht ganz im Stich. Immerhin fand sie eine Anstellung bei Jacobs Press – im Übrigen die einzige, die sie jemals antrat –, wo ihr Faible für das Lesen und Schreiben geschätzt und belohnt wurde. Bereits im Alter von 18 Jahren wurde sie die persönliche Assistentin von Ferdinand Jacobs. Da sie reifer und entscheidungsfreudiger war als andere Frauen ihres Alters, wurde Annie Lou schon bald mehr Verantwortung übertragen, was auch ihren Einfluss auf die Kollegen vergrößerte. Als William Jacobs seinen Vater als Firmenchef ablöste, kannte Annie Lou das Geschäft in- und auswendig. Sie führte das Hauptbuch, korrespondierte mit den Autoren, überarbeitete Manuskripte und überprüfte eingereichte Unterlagen.

Im Lauf der Jahre hatte Annie Lou viele Verehrer, und auch wenn sie deren Aufmerksamkeiten zu schätzen wusste, entsprach keiner von ihnen ihrer Vorstellung von ihrem künftigen Ehemann, der einen wachen Geist haben und ihren Puls in die Höhe treiben sollte. Zudem hatte Annie Lou nicht die geringste Absicht, den Nächstbesten zu nehmen, nur um nicht als »alte Jungfer« zu gelten, wie damals alleinstehende Frauen mittleren Alters genannt wurden. Annie Lou wusste genau, was im Leben zählte und wann Kompromisse die beste Lösung waren. Sie widmete ihr Leben ihrer Familie und ihren Freunden, ihrer Arbeit und beschäftigte gern ihren Geist – all das bereitete ihr große Freude.

Und dann kam Napoleon Hill in die Stadt.

Annie Lou Norman hatte sich rasch ihr eigenes Bild von Clintons neuestem Einwohner gemacht. Als Jacobs' Sekretärin war sie eine seiner ersten Angestellten, denen Hill persönlich vorgestellt wurde. Ihr war bekannt, welche literarischen und philosophischen Leistungen er erbracht hatte, und sie war beeindruckt von seiner dynamischen Seite, wenn es um das Geschäft ging.

Zudem erhaschte Annie Lou immer mal wieder einen Blick auf Napoleons Privatleben, denn sie waren Nachbarn. Sie wohnte im gleichen Gebäude wie Napoleon, wo sie sich die Wohnung im Erdgeschoss mit ihrer Schwester, Leila Johnson, und deren vierjährigem Sohn Charles teilte. Ebenso wie Annie Lou war auch Leila sehr belesen und arbeitete als Korrektorin und Expedientin für die Jacobs Press.

Leila öffnete Annie Lou die Augen, Napoleon aus einer weiteren Perspektive wahrzunehmen – nämlich aus der einer Studentin. Leila, die jüngste Tochter der Normans, kämpfte Anfang der 1940er-Jahre darum, ihren Lebensunterhalt zu bestreiten und sich und ihrem jungen Sohn eine Zukunft zu sichern. Diese Aufgabe macht ihr oft Angst und frustrierte sie. Ihr Ex-Mann zahlte keinen Unterhalt, und im Amerika vor Ausbruch des Zweiten Weltkriegs gab es für Frauen in der Regel nur zweifelhafte und schlecht bezahlte Jobs. Als Napoleon Hill in die Stadt kam, sah sich Leila Johnson in einer Zwickmühle: Einerseits war sie wild entschlossen, ihrem Sohn den Besuch eines Colleges zu ermöglichen, andererseits hatte sie größte Sorge, nie über den beruflichen Status und das entsprechende Einkommen zu verfügen, um ihr Ziel zu erreichen.

Die beiden Schwestern besuchten alle abendlichen Vorlesungen Hills über seine Philosophie menschlicher Leistungen am Presbyterian. Gemeinsam liefen sie bei Wind und Wetter (sie besaßen kein Auto) zum College und beobachteten mit Erstaunen, wie ihr ruhiger, eher schüchtern wirkender Nachbar das Podium erklomm und zu einem anderen Menschen wurde. Er war wie ein zum Bersten geladener Dynamo, der Worte und Gedanken wie Maschinengewehrsalven abfeuerte, die den Saal füllten, den Geist verzauberten, der Seele Hoffnung gaben und die Anwesenden letzten Endes dazu brachten, seinen Worten Taten folgen zu lassen.

Napoleon Hills Vorlesungen brachten Leila auf die Idee, ihr Leben zu ändern. Sie verschrieb sich mit Haut und Haaren seiner Erfolgsphilosophie. Sie nahm sich fest vor, mithilfe von Hills Botschaft und persönlichem Rat die Karriereleiter hinaufzusteigen, ihren Sohn besser zu versorgen und ihm dabei zu helfen, seine eigenen, hochgesteckten Ziele im Leben zu erreichen. Napoleons Lehren waren für sie der letzte Anstoß, um ihren ganzen Mut zusammenzunehmen und über ein Fernstudium einen Abschluss in Buchhaltung zu machen, was ihr dank ihrer Intelligenz leichtfiel, auch wenn die Nächte kein Ende zu nehmen schienen. Und irgendwann würde ihr Sohn Charles Medizin studieren.

Annie Lou fand Hills Vorlesungen ebenfalls sehr motivierend, wenn auch aus einem anderen Grund. Sie war für die Jacobs Press eine wertvolle Mitarbeiterin, weshalb sie ein relativ hohes Einkommen erhielt. Ihr Umgang mit Geld ähnelte dem eines schlauen schottischen Bankiers. Aus diesem

Grund hatte sie ein kleines, sicher angelegtes Vermögen angehäuft, das ihr aller Wahrscheinlichkeit nach, zusammen mit ihrem Job, ein angenehmes Leben ermöglichen würde. Annie Lou faszinierten Napoleons Inhalte auf der intellektuellen Ebene, und sie war ihm zutiefst dankbar, dass er Leila anspornte, mehr aus ihrem Leben zu machen. Nach und nach war sie allerdings von Hill als Person fasziniert. Sie sah in ihm einen Mann, der sein Leben dem Schreiben und dem Geheimnis des Erfolgs gewidmet hatte, der auf intellektueller Ebene auf Augenhöhe mit ihr war. Ein Denker, der ein ruhiges Leben als angesehener Gentleman führte und der doch vor eine Gruppe Menschen treten und sie fast schon hypnotisieren und zu Höhenflügen voller Intensität und Hoffnung bringen konnte. Diesen Mann musste sie unbedingt kennenlernen.

Annie Lou war nicht der Typ Frau, der sich einem Mann an den Hals warf, und da machte sie auch für Napoleon keine Ausnahme. Sie wollte vielmehr mit dem ihr angeborenen Charme und ihrer Herzensgüte seine Aufmerksamkeit erregen. Sie verstand es vortrefflich, aus einem normalen Gruß im Büro oder zu Hause ein Gespräch zu machen, indem sie ganz natürlich und höflich Fragen stellte. Wenn Napoleon sich krankmeldete, stellte Annie Lou sicher, dass er ausreichend heiße Suppe und andere Lebensmittel bekam, wobei sie dafür sorgte, dass es immer Leila war, nicht sie selbst, die das Essen zubereitete und ihm brachte. Ihr Anstand verbot ihr eine solche Zudringlichkeit.

Es kam, wie es kommen sollte. Im Herbst 1941 zeigten Napoleon und Annie Lou unverhohlen ihr Interesse aneinander. Es war beileibe keine stürmische Romanze – Annie Lou war an kurzfristigen Liebeleien nicht interessiert und sah sich auch nicht veranlasst zu heiraten, außer wenn jemand ihr nachweislich mehr bieten könnte, als sie bereits besaß. Auch Napoleons Narben von seiner wechselhaften Beziehung mit Rosa Lee waren noch frisch genug, um ihn davon abzuhalten, sich impulsiv in eine neue Liebe zu stürzen. Und so wurden sie erst mal nur Freunde, die es genossen, Zeit miteinander zu verbringen. Sie gingen zum Essen in Restaurants, machten abendliche Spaziergänge und Ausflüge aufs Land. Oft waren auch Leila und

Charles mit dabei. Die vier mochten einander wirklich und verbrachten viele Stunden zusammen.

Als sich das Jahr 1941 seinem Ende zuneigte, hatte Napoleon Hills Leben wieder neuen Sinn bekommen, und auch sein altes Selbstbewusstsein war wieder voll da. Die Ehe mit Rosa Lee und sein damit einhergegangener finanzieller Ruin waren nur noch eine verschwommene Erinnerung; er konnte schon wieder darüber lachen. Obwohl er 1941 nur eine bescheidene Summe verdient hatte, war es doch in jeder anderen Hinsicht eines seiner besten Jahre gewesen. Er hatte vieles erreicht. *Mental Dynamite* war fertig, seine Vorlesungen hatten in der Region großen Anklang gefunden, und auch seine Romanze mit Annie Lou ließ nichts zu wünschen übrig.

Zudem hatte er in William Jacobs einen Verbündeten gefunden, der voll und ganz hinter Hill und seiner Erfolgsphilosophie stand und der seinen immensen Einfluss in den Südstaaten und bei der Regierung nutzte, um beide in weiten Kreisen bekannt zu machen. Der Text einer Rede von Jacobs, die er am 27. März 1941 vor dem Ausschuss für Südstaatenpolitik des Senats hielt, machte deutlich, dass er Hills Prinzipien und auch dessen Terminologie kunstfertig einsetzte – und vor welch erlauchtem Publikum er sprach:

»Heute Abend steht das Thema ›mehr als verlangt zu tun‹ zur Diskussion, weil dahinter Gedanken stecken, die angesichts unserer misslichen Lage von größter Wichtigkeit sind«, begann Jacobs. Er wollte darüber sprechen, wie der Süden zur Produktion von Kriegsgütern beitragen könnte, die bereits jetzt dringend benötigt wurden, und das, obwohl die Vereinigten Staaten in militärischer Sicht noch nicht am Krieg in Europa beteiligt waren. Er sprach davon, dass Einzelne, aber auch Gemeinden, Unternehmen und Staaten im Gerangel um Rüstungsaufträge darauf erpicht waren, »einen Lohn fürs Nichtstun zu erhalten«, und setzte sich dann für eine Gegenbewegung ein, um »sich für Amerika ins Zeug zu legen und mehr zu tun, als von uns erwartet wird«.

»[Diese] Idealvorstellung ist nicht nur altruistisch, sondern auch praktisch und profitabel«, fuhr Jacobs fort. »Damit kann nicht nur jeder von dem Gesetz des steigenden Ertrags profitieren, sondern auch vom Gesetz des Ausgleichs.«

Fast eine Stunde dauerte Jacobs' Vortrag über Kriegsbereitschaft, nationale Werte, individuelle Beiträge und das unausgeschöpfte Potenzial der Südstaaten, mit dem er einen ganzen Raum voller mächtiger Senatoren zu überreden und zu inspirieren versuchte. Was seine Rede so beeindruckend und mitreißend machte, war seine Fähigkeit, die Sprache von Hills Erfolgsphilosophie mit professionell präsentierten Produktionsstatistiken und Fertigungstrends zu kombinieren, denn schließlich kannte er sich mit Letzteren bestens aus.

Napoleon kannte außer ihm nur noch einen einzigen Vordenker – W. Clement Stone –, der ebenso in der Lage war, seinen großartigen Verstand mit der Hingabe an Hills Erfolgsprinzipien verschmelzen zu lassen. Kein Wunder, dass eine von Hills liebsten Erinnerungen an diese Zeit die Rolle war, die er dabei spielte, Jacobs zu einem entscheidenden Sieg bei seiner persönlichen Kampagne zu verhelfen, mit der er Industrielle aus dem Norden in den Süden Amerikas locken wollte.

Hills Beitrag bestand aus der Formulierung eines geradezu dreisten Vorschlags, den Dr. Jacobs den Leitern von vier Versorgungsunternehmen aus North und South Carolina unterbreitete. Sie sollten eine groß angelegte Marktstudie über die Industriebetriebe des Nordens in Auftrag geben. Die Umfrage zielte darauf ab, sowohl die Vorteile einer Ansiedlung von Betrieben im Süden Amerikas herauszustellen als auch die Frage zu beantworten, welche Betriebe im Falle einer Ansiedlung die größten Chancen auf Erfolg hatten. Der knifflige Teil waren die Kosten. Jacobs und Hill hatten veranschlagt, dass das Projekt nur mit einem Budget von 100.000 Dollar Aussicht auf Erfolg hätte – und das war 1941 auch für bedeutende Energieunternehmen eine hübsche Stange Geld.

Aus diesem Grund verwob Hill in sein Schreiben kunstvolle Formulierungen aus seiner langjährigen Vertriebserfahrung. Dem äußerst überzeugenden Dokument setzte Jacobs' pragmatische Art dann das i-Tüpfelchen auf. Als sich die Firmenbosse nach den Kosten erkundigten, antwortete Jacobs im Brustton der Überzeugung: »200.000 Dollar.« Die Reaktion der Unternehmensleiter war vorhersehbar: Sie zeigten sich ob der Höhe dieser Summe entsetzt, bekundeten jedoch ihren Respekt vor diesem Projekt, nicht nur wegen seiner Größenordnung, sondern auch wegen seines Potenzials, und machten dann einen Gegenvorschlag: Sie wären bereit, Kosten in Höhe von 100.000 Dollar zu übernehmen. Das ließ sich Jacobs nicht zweimal sagen.

Ende 1941 war Jacobs' Umfrage versendet, die erste Auflage von *Mental Dynamite* lag bereits in den Buchläden, und Hill und Jacobs waren eifrigst dabei, Textilfabriken und andere Unternehmen hinsichtlich Hills Philosophie amerikanischer Leistungen auf Kurs zu bringen. Am Morgen des 7. Dezember 1941 intervenierte wieder einmal das Schicksal. Japanische Flugzeugträger starteten einen Überraschungsangriff und zerstörten dabei einen Großteil der amerikanischen Pazifikflotte, die in Pearl Harbor vor Anker lag; keine 24 Stunden später waren Monate der Unentschlossenheit und kontroversen Debatten ein für alle Mal vorbei, und die Vereinigten Staaten erklärten erst Japan offiziell den Krieg und dann ihren Eintritt in den Zweiten Weltkrieg. Zuvor hatten die Achsenmächte den USA den Krieg erklärt. Der Kriegseintritt der Vereinigten Staaten führte zu plötzlichen und weitreichenden Änderungen. Hunderttausende junge Männer im wehrfähigen Alter standen mit einem Mal weder dem Arbeitsmarkt noch den Universitäten zur Verfügung, da sie sich den Streitkräften anschlossen, die industriellen Großbetriebe stellten die Produktion auf Kriegsmaterial um, und der zivile Verbrauch einer ständig wachsenden Liste von kriegsrelevanten Gütern wurde streng rationiert.

Kaum war Amerika dem Krieg beigetreten, da setzte die Regierung Papier auf die Liste der rationierten Waren. Das wenige Papier, das für den »unwesentlichen Gebrauch« übrig war, war ungemein teuer und schwer zu beschaffen. Da die erste Auflage von *Mental Dynamite* fast schon vergriffen war und für die zweite kein Papier zur Verfügung stand, wurde Hills 17-bändiger Text ein erstes Kriegsopfer. Als Nächstes waren Hills Vorlesungen über menschliche Leistungen an der Reihe, was nur eine Frage der Zeit gewesen war, denn Studenten waren damals ebenso rar gesät wie

Lehrbücher. Jacobs bot Napoleon an, ihm weiterhin sein Gehalt zu zahlen, nachdem sich die beiden darauf geeinigt hatten, ihre Pläne für die gesamte Kriegsdauer auf Eis zu legen, aber Hill sah sich außerstande, die – wie er es nannte – Almosen anzunehmen. Und so kam es, dass Napoleon Hill genauso urplötzlich, wie sich Amerika auf einmal im Krieg befand, wieder einmal ohne Arbeit dastand. Nur dieses Mal war er schon 57, und er befand sich mitten auf dem Land im tiefsten Süden der Vereinigten Staaten.

Millionen Amerikaner fanden sich wegen des Kriegs in einer ähnlich schockierenden Lage wieder. Doch Napoleon Hill war wie kein anderer darauf eingestellt. Nach zahlreichen Höhen und Tiefen hatte er gelernt, mit einer plötzlichen, dieses Mal durch den Krieg bedingten Wende in seinem Leben umzugehen. Ehrlich gesagt war es für ihn gar nicht so schlimm. Als jemand, der felsenfest an das glaubte, was er predigte, betrachtete er die großen Katastrophen des Lebens als Auftakt der großen Errungenschaften. Noch während er dasaß und über seinen nächsten Schritt in Bezug auf Annie Lou und Leila nachdachte, verflog sein Bedauern über das traurige Los, das *Mental Dynamite* und seine Vorlesungen zur »Philosophie der amerikanischen Leistungen« ereilt hatte, da er sich schon sehr auf das nächste Abenteuer freute. Die Vereinigten Staaten erlebten in den ersten Tagen nach Kriegseintritt auf dem Schlachtfeld einen vernichtenden Rückschlag nach der anderen. Ihre einzige Hoffnung bestand darin, so lange an der Front durchzuhalten, bis es dem Volk zu Hause gelang, die potenziell alles vernichtende Kriegsmaschinerie des Landes so schnell wie möglich anzuwerfen. Es gab so viel zu tun, dass niemand so recht zu wissen schien, womit Amerika anfangen sollte. Was würde sich lohnen? Hill quälte aber zudem noch die Frage, was er tun könnte, um in Annie Lous Nähe bleiben zu können und so ihre zarte Beziehung zu vertiefen.

Napoleon Hills Bestimmung während des Kriegs ergab sich passenderweise durch einen der idealistischsten und kreativsten Unternehmer Amerikas. R. G. LeTourneau besaß ein gigantisches Imperium von Produktionsstätten, das gemeinsam mit einer Handvoll anderen Betrieben den Großteil an Erdbewegungsmaschinen, die von den Alliierten eingesetzt wurden, herstellte und so gut wie alle anderen Schwermaschinen, die in Amerika zum Einsatz kamen.

Der Ausbruch des Zweiten Weltkriegs sorgte dafür, dass die Auftragsbücher von LeTourneaus Firmen zum Bersten voll waren, denn die Nachfrage nach den Ungetümen – Bagger, Kräne, Tiefaufreißer, Zugmaschinen und Straßenwalzen – war enorm. Diese Maschinen kamen bei größeren Projekten wie dem Bau von Straßen, Landebahnen, Brücken und Dämmen zum Einsatz, allesamt Bauprojekte, die Amerika in fieberhaftem Tempo im eigenen Land, aber auch an Hunderten von strategischen Standorten vorantrieb, die nicht von Hitler und seinen Truppen vereinnahmt waren. Dieses Unternehmensimperium hatte schon so manche Höhen er- und Tiefen überlebt, was vor allem dem schöpferischen Geist von R. G. LeTourneau zu verdanken war. Zwar hatte LeTourneau keine Highschool besucht, aber er war ein äußerst talentierter Tüftler, dessen autodidaktisch erworbene Fähigkeiten als Konstrukteur und Ingenieur im Laufe seiner Karriere mehr als 200 Patente hervorbrachten. Als Unternehmensleiter hatte er mithilfe seines einzigartigen Gespürs für Innovationen dafür gesorgt, dass sein Betrieb als Bezugsquelle einzigartiger Maschinen galt, die die Bauzeiten bei größeren Projekten erheblich verkürzten. Genau diese Maschinen waren für die Kriegsbemühungen der Alliierten überlebenswichtig.

Die Auftragslawine überrollte LeTourneaus Fertigungsstätten in Illinois, Mississippi und Georgia. Fast ein Jahrzehnt hatten die Werke ums Überleben gekämpft, die Belegschaft war zusehends ausgedünnt worden, doch mit einem Mal stellte die LeTourneau Company mit atemberaubendem Tempo immer mehr Arbeiter ein, legte zusätzliche Schichten fest und bat das Stammpersonal, so viele Überstunden wie möglich zu leisten … Gleichzeitig suchte das Unternehmen händeringend nach zuverlässigen Bezugsquellen für Stahl, Bauteile und andere Komponenten, die plötzlich in weit größeren Mengen benötigt wurden als je zuvor.

Von allen Betriebsstätten der LeTourneau Company war vor allem das Werk in Toccoa, Georgia, keine 180 Kilometer westlich von Clinton, von dem einsetzenden Chaos betroffen. Durch die Flut der Bestellungen kam es in der Belegschaft häufig zu Meinungsverschiedenheiten, was sich in einem alarmierenden Nachlassen der Produktivität und Qualität niederschlug. Die Anzahl der Fehlstunden in dem Werk mit seinen rund 2000 Arbeitern verdoppelte sich in wenigen Monaten. Die Beschwerden über unzumutbare Arbeitsbedingungen stiegen exponentiell an; an nur einem Tag erreichten 30 solcher Klagen die Geschäftsführung. Doch das war noch längst nicht alles. Aufgrund der negativen Stimmung traten auch Gewerkschaftsorganisatoren auf den Plan, im Arm eine prall gefüllte Kriegskasse, die die Gunst der Stunde nutzen wollten, um Gewerkschaften in den Südstaaten zu etablieren.

Für R. G. LeTourneau und seine Manager war die Situation eine einzige Katastrophe. Sollte es ihnen nicht schon bald gelingen, die Probleme mit der Produktivität und Qualität in den Griff zu kriegen, drohte dem Unternehmen das Aus. Nachdem es den während der Großen Depression herrschenden Mangel mit knapper Not überlebt hatte, lief es jetzt Gefahr, an den gewaltigen kriegsbedingten Anforderungen zu ersticken.

Abgesehen von rein wirtschaftlichen Fragen hatte R. G. LeTourneau auch ein ganz persönliches Problem mit der Gewerkschaft. Anders als die üblichen Verdächtigen, die die Arbeiterorganisationen aus rein finanziellen Gründen ablehnten, war LeTourneaus Kritik rein philosophischer Natur. Er war tiefreligiös und verfolgte geradezu utopische Träume. Er wollte mit seinem Privatvermögen Krankenhäuser, Schulen und Missionarsposten im Ausland finanzieren. Für ihn war sein Imperium nichts anderes als eine gute Möglichkeit, ein soziales Modell des Kapitalismus zu schaffen – bei dem jeder für das Allgemeinwohl arbeitete und im Gegenzug dafür fair bezahlt wurde, einen sicheren Arbeitsplatz hatte und sich dem fantastischen Gefühl, erfolgreich zu sein, hingeben konnte. Das Problem, das LeTourneau mit den Gewerkschaften hatte, war, dass sie – ob nun ehrlich oder korrupt – Loyalität gegenüber der Arbeiterorganisation einforderten, dem Arbeitgeber aber mit Misstrauen, um nicht zu sagen Feindseligkeit gegenübertraten und dies von all ihren Mitgliedern ebenfalls verlangten. LeTourneau hegte einen so tiefen Groll, dass er jedes Werk verkaufte, sobald sich die Gewerkschaft dort breitgemacht hatte. Doch zum Glück würde das erst wieder in knapp 20 Jahren geschehen, was er zumindest zum Teil Napoleon Hill zu verdanken hatte.

Die Geschäftsleitung des Werks in Toccoa setzte sich regelmäßig am runden Tisch zusammen, um gemeinsam Lösungen für die sich immer mehr zuspitzende Krise zu erarbeiten. Bei einer solchen Besprechung wollte sie von einem jungen Manager wissen, weshalb sein Team kaum Anzeichen der Unruhe zeigte, die ansonsten das gesamte Werk befallen hatte.

Er schrieb seinen Erfolg Hills Buch *Think and Grow Rich* zu. Er hatte es seinen Vormännern zu lesen gegeben, anschließend besprachen sie des Öfteren, wie sie Hills Prinzipien auf die Probleme, die es im Werk gab, anwenden konnten. Als R. G. LeTourneau davon erfuhr, wies er sogleich den Geschäftsführer an, Hill einen Posten als Berater seines Unternehmens anzubieten.

Besser hätte es für Napoleon sowohl in privater als auch in beruflicher Hinsicht nicht laufen können. Toccoa lag so nah an Clinton, dass Annie Lou und er ihre Beziehung zumindest an den Wochenenden fortsetzen könnten. Dass mittlerweile der Kraftstoff rationiert war, war kein Problem, denn LeTourneau würde ihm als einer der größten Zulieferbetriebe des amerikanischen Staates ohne Weiteres Bezugsscheine besorgen können. Die Strecke von rund 180 Kilometern zwischen Toccoa und Clinton war angenehm zu fahren – die beiden Gemeinden waren über einen gut ausgebauten Highway miteinander verbunden, und aufgrund der Rationierung von Benzin gab es kaum Verkehr.

Die Lage in den LeTourneau-Werken war für Hill die Chance seines Lebens. Zwar war seine Erfolgsphilosophie mittlerweile schon des Öfteren in einem beruflichen Umfeld angewendet worden, aber üblicherweise diente sie dazu, den Umsatz anzukurbeln. Endlich bot sich Hill die Chance, seine Prinzipien in einer Fabrik anzuwenden und damit der ganzen Welt bedeuten zu können, dass Lohnarbeiter genauso konstruktiv und schnell auf seine Philosophie reagierten wie Vertriebspersonal und Manager. Und er würde der Welt zeigen können, dass sich jedes Ziel erreichen lässt, sobald die Arbeiterschaft und die Führungsriege erst einmal dieselbe Sprache sprechen.

Zu guter Letzt bot LeTourneau Hill auch noch die einmalige Gelegenheit, die Pläne weiterzuverfolgen, die ihn nach seiner Scheidung nach Clinton geführt hatten. Napoleon wäre in der Lage, die Industrialisierung der Südstaaten einen Riesenschritt voranzubringen, wenn er dazu beitrüge, aus der Fabrik in Toccoa ein Musterwerk und Vorbild für andere zu machen. Er hatte vor, dieses Ziel mithilfe von Vorträgen zu seiner Philosophie amerikanischer Leistungen zu erreichen und auf diese Weise seiner und William Jacobs' Arbeit zu einem glorreichen und bemerkenswerten Höhepunkt zu verhelfen. *Mental Dynamite* war zwar ein Kriegsopfer geworden, aber sein Evangelium des Erfolgs und der Selbstverwirklichung würde fester Bestandteil der amerikanischen Kriegsbemühungen werden – da war er sich sicher.

Hill brauchte nicht lange, um den Ursachen der angespannten Lage in der Fabrik in Toccoa auf den Grund zu gehen. Sie litt unter den gleichen Problemen, die zahllose amerikanische Produktionsstätten bereits gehabt hatten, seit das Zeitalter der Industrialisierung in den 1890er-Jahren in Amerika angebrochen war. Hill hatte schon oft darüber geschrieben, vor allem in *Hill's Golden Rule* und *Napoleon Hill's Magazine*. Unter den Lesern beider Magazine waren viele Arbeiter, die sich mit Hills Philosophie auseinandersetzten, weil sie nach einem besseren Leben strebten. Als ihr Ratgeber, der sie inspirierte, hörte Hill auch viel über das Leben, dem sie entrinnen wollten. LeTourneau war ein Fall wie aus dem Lehrbuch.

Mal abgesehen von R. G. LeTourneaus Idealismus und den fairen Löhnen, die das Unternehmen seinen Arbeitern zahlte, war die Kluft zwischen den Managern und der Arbeiterschaft riesengroß. Wie es damals in fast allen Fabriken Amerikas üblich war, übernahmen LeTourneaus Manager das Denken und gaben Anweisungen. Die Arbeiterschaft war in ihren Augen nur dazu da, die ganze Arbeit zu verrichten. Über Arbeiter zu bestimmen, war selbstverständlich – bis sie aufgrund der enormen Belastung durch das hohe Auftragsvolumen rebellierten. Das zermürbende Arbeitstempo trieb ihnen den Schweiß auf die Stirn und belastete sie bis an den Rand der Erschöpfung, und dennoch hörte der unerbittliche Druck nicht auf, immer mehr immer schneller und besser produzieren zu müssen.

Hill ging das Problem systematisch an. Zunächst einmal unterrichtete er die Topmanager von Toccoa in seiner Philosophie amerikanischer Leistungen und erklärte ihnen alle 17 Erfolgsprinzipien (im Rahmen seiner Überarbeitung waren noch mehr dazugekommen) und wie sie sich auf zwei Ebenen anwenden ließen: zum einen auf den einzelnen Manager und zum anderen auf die ihm unterstellten Arbeiter. Das Schöne an Hills Philosophie war, dass sich ihre Prinzipien – obgleich sie für den Einzelnen gedacht waren – auch einfach auf Gruppen und sogar Unternehmen anwenden ließen.

Jede Leistung, lehrte Hill die Manager, basierte auf einem Hauptziel. Dann bat er sie, ihre Ziele aufzuschreiben, und brachte sie dazu, kleinere Ärgernisse und Schwierigkeiten von den grundlegenden Zielen ihrer beruflichen Laufbahn und ihrer Verantwortung bei LeTourneau zu trennen. Dann sprachen sie darüber, welche Ziele die Tagelöhner verfolgten – in ihrem Privat- und ihrem Berufsleben, auch wenn Letzteres vielleicht nur ein Zwischenhalt auf ihrem Weg zum Erfolg war.

Ein Manager nach dem anderen kam zu dem Schluss, dass Arbeiter, die in ihrem Leben ein Hauptziel verfolgten, keine Gefahr für das Unternehmen darstellten. Ganz im Gegenteil, wenn sich ihr Hauptziel im Werk mit ihren Zielen im privaten Bereich deckte, profitierte ihr Arbeitgeber sogar davon. So führten Ziele und Zielsetzungen zu einer Diskussion des Mastermind-Prinzips. Im Werk von LeTourneau hieß das, Tagelöhner und Festangestellte gleichermaßen dazu zu bringen, sich mit Haut und Haaren den Unternehmenszielen zu verschreiben. Ein Ding der Unmöglichkeit? Nicht wenn jeder ein Hauptziel verfolgt, das umgesetzt werden kann, indem die Unternehmensziele erreicht werden, erklärte Hill. Ganz gleich, ob das Ziel eines Einzelnen ein sicherer Arbeitsplatz oder eine Beförderung oder auch nur Zufriedenheit mit seinem Job ist, er wird von einer Mastermind-Allianz profitieren, denn wenn das Unternehmen erfolgreich ist – wovon ausgegangen werden kann –, wird sein Beitrag, der von Anfang an klar umrissen ist, gewürdigt.

Es gab 1942 nur wenige Konzepte für das Management einer solchen Produktionsstätte, die idealistischer waren als Hills Mastermind-Prinzip. Doch auch LeTourneaus Unternehmenskultur war Idealismus nicht fremd, weshalb die Manager dort offen für Hills Worte waren. Wie, fragten sie sich, könnten sie es schaffen, die Mauer niederzureißen, die im Laufe der Zeit zwischen ihnen und den Arbeitern entstanden war, um dann eine Mastermind-Allianz zu bilden und sich auf gemeinsame Ziele zu einigen? Hill erklärte ihnen der Reihe nach die anderen 15 Prinzipien und zeigte auf, wie sich damit ein harmonisches und vertrauensvolles Betriebsklima schaffen ließ.

Seine Lektion über die Entwicklung einer angenehmen Persönlichkeit führte zu einer der ersten und wichtigsten Diskussionen. »Nur wer über eine angenehme Persönlichkeit verfügt, kann andere dazu motivieren, ihm beim Erreichen von Zielen behilflich zu sein«, dozierte Hill. Anschließend erklärte er mehr als zwei Dutzend Eigenschaften, die eine angenehme Persönlichkeit ausmachten, und bat seine Zuhörer dann, diese auf ihr jeweiliges Arbeitsumfeld anzuwenden. Als Erstes wurde eine positive Grundhaltung genannt – nichts ist demoralisierender, als für jemanden zu arbeiten, der wütend oder frustriert ist oder der nicht hinter den gemeinsamen Zielen steht. Die Anpassungsfähigkeit war nicht minder wichtig, denn nur damit ist ein Vorgesetzter in der Lage, andere zu verstehen und mit ihnen mitzufühlen.

Und weiter ging es mit Ehrlichkeit, Entschlossenheit, Zugewandtheit, Takt, einem wohlklingenden Tonfall, Toleranz, Direktheit und Humor. Im Prinzip war die Lehrstunde über eine angenehme Persönlichkeit nichts anderes als ein Kurs über Menschenwürde, Rücksichtnahme auf die Wünsche und Bedürfnisse anderer und das Schaffen von Harmonie durch gegenseitigen Respekt. Mit den üblichen Standards der damaligen Führungspraxis hatte das im Grunde nichts zu tun, aber seine Zuhörer konnten der Logik von Hills Konzept dennoch bestens folgen.

In Vorträgen und Diskussionsrunden eigneten sich die Manager von Toccoa auch Wissen über die anderen Prinzipien an – Eigeninitiative und die Gewohnheit, immer noch eine Schippe draufzulegen, Klarheit im Denken, Kreativität und die Anwendung der Goldenen Regel.

Allmählich änderte sich das Arbeitsleben in der Fabrik in Toccoa. Die Manager waren so inspiriert von Napoleon Hill wie jede andere Gruppe auch, die er im Laufe seiner langen und glorreichen Karriere kennengelernt hatte. Zudem standen sie voll und ganz hinter seinem logischen Ansatz, wie sich Einzelne, aber auch Gruppen zu Leistungen anspornen lassen. Sie setzten das Gelernte sogleich in die Praxis um und sahen, dass es funktionierte. Hill hatte ihnen kein Allheilmittel in die Hand gedrückt, sie jedoch gelehrt, wie sie subtile, positive Veränderungen in ihren Beziehungen untereinander und zu den Vorarbeitern und Aufsichtspersonen, die ihnen berichteten, bewirken konnten.

Kurze Zeit später wurden auch Aufseher, Vorarbeiter und Werkmeister in Hills Philosophie geschult – was zu ähnlichen Ergebnissen führte. Wortkarge Mitarbeiter reagierten zunächst mit Unglauben, zeigten aber rasch Interesse, als ihre Vorgesetzten immer mehr davon absahen, ihnen Anweisungen zu erteilen, sondern sie stattdessen in Diskussionen über Ziele verwickelten – und sich alle Mühe gaben, dabei höflich zu sein und Begeisterung zu vermitteln.

Nach und nach zeigten auch die Arbeiter die gleiche Reaktion wie ihre Vorgesetzten, und das operative Geschäft von LeTourneaus überlebenswichtiger Fabrik in Toccoa begann, eine vielversprechende Wendung zu nehmen.

Man muss dem Managementteam von LeTourneau zugutehalten, dass es Hill quasi den perfekten Lehm zur Verfügung stellte, aus dem ein Reformer wie er einen neuen Umgang von Geschäftsleitung und Arbeiterschaft formen konnte. Schließlich wussten die Manager von R. G. LeTourneaus utopischen Träumen, und sie scheuten weder die Arbeit, noch ließen sie sich von Hills bildreichen Lösungen verschrecken. Fakt ist, dass sie so begeistert von Hills Lehre waren, dass sie ihn baten, auch Kurse für die Arbeiter und später dann für ganz Toccoa zu geben.

Ende 1942, als die Unternehmensführung beschloss, Hills Programm auf das gesamte Werk anzuwenden, stand Toccoa kurz vor einer Veränderung, die zuvor niemand für möglich gehalten hatte. Im Oktober hatte der Werkleiter Joe Salvador festgestellt, dass sich so manches zum Guten gewandelt hatte. Vor allem beeindruckte ihn, dass manche seiner Stellvertreter geradezu Karriere machten – und es waren die, denen er das im Leben nicht zugetraut hatte. »Mehrere Männer haben an diesem Kurs teilgenommen, von denen ich dachte, sie würden es aufgrund ihres Wesens nicht bis nach ganz oben schaffen. Auch wenn der Kurs noch andauert, sind die Veränderungen beeindruckend. Sie kommen auf einmal mit den Leuten aus, mit denen sie zuvor immer wieder aneinandergeraten sind.«

Sechs Wochen später bedankte sich Salvadors Produktionsleiter Earl Rhoads schriftlich bei Dr. William Jacobs für die Philosophie amerikanischer Leistungen. »Wir können gar nicht abschätzen, wie wertvoll Ihre Arbeit für unseren Kurs war. Ich kann nur sagen, dass ich einen konkreten Nutzen davon gehabt habe, und wie ich hörte, erging es meinen Kollegen nicht anders. Die Lektionen über Hauptziele, Persönlichkeit, Einstellung und angewandten Glauben haben zu Ergebnissen von unschätzbarem Wert geführt.«

Die Begeisterung im Unternehmen für die Philosophie amerikanischer Leistungen war gerechtfertigt. Ende 1943 gab es durchschnittlich nur noch eine einzige Mitarbeiterbeschwerde pro Woche, die Fehlzeiten lagen bei erstaunlichen 3 Prozent, die Produktivität war das ganze Jahr über gleichbleibend hoch, und die Belegschaft hatte die Gewerkschaftsorganisatoren vor die Tür gesetzt. Am 27. Dezember verfasste Jack Salvador, der Generaldirektor und Geschäftsführer der LeTourneau Company of Georgia, gemeinsam mit drei weiteren Führungskräften ein Dankesschreiben an Hill, in dem sie ihm ihre Anerkennung dafür zollten, was er in weniger als zwei Jahren alles bewirkt hatte. »Die freundschaftlichen Gefühle, die Ihnen unsere Belegschaft und die Geschäftsführung entgegenbringen, werden auf jeden Fall andauern, denn sie gründen auf den vielen dauerhaften Vorteilen, die aus Ihrer Freundschaft uns gegenüber erwachsen sind.«

In den darauffolgenden Jahren zog Napoleon Hill LeTourneau oft als Beispiel dafür heran, dass Lernen trotz aller Widrigkeiten möglich ist und dass das Mastermind-Prinzip und Teamarbeit wahre Wunder bewirken können. Schnell war vergessen, dass LeTourneau Anfang 1942 am Rande des Abgrunds stand, denn das restliche Jahrzehnt konnte er überwältigende Erfolge feiern. Für seinen wertvollen Beitrag zu den Kriegsanstrengungen der Amerikaner wurden ihm Respekt und Anerkennung gezollt. Es dürfte sich dabei wohl um die beeindruckendste Anwendung von Hills Erfolgsprinzipien gehandelt haben. Die Ironie daran ist, dass viele seiner Theorien in großem Maßstab nach dem Krieg in japanischen Fabriken umgesetzt wurden, nur um dann vier Jahrzehnte später wieder in Amerika zu landen.

Napoleon war unter der Woche gut damit beschäftigt, das Werk in Toccoa zu reformieren, und die meisten Wochenenden verbrachte er in Clinton, wo er in gemäßigtem Tempo weiterhin um Annie Lou warb. Annie Lou hatte es nicht eilig, und zum ersten Mal in seinem Leben kostete Napoleon die schwere Süße des Müßiggangs.

Hätte sich Annie Lou mit weniger begnügt, wäre es mit ihrer Romanze wahrscheinlich eher nicht weitergegangen. Sie schienen das Motto »Gegensätze ziehen sich an« zu leben: Auf der einen Seite ein extrovertierter Mann, der seine Auftritte vor großem Publikum liebte, und auf der anderen Seite eine eher reservierte Frau, die zu Mäßigung und Tiefstapelei neigte. Er schuf Neues, sie bewahrte Altes. Er machte ein Vermögen und verlor es dann wieder, sie konnte sehr gut mit Geld umgehen. Er kritisierte alles und jeden, sie verzieh jedem alles. Er war spontan, sie bedacht. Ein Freund scherzte einmal, sie würden eine »platonische«[1] Beziehung führen – »play«, also spielerisch, für Napoleon, »tonic«, kräftigend, für Annie Lou. In Wirklichkeit war es

1 A. d. Ü.: Auf Englisch »platonic«, was sich ähnlich anhört wie »play-tonic«.

jedoch umgekehrt. Ihre Beziehung verlieh Napoleon viel Kraft, denn seine früheren Liebschaften – auch die mit Florence – waren so unbeständig und nervenaufreibend wie seine berufliche Laufbahn gewesen.

Zuerst waren sie nur Freunde, dann enge Freunde und dann … So wollte Annie Lou das. Außerdem gehörten zu ihrer Beziehung mehr als nur sie beide. Annie Lou hatte eine Familie und einen großen Freundeskreis, der in den zwei Jahren seines Werbens um sie allmählich auch seiner wurde. Auch mit ihrer Kernfamilie pflegte er Kontakt, vor allem zu ihrer Schwester und deren Sohn Charles.

Als Napoleons Job in Toccoa sich 1943 seinem Ende zuneigte, beschlossen Napoleon und Annie Lou zu heiraten. Die Zeremonie war so schlicht und elegant wie ihre Beziehung. Die Hochzeit fand einen Tag vor dem Heiligen Abend in der Wohnung von Annie Lou und Leila statt. Der baptistische Prediger weigerte sich, die Trauung vorzunehmen, weil Napoleon schon zweimal geschieden war. Deshalb übernahm Dr. Dudley Jones, der ehemalige Pastor von Clinton's First Presbyterian Church, die Zeremonie; assistiert wurde ihm von keinem Geringeren als Dr. William Jacobs.

Annie Lous Nichte spielte die Hochzeitsmusik, und Leila sang »The Sweetest Story Ever Told«. Annie Lou und Napoleon gaben sich vor einem wunderschönen antiken Kamin das Jawort, auf dessen Sims ein Weihnachtsstern stand und zahlreiche Blumen verstreut waren.

Selbst eine so erfahrene Spielernatur wie Napoleon Hill wunderte sich über die unglaublichen Veränderungen, die die Zeit so mit sich brachte. Noch zwei Jahre zuvor war er über Weihnachten ganz allein gewesen, pleite und bis ins Mark gedemütigt. Und jetzt war eine starke Frau an seiner Seite, er war Teil einer großen Familie und hatte sowohl in Clinton als auch in Toccoa die besten Freunde seines Lebens.

Annie Lou und Napoleon fuhren mit gemischten Gefühlen in die Flitterwochen: Einerseits waren sie glücklich und froh, einander gefunden und eine vertrauensvolle Grundlage für eine lange und liebevolle Ehe geschaffen zu haben, andererseits waren sie traurig, weil sie das große Abenteuer der Liebe aus ihrem vertrauten Umfeld riss. Ihre erste Station war Toccoa, wo ein großes Fest geplant war, sie sich aber auch von Napoleons engen Freunden und ehemaligen Kollegen bei LeTourneau verabschieden mussten, um dann nach Kalifornien weiterzureisen, wo sie gemeinsam ein neues Leben aufbauen wollten.

In Napoleons Fall mag es nichts anderes gewesen sein als das reine Fernweh, das ihn im Winter 1943 von Clinton wegzog, doch Annie Lou hatte mit Weitsicht und Charme darauf gepocht, dass er auf jeden Fall erst mal einen Plan erstellte. Er hörte auf sie, und sein Plan ließ nichts zu wünschen übrig. Mit 59 Jahren wollte er mit seinem Geschäftsevangelium Neuland betreten. Kalifornien war der ideale Ort dafür, die Wirtschaft blühte jetzt, da der Krieg vorüber war, die Bevölkerung wuchs rasch, und das Klima war mild. Obwohl er nur selten Vorträge in Kalifornien gehalten hatte, war er in diesem Bundesstaat ein bekannter Autor, der bei seinen Reden von hohen Zuschauerzahlen ausgehen konnte. Erste Recherchen hatten ergeben, dass *Think and Grow Rich* in Los Angeles so nachgefragt war, dass die öffentliche Bücherei über 70 Stück davon zum Ausleihen bereithielt. Napoleon schwärmte Annie Lou vor, dass er an einem solchen Ort auf Jahre gesehen Hörsäle füllen könnte; und er sollte damit recht haben.

Das restliche Jahrzehnt über lernte Hill, wie schön das Leben sein kann. Er hielt häufig Vorträge über seine Philosophie amerikanischer Leistungen, war aber nie weit von seinem Zuhause weg. Die Pacific International University verlieh ihm einen Ehrendoktor in Literaturwissenschaften und ernannte ihn kurze Zeit später zum Dekan der neuen Fakultät für Technikphilosophie. Dahinter steckte die Absicht, kalifornischen Industriellen die Geschichte von LeTourneau zu vermitteln; Hills Aktivitäten auf diesem Gebiet erhöhten zwar seine Popularität als Redner, aber sein Einfluss auf die Arbeitswelt in Kalifornien war viel geringer, als er bei LeTourneau gewesen war.

Seine Tätigkeit an der Universität, seine eigenen Vorträge und seine Arbeit als Berater sicherten Hill ein nicht unerhebliches Einkommen, doch er war auch stets darauf bedacht, viel Zeit mit Annie Lou zu verbringen und das

Leben zu genießen. 1947 – Hill war inzwischen 63 – zeigte er erste Anzeichen von Ruhelosigkeit. Er hatte zahlreiche Anhänger und zog noch immer begeisterte Massen an, wo immer er auch auftrat. Doch er brauchte eine neue Herausforderung, da ihn der Erfolg allmählich zu langweilen begann. Aus diesem Grund schloss er mit KFWB Radio, einem großen unabhängigen Radiosender, der in Hollywood saß, einen Vertrag über ein 30-minütiges Rundfunkprogramm, das jeden Sonntag von 15.30 bis 16.00 Uhr lief. Obwohl die Konkurrenz um diese Uhrzeit sehr groß war und andere beliebte Sendungen zu hören waren, wurde seine Show ein großer Erfolg. Über Jahre kamen Hunderttausende Kalifornier in den Genuss, Hills Erklärung seiner Erfolgsphilosophie zu lauschen. Hill hatte darauf bestanden, dass er einen Teil seiner Vergütung in Form von Sendezeit erhielt, die er für Werbung für seine Vorträge, Bücher und Dienste als Berater nutzte. Der Geschäftsleitung des Radiosenders zufolge gab es zu Hills Sendung mehr Hörerzuschriften als zu jedem anderen Sonntagsprogramm von KFWB.

Der Erfolg von Napoleons Radioshow erhöhte die Nachfrage nach seinen Vorträgen noch weiter, vor allem bei Unternehmen und Handelskonzernen. In den drei Jahren, in denen er auf Sendung war, reiste Hill quer durch Kalifornien, schrieb an seinen Manuskripten und hielt Reden – alles mit der gleichen halsbrecherischen Geschwindigkeit, wie er sie in jungen Jahren an den Tag gelegt hatte. Mit Anfang 60 sah er aus wie ein 45-Jähriger, besaß den Charme eines 35-Jährigen und verfügte über die Energie eines Teenagers.

Während Napoleon seine lebenslange Mission im Namen des persönlichen Erfolgs fortsetzte, kümmerte sich Annie Lou um die geschäftlich-organisatorischen Belange und führte den Haushalt. Die äußerst pragmatische und willensstarke Annie Lou wusste genau, was im Leben zählte, und hielt Napoleon den Rücken frei, sodass er sich auf seine Ziele konzentrieren konnte. Zudem hielt sie ihn davon ab, zu viele Projekte auf einmal in Angriff zu nehmen. Sie passte auf, dass er nicht zum Opfer von Betrügern und Scharlatanen wurde, die mit dem arglosen Hill einst leichtes Spiel hatten.

Annie Lou tat aber noch mehr für Napoleon, als sich um geschäftliche Dinge zu kümmern. Sie bot ihm zum ersten Mal in seinem Leben als Erwachsener ein richtiges Familienleben. Von ihr kam emotionale und spirituelle Unterstützung, sie hielt den Kontakt zu ihren Freunden in Clinton und Toccoa, indem sie ihnen regelmäßig herzliche Briefe und fürsorgliche Karten schickte, und sie begleitete Hill auf vielen seiner Reisen. Zudem hielt sie auch die Verbindung zu Napoleons Söhnen David, Blair und James aufrecht. Sie mochten diese warmherzige und aufrichtige Frau, und aufgrund ihrer Fürsprache nahmen David und Blair die alte Gewohnheit wieder auf, ihrem Vater eine Karte zu Weihnachten und seinem Geburtstag zu senden. Auch wenn diese Lebenszeichen nicht unbedingt vor Warmherzigkeit strotzten – Annie Lous Versuche, Vater und Söhne wieder voll und ganz miteinander zu vereinen, waren leider nicht von Erfolg gekrönt –, trugen sie doch dazu bei, dass Napoleon sein schlechtes Gewissen und sein Bedauern überwinden konnte, die er wegen seines Versagens als Vater verspürte. In diesem Sinne hatte Annie Lou Napoleons Leben – und möglicherweise auch das seiner Söhne – um einiges schöner gemacht.

Kurz vor seinem 65. Geburtstag 1949 beschloss Napoleon, beruflich künftig etwas kürzer zu treten. Zwar war er noch nicht bereit, sich völlig aus dem Geschäftsleben zurückzuziehen, aber er wollte mehr Zeit mit Annie Lou verbringen, das unbeschwerte und zwanglose Leben in Kalifornien genießen und mehr über sich und sein Leben nachdenken. Seit er Wise County auf der Suche nach Ruhm und Reichtum den Rücken gekehrt hatte, war ein halbes Jahrhundert vergangen. Und auch wenn er beides gefunden hatte, war es doch eine schnelle und wilde Fahrt auf der Achterbahn des Lebens gewesen. Zwar hatte er sich seinen Ruhestand durchaus verdient, aber er wusste genau, dass er dem nichts abgewinnen könnte. Deshalb machte er ausnahmsweise mal nur halbe Sache und entschied sich für einen »Teilzeitruhestand«. Er hörte mit seiner Radiosendung auf, setzte seine Schreiberei als Hobby fort und hielt nur noch eine begrenzte Zahl an Vorträgen. Es war die perfekte Mischung aus Freizeit und Arbeit – sowohl für Annie Lou als auch für ihn. 1950 kam und ging, und Napoleon stellte mit einem Grinsen fest, dass es zehn Jahre hintereinander zu keiner persönlichen Katastrophe gekommen war. Endlich waren Ruhe und Zufriedenheit in sein Leben eingekehrt, und er sah keinen Grund, daran etwas zu ändern.

Am 2. Mai 1951 verfassten Napoleon und Annie Lou eine einseitige Erklärung ihrer »dringlichen Hauptziele«. Dieses von beiden unterzeichnete Dokument legte fest, womit Napoleon in seinem Teilzeitruhestand seine Brötchen verdienen sollte. Es gab mehrere Einnahmequellen, darunter der Verkauf von Hills *Law-of-Success*-Lehrbüchern[2] für das Selbststudium und die Vermarktung von *Believe and You Shall Achieve*, an dessen Manuskript er zu dieser Zeit arbeitete. Ein weiterer Punkt auf dieser Liste bezog sich darauf, Schulden eines Geschäftspartners in Rio de Janeiro einzutreiben, und noch ein anderer darauf, Sponsoren für eine Fernsehsendung zu finden, die auf den 17 Erfolgsprinzipien basieren sollte. Es dürfte nur wenige Menschen geben, die sich für ihren Ruhestand eine solch lange Liste vornehmen, und Napoleon war einer von ihnen. Als letzter Punkt war zu lesen: »Ein ausreichendes Einkommen aus all den oben genannten Quellen, damit wir für den Rest unseres Lebens ohne größere Anstrengungen unsere *Bedürfnisse* decken und *persönlichen Wünsche* erfüllen können, zumal wir das Recht darauf bereits durch unsere Leistungen in der Vergangenheit erworben haben.«

Doch auch als Napoleon sich aus der Öffentlichkeit zurückzog, um seinen Lebensabend zu genießen, hatte das Schicksal noch etwas mit ihm vor. Wochen nachdem er und seine Frau ihre Vorsätze für ihre gemeinsame Zukunft festgelegt hatten, sollte er eine Rede vor einem Zahnarztkongress in Chicago halten, was schon lange Zeit vorher ausgemacht worden war … Dieser Auftritt würde sein Leben und das unzähliger anderer Menschen für immer ändern.

Kurz vor Hills Vortrag in Chicago griff Dr. Herb Gustafson, niedergelassener Zahnarzt in Chicago, der sich für Hill als Redner eingesetzt hatte, zum Telefon, weil er einem seiner Lieblingspatienten und besten Freunde einen Gefallen erwidern wollte.

2 Auf Deutsch: *Erfolgsgesetze in 16 Lektionen.*

Einige Jahre vorher hatte dieser Freund ihm eine Ausgabe von *Think and Grow Rich* in die Hand gedrückt. Die beiden hatten sich dann oft über Erfolg unterhalten, über die dafür erforderlichen menschlichen Eigenschaften und darüber, wie jeder Einzelne Großes in seinem Leben bewirken kann. Dr. Gustafsons Freund hatte ein ausgesprochenes Faible für die Philosophie und hatte sich *Think and Grow Rich* sogleich nach Erscheinen gekauft. Doch das war längst nicht alles, Dr. Gustafsons Freund hatte mittlerweile mehrere Tausend Exemplare erworben und sie seinen Mitarbeitern und Freunden geschenkt.

Gustafson wurde sofort durchgestellt, und schon vernahm er die höchst elektrisierende Stimme von W. Clement Stone, der ihn freundlich begrüßte.

»Clem«, sagte Gustafson, »hättest du Interesse, nächste Woche zu einem Vortrag von Napoleon Hill zu gehen?« Stone musste lachen. Da Hill sich schon einige Jahre zuvor aus dem Rampenlicht zurückgezogen hatte, ging Stone davon aus, dass der Autor und Philosoph bereits verstorben war.

»Herb«, antwortete er, »ich glaube nicht, dass meine Zeit schon gekommen ist!«

Nun mussten beide Freunde lachen, und dann klärte Gustafson ihn auf. Hill erfreue sich nicht nur bester Gesundheit, sondern er wäre in der kommenden Woche Gast einer Mittagsrunde in Chicago, wo auch Stone eine Rede halten sollte. Endlich würde er den Mann persönlich kennenlernen können, von dem er schon so viele Bücher gekauft hatte.

Stone selbst war ein bekannter Selfmade-Unternehmer, der ein gigantisches Vermögen besaß und durch den Verkauf von Reiseversicherungspolicen für nur 1 Dollar ein dynamisches Unternehmen mit Standorten im ganzen Land aufgebaut hatte. Als Napoleon davon hörte, dass Stone zu Gast bei dem Mittagessen sein würde, konnte der 67-jährige Prediger der Geschäftswelt, der schon halb seinen Ruhestand angetreten hatte, förmlich spüren, wie das Adrenalin durch seine Adern schoss. Das, so dachte Hill, könnte recht interessant werden.

Wie sich zeigen sollte, war das eines der äußerst wenigen Male in Napoleon Hills langem und erfülltem Leben, dass er massiv untertrieben hatte.

Kapitel 8

1951 bis 1962

Napoleon Hill konnte noch immer den Adrenalinstoß in seinem Körper spüren, als die Veranstaltung nach seinem Vortrag für die Mittagspause unterbrochen wurde. Sein Vortrag war begeistert aufgenommen worden. Das hochgebildete und wohlhabende Publikum war von seiner predigtartigen Mischung aus motivierenden und philosophischen Botschaften genauso gefesselt und energetisiert wie alle anderen Zuhörer der letzten 50 Jahre. Obwohl Hill im Laufe seines Lebens Tausende von Zuhörern in seinen Bann gezogen hatte, ließ der Nervenkitzel, den er dabei verspürte, nie nach. Ganz im Gegenteil, die Befriedigung, die er daraus zog, seine Zuschauer auch als Teilzeitruheständler von 67 Jahren noch zu fesseln, war größer denn je.

Als die Schar der Gratulanten und Bewunderer allmählich abebbte und die Tagungsteilnehmer beim Mittagessen Platz nahmen, betrat W. Clement Stone den Raum.

Stone gehörte nicht zu den Personen des öffentlichen Lebens, deren Erscheinen an einem überfüllten Ort dazu führte, dass Unterhaltungen verstummten und sich alle Köpfe nach ihnen umdrehten. Obwohl er in der Versicherungsbranche jede Menge Anerkennung genoss, war ihm an Publicity nicht gelegen, und er wollte auch nicht in der Zeitung auftauchen. Er wollte sich viel lieber in aller Ruhe dem Aufbau seines Geschäfts widmen. Sein Image in der Öffentlichkeit kümmerte ihn nicht, weshalb er versuchte, sich vom Rampenlicht fernzuhalten. Dennoch war er eine auffällige Erscheinung, auch für die, die nicht wussten, wer er war. Elegant in einen dunklen Anzug – sein Markenzeichen – gekleidet, dazu ein gestärktes weißes Hemd und eine klassische Fliege, strahlte er Energie und Selbstbewusstsein aus, während er sich seinen Weg durch die Menge bahnte. Nicht einmal ein Chicagoer Politiker konnte ihm das Wasser reichen, wenn es in einem Raum voller Fremder Hände zu schütteln galt. Schließlich war er der Meister der Kaltakquise, der damit Millionen gemacht hatte. Er hatte es fertiggebracht, sich eine goldene Nase zu verdienen, indem er Leuten, die er noch nie zuvor gesehen hatte, ohne Termin Versicherungspolicen für 1 Dollar verkaufte. Er ließ sich auch nicht vom Status eines potenziellen Kunden einschüchtern: Seine übliche Verkaufsstrategie setzte auf Großunternehmen – Banken waren besonders gut geeignet –, und als Erstes nahm er den Präsidenten oder Vorstand ins Visier, sofern Letzterer im Hause war. Sobald er den Topmanagern eine Police verkauft hatte, arbeitete er sich die Hackordnung hinunter zu den Büroangestellten und dem Wartungspersonal und setzte sie sogleich darüber in Kenntnis, dass auch der oberste Chef und der Vorstand die gleiche Versicherung bei ihm abgeschlossen hätten.

Diese Strategie, in Kombination mit Stones bestens ausgetüftelten Formeln für jede Verkaufssituation, hatte ihn zu einem immens erfolgreichen Verkäufer gemacht; seine Fähigkeit, andere darin zu schulen, die gleiche Strategie und Verkaufstaktik anzuwenden, hatte eine ganze Armee von Topverkäufern geschaffen – und ihm ein Vermögen eingebracht.

Stones Interesse an *Think and Grow Rich*, aber auch an Hill persönlich, rührte von seiner Überzeugung her, dass es Formeln gab, die es zu befolgen galt, wenn man erfolgreich sein wollte – nicht nur im Verkauf und in der Karriere, sondern im ganzen Leben. Seine Werbestrategien waren eine Art Formel, die »Skripte«, die er für sich und seine Vertriebsmannschaften schrieb, um in jeder Verkaufssituation auf die passende Vorgehensweise zugreifen zu können, waren ebenfalls eine Formel. Doch Stone wusste, dass ein wirklich guter Verkäufer mehr brauchte als ein Skript und eine grundlegende Strategie. Was er brauchte, war eine philosophische Formel, die ihm dabei helfen würde, all die Probleme abzuschütteln, die die eigene

Leistung untergraben können: die Verzweiflung nach einem schlechten Tag oder einer schlechten Woche, die träge machende Selbstzufriedenheit nach einer tollen Woche, den unvermeidlichen Konflikt zwischen Beruf und Familie, brennendem Ehrgeiz und Prinzipien und auch die vielen anderen Zweifel und jede sonstige Zerrissenheit.

Hills Erfolgsprinzipien waren eine nahezu perfekte Ergänzung zu Stones eigenen Verkaufsformeln und -disziplinen. Tatsächlich galten, seit er 1938 *Think and Grow Rich* gelesen hatte, zwei Grundregeln für jeden seiner Mitarbeiter: Jeder neue Verkäufer wurde in Stones Formel geschult – viele von ihm persönlich –, und er drückte jedem einzelnen seiner Vertriebsleute ein Exemplar von *Think and Grow Rich* in die Hand … es zu lesen, war dann Pflicht!

Herb Gustafson hielt sein Versprechen und führte Stone zum Tisch von Hill und bat ihn, neben ihm Platz zu nehmen. Nachdem Gustafson die beiden einander vorgestellt hatte, erzählte Stone Hill voller Begeisterung, dass er sein größter Kunde sei und im letzten Jahrzehnt Tausende Exemplare von *Think and Grow Rich* für seine Vertriebsleute erstanden habe. Dann sagte er noch, dass er es ohne Napoleons Buch niemals so weit gebracht hätte, er nie ein so reicher Mann geworden wäre.

Napoleon strahlte vor Freude. Worte des Lobes wusste er immer zu schätzen, ganz gleich aus welchem Mund. Lob von Frauen und Männern, die es geschafft hatten, war natürlich etwas Besonderes. Doch was Stone gesagt hatte, war mehr als ein Lob. Es war die Anerkennung seines Lebenswerks, und das von einem Mann, der mehr erreicht hatte, als ein Vermögen zu machen – in Hills Augen war Stone der Gründer eines Imperiums, der aus dem gleichen Holz geschnitzt war wie die Größen der amerikanischen Industrie des frühen 20. Jahrhunderts, deren Philosophie die Grundlage für Hills Erfolgsprinzipien bildete. In dem Augenblick, in dem Stone seine kurze Begrüßung beendete, war Hills beschaulicher Teilzeitruhestand so gut wie vorbei. Nach knapp einem halben Jahrhundert voller Irrungen und Wirrungen hatte sich der Kreis endlich geschlossen, und Hill stand vor der Vollendung seiner Mission, die ihm Carnegie übertragen hatte. Er hatte Fakten zusammengesucht, Eigenschaften analysiert und bekannt gemacht, die typisch für die größten Unternehmer der amerikanischen Geschichte waren, und jetzt hatte er einen Mann kennengelernt, dessen aktueller Erfolg die Verbindung darstellte zu den erfolgreichen Unternehmern aus der Generation Carnegies. Mit einem Mal fiel es Hill wie Schuppen von den Augen, wie viel mehr noch getan werden könnte.

W. Clement Stone war mit ihm auf gleicher Wellenlänge. Sein Leben lang hatte er sich Ziele gesetzt, und für 1952 hatte er sich zwei sehr wichtige vorgenommen. Auf der geschäftlichen Ebene galt es, sein 30 Millionen schweres Unternehmen über die 100-Millionen-Grenze zu hieven. Auf der persönlichen Ebene wollte er seinen Wohlstand und sein Wissen dafür einsetzen, »um eine bessere Welt für diese und künftige Generationen zu schaffen«. In Anlehnung an das Buch *The Magnificent Obsession* von Lloyd C. Douglas bezeichnete Stone seinen selbstlosen Aktionismus als »die wunderbare Macht«. Je länger die beiden Männer sich beim Mittagessen unterhielten, desto klarer trat zutage, wie sehr sich Stones Ziele und Hills neu erwachter Tatendrang ergänzten.

»Wenn Sie wissen wollen, wie jemand gestrickt ist«, hatte Stone seinen Verkäufern beigebracht, »dann lassen Sie ihn von sich erzählen.« Und jetzt machte Stone genau das mit Hill. Er brach das Eis, indem er ihm Fragen zu seinem Vortrag stellte. Er erkannte rasch, dass es nicht viel brauchte, um Hills Redefluss in Gang zu setzen. Auch mit 67 war Hills Stimme unglaublich intensiv und so lebendig, dass selbst ein geübter Zuhörer wie Stone den Blick nicht von ihm abwenden konnte. Kurze Zeit später war es nicht mehr nur der blanken Höflichkeit geschuldet, dass Stone Hill Fragen stellte, sondern er begann, die Tiefe seines Gegenübers auszuloten, weil er spürte, dass dessen Energie, Ideen und fesselnde Darbietung einen enormen Einfluss auf sein Geschäft und seine humanitären Ziele haben könnten.

Als das Mittagessen vorüber war, hatten Hill und Stone den Grundstein für ihre Mastermind-Allianz gelegt. Sie hatten sich darüber ausgetauscht, ob ein Hauptziel das wichtigste Erfolgsprinzip war – wovon Hill überzeugt war, während Stone eine positive Grundeinstellung für wichtiger hielt. Anschließend hatten sie sich gegenseitig Anekdoten und Philosophien zu allen möglichen Themen erzählt. Die Funken der Kreativität sprühten förmlich, weshalb Stone seinen größtmöglichen Verkaufscharme einsetzte und Hill sagte, er solle seinen Ruhestand vergessen und in eine Welt zurückkehren, die ihn so dringend brauchte wie nie zuvor.

Aus Hills Antwort sprach die Erfahrung und Weisheit eines halben Jahrhunderts voller Erfolge und Misserfolge: Er würde es machen, aber nur wenn Stone sich um das geschäftliche Drumherum kümmere. Napoleon hatte im Lauf seines Lebens schon öfter eine bittere Pille schlucken müssen und wusste nun, dass es nicht genügt, eine wunderbare Botschaft mit dem nötigen Elan zu verbreiten; um in dieser Hinsicht wirklich erfolgreich zu sein, brauchte es eine gute Organisation, eine pragmatische Planung und einen starken Rückhalt. W. Clement Stone konnte all diese Dinge bieten – und er willigte ein.

In seinen Vorträgen und anderen Schriften hatte Napoleon Hill Dutzende, wenn nicht gar Hunderte von verschiedenen Beispielen für eine Mastermind-Allianz gebracht, doch nicht eines konnte der Allianz, die er und Stone in den kommenden Monaten und Jahren schmiedeten, das Wasser reichen, was ihren Umfang, ihre Tiefe, ihre Langlebigkeit und ihren Einfluss anbelangte. Die beiden schlossen nicht einen einzigen Vertrag; ihre Arbeitsbeziehung basierte stets auf gemeinsamen Zielen, und ihre Geschäftsbeziehung beruhte auf Vertrauen und einem Handschlag.

Im August 1952 setzte Stone Hill auf seine Gehaltsliste, nachdem Napoleon alle noch zuvor vereinbarten Vorträge gehalten hatte. Ihre Partnerschaft begann mit der Gründung von Napoleon Hill Associates. Napoleon, der noch immer in Kalifornien zu Hause war, stürzte sich in das Abenteuer eines neuen Buchs und neuer Lehrbücher für das Fernstudium, da er und Stone beides als ausschlaggebend für den Erfolg ihres gemeinsamen Projekts betrachteten. Außerdem reiste Hill häufig nach Chicago, um Stone bei der Gestaltung und Umsetzung eines neuen Schulungsprogramms für sein Verkaufspersonal behilflich zu sein.

Womöglich hatte Hill ein schlechtes Gewissen, weil er sich nicht ausschließlich dem Schulungsprogramm für die Combined Insurance Company of America widmete, sondern auch noch an mehreren Büchern schrieb. Nichtsdestotrotz war sich Stone absolut darüber im Klaren, was sein neuester Mitarbeiter da vollbrachte – auch die unglaublichen Resultate entgingen ihm natürlich nicht. Zuvor hatten sich Stone und seine Verkaufsleiter auf neue Mitarbeiter konzentriert und sie zu Kundenterminen mitgenommen, ihnen gezeigt, wie sie Strategie und Skripte anwenden sollten, und sie so lange begleitet, bis sie sicher sein konnten, dass ihre Angestellten den gesamten Ablauf verstanden hatten. Im Anschluss an diese Phase der Einarbeitung wurden ihre Fähigkeiten als Vertreter hauptsächlich durch Stones tägliche Briefe verstärkt – eine Mischung aus motivierenden Botschaften und der Wiederholung von grundlegenden Verkaufstechniken.

Trotz des legendären Erfolgs seiner Vertreter war Stone überzeugt, dass sich selbst die Leistungen seiner besten Kräfte noch steigern ließen, wenn sie regelmäßig im persönlichen Gespräch nachgeschult würden. Für ihn war das übrigens auch der Schlüssel zu einem stetigen Wachstum seines Unternehmens.

Stones neues Schulungsprogramm sah vor, dass Hill mit Gruppen von Vertretern an mehreren Tagen hintereinander die grundlegenden Verkaufsstrategien und -taktiken besprach, ihnen alte und neue Formeln für jede erdenkliche Verkaufssituation an die Hand gab und vor allem aber alles tat, um ihre Begeisterung für ihre Arbeit neu aufleben zu lassen. Für Stone war es ein Segen, dass Napoleon Hill nicht nur in der Lage war, Menschen, wo immer er sie auch antraf, zu inspirieren, sondern es ihm auch gelang, dass seine Botschaft – seine Philosophie – auch dann noch in ihnen nachhallte, wenn seine Worte längst verklungen waren und ihre Welt wieder ein Ort wurde, an dem jeder Tag gleichermaßen die Chance auf großen Erfolg oder gewaltiges Scheitern bot.

Ein Großteil von Stones Vertretern hegte große Bedenken, was dieses Programm betraf, auch wenn sich ihr Chef begeistert dazu äußerte. Sie befürchteten, die Zeit, die sie damit zubringen mussten, würde ihnen dann beim Verkaufsgespräch mit potenziellen Neukunden fehlen, und sie stellten die Notwendigkeit von Skripten und Rollenspielen infrage. Vor allem aber konnten sie sich nicht vorstellen, inwieweit sie von einer Diskussion über die Philosophie des Erfolgs mit dem Mann profitieren könnten, dessen Buch dazu sie ja bereits gelesen hatten.

Doch das blieb nur bis zu ihrer Teilnahme an dieser Schulungsmaßnahme so. Im Anschluss daran sahen sie es ganz anders. Buchstäblich Hunderte von Vertriebsmitarbeitern von Combined erzielten Umsätze in bislang ungekannter Höhe, da sie nicht nur die von Stone entwickelten aktuellen »Blaupausen« anwendeten, sondern auch Hills bewährte Erfolgsprinzipien – und somit waren sie auch in der Lage, die Herausforderungen zu meistern, die sich ihnen im Privatleben wie bei der Arbeit stellten.

Auch wenn Napoleon Hill, sobald es um seine eigenen Leistungen ging, für seinen Hang zu Übertreibungen bekannt war, fehlten ihm doch tatsächlich die Worte, um das enorme Wachstum von Stones Imperium zu beschreiben. Die restlichen 1950er-Jahre stiegen die Umsätze der Combined Insurance Company in schwindelerregende Höhen, und Stone konnte von dem Gewinn weitere Arbeitsunfähigkeits- und Lebensversicherungsgesellschaften erwerben, die ihrerseits ein gigantisches Wachstum verzeichneten. Letzten Endes wurde aus Stones 30 Millionen Dollar schwerem Unternehmen ein knapp 900 Millionen schweres, und Stone selbst schrieb einen Großteil dieses Erfolgs dem Mann zu, den er 1952 aus seinem Ruhestand geholt hatte.

»Mit Napoleon Hill habe ich das große Los gezogen«, bemerkte Stone viele Jahre später. »Motivation war 1952 das Zauberwort, und keiner verstand es so gut, Menschen zu motivieren, wie Napoleon Hill.«

Doch die Profitabilität und das Wachstum der Combined Insurance Company of America waren nur ein Nebeneffekt der Stone-Hill-Mastermind-Allianz. Ihr Hauptziel war es, etwas für das Allgemeinwohl der Vereinigten Staaten – und später auch anderer Länder – zu tun, indem sie die Erfolgsprinzipien Millionen von Menschen aller Gesellschaftsschichten, jedweder

Abstammung und Religion kommunizierten. Die dafür nötige Einrichtung basierte zwar auf einer altruistischen Zielsetzung, war aber keine gemeinnützige Institution. Zur Produktpalette von Napoleon Hill Associates gehörten Bücher, Kurse, Vorträge, inspirierende Filme, Radioprogramme und später auch Fernsehshows. Mit den Einnahmen daraus wurde die Arbeit der Gesellschaft fortgesetzt. Sowohl Hill als auch Stone opferten ihre Zeit und zahlten anfallende Kosten aus eigener Tasche, aber ihre philanthropische Gesellschaft wurde wie ein ganz normales Unternehmen geführt, das Gewinne abwerfen musste, um davon die Gehälter der Angestellten zu zahlen – auch das von Hill – und Rücklagen für neue Programme und Produkte zu bilden.

1953 kamen die ersten Produkte der Stone-Hill-Mastermind-Allianz auf den Markt. Im Mai wurde der erste von sechs Bänden der Lehrbuchreihe *Science of Success* veröffentlicht. Dabei handelte es sich um Kursunterlagen für ein Selbststudium. Die sechs Bände wurden später in *PMA Science of Success* umgetauft und behandelten die 17 Erfolgsgesetze – Hills ursprüngliche Prinzipien waren um Stones Konzept einer positiven Einstellung ergänzt worden. Diese Lehrbücher wurden bei Vorlesungen und Vorträgen eingesetzt, die von Napoleon Hill Associates gesponsert und beworben wurden. Zudem wurde die Akkreditierung des Selbststudiums durch das National Home Study Council in Washington, D. C., erreicht. Im Laufe des restlichen Jahrzehnts waren die öffentliche Akzeptanz und die Zahl der Studienteilnehmer erfreulich hoch.

Im Juni 1953 veröffentlichten die Geschäftspartner ein Buch von Hill mit dem Titel *How to Raise Your Own Salary*. Dieses noch unbekannte Werk war eines von zwei Büchern, die Hill im Teilzeitruhestand geschrieben hatte; kurz nach der Gründung von Napoleon Hill Associates hatten Stone und Hill beide Bücher von dem kalifornischen Verlag zurückgekauft, der sie ursprünglich gedruckt hatte. Eines davon, *The Master Key to Riches*, würde erst 1965 neu verlegt werden, während das andere, das ursprünglich den Titel *Think Your Way to Wealth* trug, überarbeitet wurde und dann unter dem Titel *How to Raise Your Own Salary* erschien.

Das Erscheinen von *How to Raise Your Own Salary* im Jahr 1953 sollte das öffentliche Bewusstsein und Interesse an Hills Philosophie neu anfachen. Die Erfolgsprinzipien wurden darin anhand einer etwas arrangiert klingenden Unterhaltung zwischen Hill und Andrew Carnegie verdeutlicht. Auch wenn dieses Buch nicht zu den besten Werken Hills zählt, so zeigte es doch bestens auf, welch großen Einfluss W. Clement Stones Erfahrung im Management und Marketing darauf hatte, Hills Gedanken der breiten Masse nahezubringen. Aufgrund einer gigantischen multimedialen Werbekampagne, die alle vorherigen zusammengenommen in den Schatten stellte, wurde das Buch sofort ein Bestseller. Nicht nur, dass es im Radio und Fernsehen, in Zeitungen und Zeitschriften beworben wurde, es lag auch in den Schaufenstern zahlloser Buchläden. Zudem überschwemmten die Geschäftspartner die landesweiten Medien mit Rezensionsexemplaren, sorgten dann dafür, dass Hill Dutzende von Interviews im Radio und Fernsehen, für Zeitungen und Zeitschriften gab.

Die Verkaufszahlen schossen aufgrund der zahlreichen überschwänglichen Kritiken in die Höhe, doch so einflussreich wie Earl Nightingale, ein damals sehr bekannter Rundfunk- und Fernsehmoderator, war kein anderer. Nightingale arbeitete für WGN, einen riesigen Rundfunk- und Fernsehsender in Chicago, war eng mit W. Clement Stone befreundet und bewunderte Hill, seit er vor über einem Jahrzehnt *Think and Grow Rich* gelesen hatte.

»Napoleon Hills Werk hat mein Leben verändert«, schrieb Nightingale einst an Stone. »Über 20 Jahre habe ich nach einer Formel gesucht, mit der jeder Mensch alle Wendungen und Gegebenheiten zu seinem Vorteil nutzen kann, aber erst in Napoleon Hills Buch habe ich die Antworten gefunden … Als ich *Think and Grow Rich* in die Finger bekam, wurde mir sofort klar, dass mir seine Prinzipien durchaus geläufig waren. Aber er hat sie auf den Punkt gebracht – und mit seiner Hilfe konnte ich jedes lohnenswerte Ziel erreichen.«

Nightingale ließ es sich als Zeichen seiner Bewunderung und Dankbarkeit gegenüber Hill nicht nehmen, eine Woche lang unentgeltlich im Radio für *How to Raise Your Own Salary* zu werben. Im Anschluss daran schlossen Stone und Hill einen Werbevertrag mit Nightingale ab – und stellten zu ihrer großen Freude fest, dass sich darüber mehr Exemplare verkauften als durch alle anderen Werbemaßnahmen zusammengenommen.

Wochen nach Erscheinen der überarbeiteten Ausgabe von Hills Buch betraten Stone und Hill mit einer bislang unbekannten Werbemethode Neuland. Aufgemacht wie ein Dokumentarfilm – Männer und Frauen traten vor die Kamera und erzählten ihre Geschichte – wurden die potenziellen Veränderungen erklärt, zu denen es kommen konnte, wenn ganze Gruppen von Menschen die Erfolgsprinzipien anwendeten. In *A New Sound in Paris* ging es darum, wie ein achtwöchiger Kurs, den Napoleon Hill 1952 gehalten hatte, das Schicksal einer ganzen Stadt – Paris, Missouri – verändert hatte. Hunderttausende sahen sich den Film an, und in den Augen von Hill, Stone und dem inneren Kreis von Napoleon Hill Associates galt er schon bald darauf als Meilenstein in der Erfolgsgeschichte der Organisation.

Wie Tausende von Kleinstädten im Amerika der Nachkriegszeit litt auch Paris, Missouri, 1952 unter einem langsamen, aber stetigen sozialen und wirtschaftlichen Abstieg. Die Stadt lag im ländlichen Nordosten von Missouri, Hunderte Kilometer von der nächsten größeren Ortschaft entfernt. Viele junge Männer und Frauen von dort waren den Verlockungen erlegen, die die Großstädte ihnen versprachen, und weggezogen. Auch der örtliche Handel erlitt Einbußen, da die Farmer, die jahrzehntelang dessen Rückgrat gewesen waren, die neue Mobilität Amerikas zu schätzen wussten, so wie Millionen ihrer Landsmänner auch. Gepflegte Straßen, zuverlässige Autos und Lastkraftwagen, reichlicher und günstiger Kraftstoff bedeuteten schließlich, dass sie auch größere Strecken zurücklegen konnten, um ihre Ware zu verkaufen. Geld, das früher ausschließlich in Paris ausgegeben worden war, floss nun auch in größere und kleinere Städte wie Moberly, Mexico und sogar Hannibal.

Je schlechter die Geschäfte gingen, desto schwieriger wurde es, das nötige Kapital für Investitionen aufzutreiben. Der Verfall der Stadt trat immer deutlicher zutage, und auch die Stimmung der Bewohner war auf dem Tiefpunkt angelangt. Im Januar 1952 lud ein in Paris ansässiger Geschäftsmann namens W. C. »Bill« Robinson Napoleon Hill nach Paris ein, um dort für 79 Bürger einen achtwöchigen Kurs zu seiner Erfolgsphilosophie zu geben. Sie legten alle zusammen und bezahlten Hills stattliches Honorar in Höhe von 10.000 Dollar.

Robinson war eine dynamische und überzeugende Führungspersönlichkeit in seiner Gemeinde, und er schwärmte für Hill, seit er *Think and Grow Rich* gelesen hatte. Zum Glück war sein Einfluss in der Kleinstadt so groß, dass er 69 weitere Pariser dazu brachte, sich für den Kurs anzumelden. Doch nicht alle Kleinstädter waren begeistert von dem Vorhaben. Einer von ihnen war überzeugt, Hill sei ein Betrüger und sein Kurs nichts anderes als die Schau eines reisenden Wunderdoktors. Misstrauisch, wie er war, ließ er Hill und seine Vergangenheit überprüfen, was – wie es hieß – sogar Erkundigungen bei FBI, Dun & Bradstreet[1] und Better Business Bureau[2] einschloss. Und das, obwohl Robinson selbst sich bei der LeTourneau Company in Georgia, bei Dr. William Plumer Jacobs und vielen anderen über Hill erkundigt hatte, bevor er ihn nach Paris einlud.

Eine solch resolute und – zumindest in Hills Augen – böswillige Vorgehensweise war nichts Neues für Napoleon. Schon früher hatte er lange Fehden mit solchen Menschen führen müssen – und infolgedessen hatte er zwei Magazine verloren, zudem waren ihm mehrere gute Geschäfte geplatzt. Mit 68 ging Hill ganz anders gegen Kritiker vor, die ihm schaden wollten. Jahre später erzählter er Mary Granius von *Success Unlimited* in einem Interview, wie seine damalige Reaktion in Paris ausgesehen hatte:

> Als ich mitbekam, was er im Schilde führte, drehte ich den Spieß ganz einfach um. Wenn mir jemand schaden will, sorge ich dafür, dass Gut und Böse die Plätze tauschen.

1 A. d. Ü.: Dun & Bradstreet ist der größte Dienstleister der Welt für Business-to-Business-Wirtschaftsinformationen.

2 A. d. Ü.: Das 1912 gegründete Better Business Bureau ist eine private gemeinnützige Organisation, deren Mission nach eigener Beschreibung darin besteht, das Vertrauen in den Markt zu fördern.

> In dem Fall steckte ich jeden Cent meines Honorars in Sendezeit im Radio und sorgte so dafür, dass nicht nur alle Bewohner von Paris meinen Kurs hören konnten, sondern auch die von mehreren umliegenden Kleinstädten und den fünf nächstgelegenen Countys.

Aufgrund dieses diplomatischen Schachzugs wurde er von der Gemeinde akzeptiert, und seine Lehren wurden mit Begeisterung aufgenommen. Bill Robinson setzte Hills Arbeit fort und gründete eine Diskussionsgruppe, die er auf den Namen »Club Success Unlimited« (»Club des grenzenlosen Erfolgs«) taufte. Bald darauf begannen sich erste Veränderungen in Paris abzuzeichnen. In nur wenigen Jahren rühmte sich die Stadt zehn neuer Ladenzeilen sowie einer neuen Klinik, und auch ganz allgemein liefen die Geschäfte wieder gut. Paris würde niemals einen Boom erleben – was aber weder das Ziel des Unterfangens gewesen war noch eine realistische Option, wenn man die Lage der Kleinstadt bedenkt. Aber Paris entwickelte sich zu einem soliden, wirtschaftlich überlebensfähigen Ballungszentrum, dessen Bewohner mit Eifer und Leidenschaft ihrem Alltag nachgingen und in dem jedem die Möglichkeit eines hohen Lebensstandards offenstand.

Und genau darum ging es in *A New Sound in Paris*. Die Kamera zeigte echte Menschen, die in ihren eigenen Worten erklärten, wie ihre Stadt und die Unternehmen vor Ort ihre eigenen Programme auf die Beine gestellt hatten, um in einer Welt voller Veränderungen zufrieden existieren zu können. Es war der Leidenschaft und den persönlichen Geschichten der Einwohner von Paris zu verdanken, dass der Film sehr viele Zuschauer dazu brachte, sich mit Leib und Seele mit Hills Erfolgsprinzipien auseinanderzusetzen und sie in die Tat umzusetzen.

Napoleon Hill war 69, als er Annie Lou begeistert von den Dreharbeiten zu *A New Sound in Paris* schrieb. In dem Brief, der kurz nach Thanksgiving 1953 verfasst worden war, legte er auch seine Reisepläne dar – die noch weitaus anstrengender klangen als seine Lesetouren zu Zeiten von *Hill's Golden Rule* und *Napoleon Hill's Magazine*.

Anfang Dezember würde seine große Tour in Chicago starten, schrieb er Annie Lou, anschließend würden er und Stone zu einer Reihe von Vorträgen und Werbeauftritten aufbrechen. Am 14. Dezember wären sie in Boston, noch in derselben Woche ginge es dann weiter nach New York, und am 20. Dezember nach Clinton, Iowa. Sie würden die Weihnachtswoche in der an einem Fluss gelegenen Kleinstadt verbringen, dann eine Woche in Miami bleiben und an Silvester nach Chicago zurückkehren. Er hoffte, die erste Woche im neuen Jahr mit Annie Lou in Kalifornien verbringen zu können.

Zwar erinnerten Hills Reisepläne durchaus an seine frühen Tage, aber gleich mehrere Aspekte waren dieses Mal anders. Zu Beginn seiner Karriere beschrieb er in seinen Briefen vage Träume, und er versicherte seiner damaligen, besorgten Frau – und sich selbst –, dass sie große Dinge erwarteten. 1953 jedoch stand Hill unter der Obhut von W. Clement Stone und teilte seiner jetzigen, unabhängigen und genügsamen Frau seine Gedanken mit – die Gedanken eines selbstbewussten Mannes, der letzten Endes seinen Weg kannte und wusste, dass ihn nun nichts mehr aufhalten konnte.

> Die Wirtschaft blüht und gedeiht. Mr. Stone hat eine ziemlich umfangreiche Werbeaktion geplant, die bereits im Januar beginnen soll. Er will neben anderen Medien auch in allen Publikationen, die sich an Lebensversicherungsgesellschaften wenden, Werbung für unser Buch machen. Er ist fest entschlossen, im kommenden Jahr davon mindestens eine Million Exemplare zu verkaufen. Anscheinend kann ihn nichts und niemand davon abhalten … Uns wird das eine hübsche Summe einbringen, die ausreichen dürfte, um uns ein eigenes Haus ganz nach unseren Vorstellungen zu bauen – und auch noch welche für unsere zwei Schwestern. Das ist das Erste, was wir in Angriff nehmen, *nachdem* die Tantiemen bei uns eingegangen sind und wir alles bar zahlen können … *Bitte, ich will keine Schulden machen!*

Napoleon hatte in seinen Briefen schon oft von üppigen Tantiemen und Prachtvillen geschrieben, aber dieses Mal war es kein leerer Traum. Seine Zusammenarbeit mit Stone sicherte ihm stattliche Einnahmen, von denen er früher nicht zu träumen gewagt hätte: Er bezog ein festes Gehalt von nicht unerheblicher Höhe, und dazu kamen Tantiemen für Buchverkäufe und Honorare für seine Vorträge und Vorlesungen. Darüber hinaus gelang es Stone in ihrer langjährigen Partnerschaft, sich die Rechte an Hills früheren Werken zu sichern, darunter *Law of Success* und *Think and Grow Rich*, die er dann alle an Hill übertrug. In Stones Augen war das kein Geschenk, auch wenn er kein Geld dafür annahm. Stone war schlichtweg der Meinung, dass Autoren die Rechte an ihren Werken zustehen – und er konnte es sich leisten, seinen Worten Taten folgen zu lassen.

Letzten Endes verdankte Hill seinen Wohlstand dem unglaublichen Verkaufsgeschick von Stone. Gleich zu Beginn ihrer Partnerschaft bot Stone ihm Aktienoptionen der Combined Insurance Companies of America an – und überzeugte seinen Freund, dass er damit reicher werden könnte, als er es sich je ausgemalt hatte. Hill nahm Stones Rat an, und als sich das Jahrzehnt seinem Ende zuneigte, besaß er allein über die Aktien von CICA ein Nettovermögen von mehr als 1 Million Dollar.

Stone wollte ganz einfach, dass es Hill zu Reichtum brachte – schließlich wusste er genau, dass sich das in keinster Weise nachteilig auf dessen Arbeitsmoral auswirken würde. Außerdem würde er das nicht aus eigener Tasche finanzieren müssen. Doch mehr als alles andere zählte für Stone der Gedanke, dass Hill, der sein Leben lang anderen dabei geholfen hatte, ein Vermögen zu machen, es verdient hatte, selbst zu Wohlstand zu gelangen.

Zudem tat Stone noch etwas anderes für ihre Partnerschaft: Er sorgte dafür, dass die Ehe zwischen Napoleon und Annie Lou nicht unter dem halsbrecherischen Tempo ihrer Geschäftsbeziehung litt. Hills großzügiges Spesenkonto erlaubte es Annie Lou, ihren Mann häufig zu geschäftlichen Treffen nach Chicago zu begleiten, und Stone forderte Napoleon oft auf, Annie Lou zu bitten mitzukommen, wenn ihn seine Geschäfte zu beliebten Reisezielen führten.

Bei einer Gelegenheit bot Stone an, dass ihre Firma die Kosten für das Wiedersehen von Annie Lou und Napoleon in Miami übernehmen würde. Als Hill einwarf, dieses Angebot sei zu großzügig, als dass er es annehmen könnte, erwiderte Stone: »Annie Lou hat mehr verdient als das. Schließlich sitzt sie fast das ganze Jahr über allein zu Hause und muss sich um das Haus und das ganze Drumherum kümmern. Und du, mein Freund, du hast nur eine Annie Lou.«

Napoleon war sich natürlich bewusst, was ihm Annie Lou bedeutete und wie sehr sie einander vermissten, wenn er auf Reisen war. Stones Bemerkung ließ darauf schließen, dass ihm das ebenso klar war und dass er alles für Hills Ehe und dessen Karriere tat.

Die Hingabe, mit der Annie Lou Napoleon unterstützte, hielt unvermindert an. In den 1950er-Jahren war sie oft mit Hill und Stone unterwegs und löste dank ihres wachen Verstands und ihres Organisationstalents so manches Problem, vor dem sie standen. Weitaus wichtiger dürfte jedoch sein, dass sie nicht zuließ, dass Napoleon die wichtigsten Dinge im Leben aus den Augen verlor – Freunde und Familie. Sie war es, die regelmäßig Briefe an Dutzende von Freunden in ganz Amerika schrieb, und dafür sorgte, dass Hill hin und wieder die Arbeit Arbeit sein ließ und stattdessen Verwandte besuchte. Und sie gab den Versuch, Napoleon und seine Söhne wieder zu vereinen, niemals auf. Im ersten Jahr ihrer Ehe hatte sie es vermocht, Napoleon und seine Söhne dazu zu bewegen, Urlaubskarten und gelegentlich Briefe auszutauschen; in den 1950er-Jahren waren sie dank ihr an den Punkt gekommen, dass Hill ihnen hin und wieder sogar einen Besuch abstattete. Zwar blieb er nie lange, und das, was zwischen ihnen stand, hielt lange Zeit an und wurde nie ganz aus der Welt geräumt, aber die Feindseligkeit zwischen ihnen verschwand, und die Verletzungen aus vielen Jahren der Entfremdung heilten ab.

* * *

Die Ironie war, dass Napoleon Hill nie zuvor in seinem Leben so hart gearbeitet hatte und so viel verreist war wie in der Phase, als Annie Lou seine Aussöhnung mit David, James und Blair einfädelte. In den 1950er-Jahren legten sowohl Stone als auch Hill ein unerbittliches Tempo an den Tag, um zwei Hauptziele zu erreichen: die Erfolgsphilosophie so vielen Menschen wie möglich zu vermitteln und solide, gewinnbringende Programme auszuarbeiten, um Napoleon Hill Associates den stetigen Kapitalfluss zu sichern, der nötig war, um die Gesellschaft finanziell abzusichern, wenn Hill und Stone eines Tages nicht mehr da wären.

Dank Stones Ressourcen und der reinen Freude, mit der sich sowohl die beiden Unternehmensleiter als auch ihre Mitarbeiter ihren Aufgaben widmeten, waren sie von Anfang an sehr erfolgreich darin, Hills Philosophie im großen Stil zu verbreiten. Es erwies sich jedoch als viel schwieriger, auch Gewinn einzufahren. Aufgrund ihrer Werbung hatte sich *How to Raise Your Own Salary* hunderttausendfach verkauft, aber der Verkaufserlös deckte nicht einmal die Werbekosten ab. Die ersten Kurse über die *Science of Success* waren schnell ausgebucht, und an den begeisterten Teilnehmern verdienten die beiden eine hübsche Stange Geld, aber dennoch reichten die Gesamteinnahmen nicht aus, um ihr Unternehmen am Leben zu erhalten. Hill versuchte es deshalb mit einer Kaderschmiede, damit die *Science-of-Success*-Kurse im ganzen Land gleichzeitig stattfinden konnten. Leider kam es bei dem ersten Ausbildungskurs zu persönlichen Konflikten und einer Reihe von Beschwerden, die schließlich darin gipfelten, dass die Teilnehmer die Kursgebühr zurückforderten.

Auch die Bemühungen von Hill und Stone, ihren Kurs großen Unternehmen anzubieten, waren nicht von Erfolg gekrönt. Viele der anvisierten Firmen, unter anderem Tupperware, waren zwar erfreut, dass einer der beiden oder sogar beide bei ihrem Jahreskongress oder einer Verkaufstagung eine Rede hielten, aber nicht ein Unternehmen wollte einen kompletten Kurs buchen.

Napoleon Hill versuchte zudem, über 15-minütige Fernseh- und Radiosendungen und lizenzierte Zeitungskolumnen an Geld zu kommen. Zwar wurden Stone und Hill dadurch bekannter, und auch das Interesse an dem Konzept *Science of Success* wuchs, aber nichts davon brachte genug Gewinn ein.

Stone und Hill, zwei altgediente Gladiatoren des Kapitalismus, ließen sich von diesen ersten Niederlagen aber nicht entmutigen. Ganz im Gegenteil, sie genossen den Nervenkitzel dieser Herausforderung. In aller Ruhe und mit Bedacht machten sie sich auf die Suche nach der richtigen Marketingstrategie, während sie durch ganz Amerika reisten, um ihre Botschaft zu verbreiten. Keine Frage, dass sie schließlich auf die Strategien und Produkte kamen, die wirklich funktionierten.

Ein Puzzleteil kam ins Spiel, als Stone und Hill 1954 beschlossen, eine Zeitschrift namens *Success Unlimited* im Format 14 mal 21 Zentimeter herauszugeben – auf 16 Seiten wurden die inspirierenden Botschaften von Stone und Hill den Kursteilnehmern von *Science of Success*, den Mitgliedern von Bill Robinsons Club »Success Unlimited« und Tausenden von Lesern vermittelt, die über Hills Bücher und Vorträge schon in Berührung mit der Erfolgsphilosophie gekommen waren. Das Magazin war die logische Fortsetzung von Hills ersten Zeitschriften und Stones täglichen inspirierenden Briefen an die Außendienstmitarbeiter der Combined Insurance Company of America. Jeder einzelne Vertriebsmitarbeiter Stones bekam zudem ein Abonnement der neuen Zeitschrift geschenkt.

Success Unlimited generierte zwar zunächst auch keinen Gewinn, war aber ausschlaggebend für die Zukunft von Napoleon Hill Associates. Das Magazin zielte nicht darauf ab, die Philosophie all denen bekannt zu machen, die noch nichts davon gehört hatten, sondern richtete sich an diejenigen, die die Botschaft schon kannten und nun versuchten, sie auf ihr Leben anzuwenden. In den Jahren danach bestand die Haupteinnahmequelle der Gesellschaft darin, die weiteren Bedürfnisse und Interessen derer zu stillen, die sich mit ihrer Philosophie bereits auseinandergesetzt hatten. Bücher, Aufzeichnungen, Videobänder und besondere Veranstaltungen wurden Tausenden von ihnen angeboten, um »die Flamme ihrer Begeisterung für ihre Selbstentfaltung nicht verlöschen zu lassen«, wie es Stone ausdrückte.

Eine weitere wichtige Strategie zur Sicherung von Hills Existenz war 1956 die Entscheidung, das Marketing künftig auf die Kurse für das Selbststudium zu konzentrieren. Stone und Hill änderten den Namen des Kurses und der Lehrbücher in *PMA Science of Success* – wobei PMA für »positive mental attitude«, also »positives Denken«, stand. Daraufhin begannen sie, den Kurs über Direktwerbung anzubieten. Die Namensänderung war ein genialer Schachzug, denn Stone war durch seine Tätigkeit bei Napoleon Hill Associates sehr bekannt geworden und hatte das Konzept des positiven Denkens in ganz Amerika verbreitet. Die Verknüpfung von Stones »PMA« und Hills »Science of Success« steigerte das öffentliche Interesse an den Kursen immens. Zugleich wurde die Direktwerbung der Gesellschaft immer besser, wodurch ihr Überleben gesichert war.

Während der Anfangsjahre von Napoleon Hill Associates unterstützten viele Persönlichkeiten, die sich mit Inspiration und Leistung befassten, die ums Überleben kämpfende Gesellschaft, darunter Earl Nightingale und der Prediger Oral Roberts, deren Ruhm noch Jahre andauern sollte. Auch andere bekannte Größen wie Dale Carnegie (*Wie man Freunde gewinnt: Die Kunst, beliebt und einflussreich zu werden*) und Norman Vincent Peale (*Die Kraft positiven Denkens*) trugen ihren Teil zum Erfolg der Organisation bei, indem sie in den kommenden Jahren zahlreiche Vorträge hielten.

Ein Großteil der Zeit und Energie, die in die gewinnorientierten Aktivitäten von Napoleon Hill Associates gesteckt wurden, stammte von den engagierten und loyalen Angestellten. Hill und Stone verbrachten die meiste Zeit damit, Vorträge zu halten, zu unterrichten, zu schreiben und, wenn es ihre Zeit zuließ, Interviews für Zeitschriften, Fernsehen und Rundfunk zu geben. Ein Großteil dieser Aktionen diente ausschließlich dem Wohl der Gesellschaft und brachte keinen Cent Gewinn ein. Doch die schönsten Erinnerungen beider Männer stammen aus dieser Zeit, als sie sich als wahre Wohltäter beweisen konnten.

Eines dieser Erlebnisse ereignete sich an der School of the Ozarks in Point Lookout, Missouri. Diese Schule bot armen Kindern kostenlosen Unterricht der Unter- und Mittelstufe an, unter der Bedingung, dass sie alle möglichen Arbeiten für die Schule übernahmen. Die Grundprinzipien des Selbstlernkurses *PMA Science of Success* passten perfekt zu der Philosophie dieser einzigartigen Schule, weshalb sich R. M. Good, der emeritierte Schulleiter, erkundigte, ob es möglich sei, die entsprechenden Kurse in den Lehrplan der Schule aufzunehmen. Stone und Hill beantworteten diese Anfrage dermaßen begeistert, dass einige Mitglieder des Lehrkörpers befürchteten, sie hätten es mit Opportunisten zu tun. Doch schon kurz danach waren die Lehrkräfte von den hehren Motiven von Hill und Stone überzeugt und erkannten den potenziellen Nutzen dieses Kurses für ihre Schüler. Letzten Endes statteten sowohl Hill als auch Stone der Schule einen Besuch ab und unterwiesen die Lehrer in dem Kurs. Zunächst erklärten sie die Prinzipien, und dann zeigten sie ihnen, wie sie dieses Konzept den Kindern beibringen könnten. Stone und Hill waren mit dem Ausgang dieses Projekts mehr als zufrieden, denn es war herzergreifend für beide, mitzuerleben, wie zuerst die Lehrer und dann die Schüler von ihrer Begeisterung angesteckt wurden – weshalb der Kurs auch in den Lehrplan aufgenommen wurde. Später einmal sagte R. M. Good über dieses Experiment: »In meinen Augen war das in jeder Hinsicht ein voller Erfolg. Unsere Mädchen und Jungen werden zeit ihres Lebens von diesem Kurs profitieren. Auch im Rückblick können wir voller Stolz sagen, wir hätten es nicht besser machen können.«

Doch die Schüler und Lehrer waren nicht die Einzigen, die diese Geschichte nicht kaltließ. Stone und Hill verloren ihr Herz an diese Schule. Schließlich standen sie beide voll und ganz hinter deren Zielen und Konzepten, und es dauerte nicht lange, bis sie auch zu den Schülern selbst eine emotionale Beziehung entwickelten, die von Dauer sein sollte. Sie unterstützten die Schule finanziell und setzten sich dafür ein, dass sie ein paar Jahre später auch die Zulassung als College bekam.

Hill und Stone vermittelten ihre Botschaft in Konzernen, Schulen und Universitäten in ganz Amerika, vergaßen aber auch die abgelegensten Ecken und Winkel ihres Heimatlandes nicht, wo die Menschen keinen Zugang zu Rundfunk und Fernsehen hatten und Hoffnung sowie Leistung nur vage, abstrakte Konzepte waren. Sie gaben Kurse in den ärmsten Ghettos der expandierenden Städte Amerikas und selbstredend auch in den Zuchthäusern, wo sie die Häftlinge unterrichteten und ihnen die *PMA-Science-of-Success*-Lehrbücher für das Selbststudium in die Hand drückten. Letztendlich warben sie im ganzen Land für ihr Gefängnisprogramm und zitierten dabei die Ergebnisse einer unabhängigen Studie, dass Insassen, die während ihrer Haftzeit an Programmen zur Selbstoptimierung teilgenommen hatten, mit weitaus geringerer Wahrscheinlichkeit erneut im Gefängnis landen würden.

Am 26. Oktober 1955 feierte Napoleon Hill seinen 72. Geburtstag. Nur seine engsten Angehörigen und Freunde wussten, wie alt er wirklich war, denn in Interviews behauptete er meist, er sei 62 – oder noch jünger. Und selbst dann war die typische Reaktion von Freunden und neuen Bekannten, dass sie den Kopf schüttelten und ihm bestätigten, er sähe viel jünger aus und würde sich auch so verhalten.

Das waren beileibe keine leeren Schmeicheleien. Fotografien aus dieser Zeit zeigen einen feschen, sehr gepflegten Napoleon Hill. Seine steife, militärische Haltung in seiner Jugend war in späteren Jahren einer lässigeren, aristokratischen gewichen. Seine Brille und seine Geheimratsecken ließen ihn sehr professionell aussehen. Vor allem aber seine Augen, das wohl auffälligste Merkmal an ihm, blickten noch immer voller Kraft und Leben in die Welt.

Neben seinem Äußeren war Hills Tempo außergewöhnlich und völlig untypisch für einen 72-Jährigen. Er legte jedes Jahr Zehntausende Meilen zurück, hielt Dutzende Reden und Vorträge, verfasste zahllose Manuskripte, Reden, Werbetexte, Radio- und Fernsehskripte – ganz zu schweigen von der nicht enden wollenden Abfolge von Geschäftsmittag- und -abendessen, Beratungen und Konferenzen, Besprechungen und Telefonaten.

Auch Weihnachten 1956 war da keine Ausnahme. Er verbrachte es aufgrund geschäftlicher Verpflichtungen an der Ostküste. Da er aber wenigstens die Feiertage nicht allein in einem Hotel sein wollte, machte er einen Abstecher nach Gaffney, South Carolina, wo Annie Lous Schwester Leila und deren Sohn Charles lebten. Für Hill war das die zweitbeste Option, denn die familiären Bande, die er während seines Werbens um Annie Lou mit Leila und Charles geknüpft hatte, hielten noch immer an, auch wenn er Weihnachten natürlich am liebsten mit Annie Lou verbracht hätte.

Während seines Besuchs schlug Leila vor, dass er und Annie Lou doch nach South Carolina ziehen könnten, denn dann hätte Annie Lou ihre nächste Verwandtschaft in der Nähe, wenn Hill mal wieder geschäftlich unterwegs wäre, und könnte sich das ganze Jahr über an der Gesellschaft ihrer Schwester erfreuen. Napoleon war von dieser Idee begeistert, und schon kurze Zeit später zogen er und Annie Lou nach Greenville, South Carolina. Wieder einmal waren sie Teil einer großen Familie, und auch seine Fahrten nach Chicago dauerten nicht mehr so lange.

Mit diesem Schritt erreichte Napoleon Hills Leben den Gipfel der Zufriedenheit. Er liebte Annie Lou noch immer und sie ihn auch. Er hatte eine Familie und Freunde. Er hatte in W. Clement Stone einen mächtigen Mäzen, einen Seelenverwandten und einen treuen und zuverlässigen Freund. Er war wohlhabend, sein Leben war unbeschwert. Napoleon Hill Associates hatte ein sicheres finanzielles Auskommen. Und seine Philosophie, sein Lebenswerk, erreichte noch mehr Leute – inzwischen mussten es Millionen sein – und beeinflusste deren Leben mehr als je zuvor.

Hill war weit davon entfernt, einen Gang herunterzuschalten, ganz im Gegenteil. Er setzte sich neue Ziele und verfolgte sie mit anhaltendem Elan. Er und Stone traten 1959 eine lange Tour an, die sie von Puerto Rico nach Australien führte und die 1960 in Neuseeland endete. In der Zeit dazwischen konnten die beiden aber noch einen weiteren Erfolg feiern: die Veröffentlichung von *Success Through a Positive Mental Attitude* (Deutsch: *Erfolg durch positives Denken)*, ihrem gemeinsamen Werk.

Das Buch war ein sofortiger Erfolg und wurde mit mehr als 600.000 in Nordamerika, Europa und Asien verkauften Exemplaren zu einem Klassiker unter den Selbsthilferatgebern. Im Grunde hatte Stone das meiste in Anlehnung an Hills Gedanken verfasst. Ausnahmsweise war Hill in diesem Fall Lektor, Berater und Kritiker in einer Person gewesen.

Success Through a Positive Mental Attitude war Hills Klassiker von 1928, *Law of Success,* in gewisser Weise ähnlich. Auch sein neues Werk strotzte vor inspirierenden Geschichten, Anekdoten und Aussagen echter Personen, deren Leben sich grundlegend gewandelt hatte, nachdem sie die

Erfolgsprinzipien angewendet hatten. Andererseits war *Success Through a Positive Mental Attitude* eine sehr moderne Version von *Law of Success* und trug die deutliche Handschrift von W. Clement Stone, dem Meister der Motivation. Während die lehrreichen Inhalte des jungen Napoleon Hill mit dem Elan eines Straßenpredigers vorgetragen worden waren, war Stones Botschaft präzise und auf den Punkt gebracht. Sein Schreibstil hatte nichts Ausschweifendes, sein Buch las sich schnell, und seine Parabeln handelten ebenso von unbekannten wie von berühmten Personen.

Auch wenn *Success Through a Positive Mental Attitude* zum größten Teil Stones Werk war, war Hill maßgeblich daran beteiligt. Immerhin hatte Hill Stone dazu geraten und ihm Mut gemacht, dass er es schaffen würde, ein großartiges Buch zu schreiben. Das allein war schon eine bedeutende Leistung. Denn Stone opferte sehr viel seiner Zeit für *Science of Success* und Napoleon Hill Associates, war aber noch immer Chef seiner riesigen Versicherungsgesellschaft. Damit er all seinen Verpflichtungen nachkommen konnte, arbeitete er bereits mehr als zwölf Stunden am Tag, und das an sechs Tagen die Woche. Stone ließ sich von seinem 75-jährigen arbeitssüchtigen Freund und Partner anstecken und dachte sich eine einfache Methode aus, die ihn aber unmenschliche Anstrengung kostete, um Zeit für das Buch frei zu machen, ohne dass seine Versicherungsgesellschaft darunter leiden müsste. Da er ohnehin nur zwei oder drei Stunden pro Nacht schlief, stellte Stone noch zwei persönliche Sekretärinnen ein, die in zwei Schichten für ihn arbeiteten, und diktierte ihnen seinen Text. Wenn die Sekretärin am Abend nach Hause ging, arbeitete er mit einem Diktafon weiter. Sobald das Diktat transkribiert war, leitete er die Unterlagen an Hill mit der Bitte um Kommentare und Kritik weiter.

Dieses mörderische Tempo sagte beiden Männern zu. In den folgenden zwei Jahren schrieb Stone allein an *The Success System That Never Fails*, und Hill veröffentlichte 1967 *Grow Rich With Peace of Mind*. Als Napoleon Hill am 26. Oktober 1961 seinen 78. Geburtstag feierte, dachte er über einen der wohl unwahrscheinlichsten Wünsche für einen Mann seines Alters nach. Da er voller Stolz auf die mittlerweile zehnjährige Zusammenarbeit mit Stone zurückblickte, wollte er sich einer neuen Herausforderung stellen. Er wollte ein Franchise-Unternehmen gründen, das seine Erfolgsphilosophie zu einer festen Größe im Leben fast aller Amerikaner machen sollte.

Das Konzept war ziemlich einfach. Ebenso wie er und Stone anderen in den 1950er-Jahren beigebracht hatten, *Science-of-Success*-Kurse zu geben, würden sie nun Unternehmer aus aller Welt anwerben, die sich in Napoleon Hills Franchise-Unternehmen einkaufen sollten. Jeder von ihnen erhielte eine Lizenz und eine Schulung, um dann Unterricht vor Ort zu geben und entsprechende Programme für das Selbststudium aufzustellen und viele andere, von Napoleon Hill Associates entwickelte Produkte zu nutzen. Jeder Franchise-Nehmer müsste dann sein eigenes Vertriebs- und Verwaltungspersonal einstellen und in jede Institution, Organisation und jedes Viertel seines Vertriebsgebiets vordringen.

Hill hatte das Grundkonzept schon mehrfach ausprobiert – leider immer erfolglos. Aber dieses Mal war ja alles ganz anders. Er war viel bekannter und einflussreicher als je zuvor, und er konnte genau das Gleiche tun wie W. Clement Stone: Hills Franchise-Konzept war im Endeffekt nichts anderes als Stones unglaublich erfolgreiche Vertriebsorganisation.

Stone war erstaunt und fasziniert zugleich, dass sein alter Freund über ein so anstrengendes Projekt überhaupt nachdachte. Es hatte den jungen, vor Energie beinahe platzenden W. Clement Stone damals mehr als ein Jahrzehnt endloser Arbeitswochen und schlafloser Nächte gekostet, die Vertriebsorganisation der Combined Insurance Company of America aufzubauen. Er konnte es kaum glauben, dass sein wohlhabender, berühmter und etablierter Freund sich mit 78 ein solch ehrgeiziges Projekt antun wollte. Stone selbst wollte das nicht, wie er Hill unter großem Bedauern wissen ließ. Zumindest teilweise war es Hill zu verdanken, dass Stones Versicherungsimperium enorm an Größe und Komplexität gewonnen hatte; es war eines der größten Privatunternehmen in den Vereinigten Staaten, und es wuchs noch immer. Er sah keine Möglichkeit, sich die Zeit zu nehmen, die für den Aufbau eines Franchise-Unternehmens nötig wäre, während er sein eigenes Unternehmen gleichzeitig weiterführte.

Obwohl ihm Stone von seinem Vorhaben abriet, konnte Napoleon nicht widerstehen, das nächste grandiose Kapitel seines Lebenswerks aufzuschlagen. Beide Männer lebten nach der Prämisse: »Was immer sich ein Mann vorstellen kann, kann er auch tun.« Beide wussten, dass das Franchising-Konzept in Hills Kopf zu diesem Zeitpunkt bereits dreidimensional vorhanden war. Stone bewunderte den Ehrgeiz seines 78-jährigen Freundes und überschrieb praktisch das gesamte Vermögen von Napoleon Hill Associates an Hill und ließ ihn dann machen. Die beiden Männer beendeten ihre Partnerschaft auf die gleiche Weise, wie sie begonnen hatte – mit einem Handschlag –, aber ihrer Freundschaft tat das keinen Abbruch.

Kapitel 9

1962 bis 1994

Amerikas Herz schlug schneller, als es vom Idealismus von John F. Kennedys Programm »New Frontier« erfasst wurde. Im August 1962 unterzeichneten aber auch Napoleon und Annie Lou Hill die Gründungsurkunde ihrer neuen Stiftung, der Napoleon Hill Foundation. Es war eine Zeit, in der sich das amerikanische Volk hohe Ziele setzte: Der Flug zum Mond stand ebenso auf dem Programm wie Gleichberechtigung für alle oder der Sieg über die Armut, und alle Amerikaner waren gewillt, etwas für ihr Land zu tun.

Napoleon Hill stand den staatlich subventionierten Sozialprogrammen von JFK – »Camelot« – zwar ablehnend gegenüber, weil er sie als »Opium fürs Volk« ansah, das den Unterprivilegierten sowohl den Willen als auch die Mittel raubte, um Erfolg zu haben. Doch es gab nur wenige Amerikaner, die sich so sehr für den Dienst an der Öffentlichkeit, für Gleichberechtigung und das Streben nach unvorstellbaren Höhen eingesetzt hatten wie er. Seit dem Tag im Jahr 1918, an dem er das Konzept für *Hill's Golden Rule* erarbeitet hatte, widmete er sich seine ganze Karriere lang diesen hehren Zielen.

Inzwischen war das goldene Zeitalter für alle Aktionisten angebrochen, die sich anspruchsvolle Ziele zum Wohl der Allgemeinheit gesetzt hatten. Bereits etablierte Organisationen gewannen täglich an Mitgliedern und Einfluss, und Hunderte neue Gruppierungen wurden gegründet. In den kommenden 25 Jahren würden sie gemeinsam für den

Schutz der Menschenrechte eintreten, den Bedürftigen eine Stimme geben, sich für die Förderung von Menschen mit geistiger Behinderung, den Umweltschutz, den Weltfrieden und Hunderte andere noble Ziele einsetzen.

Wie die meisten dieser Organisationen hatte auch die Napoleon Hill Foundation idealistische Wurzeln. Was sie jedoch von den anderen unterschied, war die Tatsache, dass ihre Wurzeln aus einem Samen wuchsen, der vor mehr als einem halben Jahrhundert gepflanzt worden war, als ein ehrgeiziger junger Mann, der in den Appalachen aufgewachsen war, vom reichsten Mann in Amerika auf eine Mission geschickt wurde, die sein Leben lang dauern würde. Und auch in ihrer Ausrichtung unterschied sich die Stiftung von den meisten anderen Gruppen: Anstatt zu versuchen, die Regierungspolitik oder die öffentliche Meinung zu beeinflussen, widmete sie sich der Frage, wie sich persönliche Leistungen erzielen lassen und wie der Einzelne inspiriert werden kann, aus eigener Kraft Hindernisse auf dem Weg zum Erfolg zu überwinden.

Aus der Satzung der Stiftung ging hervor, dass »ihre Gründung nicht dem Zweck dient, Gewinne zu erwirtschaften oder ihre Mitglieder zu bereichern«. Zweck der Stiftung war vielmehr, »zu lehren … und die lebenslange Forschung, die Schriften und die Lehren von … Dr. Napoleon Hill im Sinne von Andrew Carnegie fortzusetzen«. Die Stiftung bestand aus drei Direktoren und Kuratoren – Napoleon, Annie Lou und Hills Anwalt.

Die Direktoren saßen in einem kleinen Büro in Columbia, South Carolina, und überlegten, wie sie die Ziele der Stiftung am besten erreichen könnten. Sie einigten sich dann auf Rehabilitationsprogramme für Strafgefangene, eine internationale Schule, die Führungspersönlichkeiten ausbilden sollte, und ein landesweites Franchise-Programm zur Schulung von entsprechend lizenzierten eigenständigen Unternehmern, die anschließend Kurse und Unterlagen gewinnorientiert vermarkten würden.

In Wirklichkeit ging es mit der Entwicklung der Stiftung als effiziente, zielorientierte Organisation nur langsam voran. Hill, der als Redner noch immer sehr nachgefragt war, reiste in einem sagenhaften Tempo quer durch

Amerika, um Vorträge zu halten – und legte dabei eine unglaubliche Energie für einen knapp 80-Jährigen an den Tag.

Napoleons Vorträge fanden, wie es seiner langjährigen Gewohnheit entsprach, in kleineren und größeren Unternehmen, Strafanstalten, Highschools und Colleges statt. Einen besonders interessanten Auftritt hatte er 1962 in Kansas City in einer Highschool mit einer überwiegend schwarzen Schülerschaft. Dr. Martin Luther Kings Kampagne des passiven Widerstands näherte sich ihrem Höhepunkt, und Millionen von Afroamerikanern begannen sich dagegen zu wehren, dass ihre Lebensperspektiven aufgrund ihrer Hautfarbe eingeschränkt waren. Napoleon wurde seinem Publikum von dem Mann vorgestellt, der auch seinen Vortrag beauftragt hatte – James Browne, ein erfolgreicher schwarzer Unternehmer, der damals Präsident der Crusader Life Insurance Company war. Browne war selbst ein Schüler Hills gewesen.

Napoleons Rede landete auf der Titelseite der Schülerzeitung der Highschool. In dem Artikel ging es um eine klassische Vorlesung Hills – Philosophie und Erzählung in gleichen Teilen, mit einem Schuss Übertreibung, woraus unter gleichmäßigem Rühren rund eine Stunde Inspiration entstand. Die Übertreibung bezog sich übrigens wie immer auf Hills Leistungen in jungen Jahren – so beschrieb er sein 21-jähriges Ich schon als Millionär –, doch angesichts der vielen Jahre, in denen Hill um Aufmerksamkeit und Respekt gerungen hatte, dürfte das verzeihlich sein.

Die Ironie an der Geschichte war, dass die Tatsache, dass er erst nach 70 Jahren Durchhalten Millionär wurde, sein Publikum von 1962 noch mehr inspiriert hätte und noch lehrreicher für alle Zuhörer gewesen wäre.

Hills Botschaft war dennoch klar verständlich. Ein angehender Journalist aus der Schülerschaft veröffentlichte folgenden Artikel in *The Courier*, der Schülerzeitung der Sumner High School:

> »Männer kommen mit zwei Umschlägen in der Hand auf die Welt«, sagte Hill. »In einem befindet sich die Strafe dafür, wenn sie nicht erkennen, was sich mit dem menschlichen Geist alles erreichen lässt. Und im anderen steckt die Belohnung dafür, wenn der menschliche Geist entsprechend genutzt wird.«

Erfolgsfaktoren

Hill ist davon überzeugt, dass es vier Faktoren gibt, ohne die sich kein Mensch über das Mittelmaß erheben kann:

- Ziele. Man sollte wissen, wohin man will und wie man dorthin kommt.
- Mehr tun, als von einem verlangt wird. Niemand wird Erfolg haben, wenn er nur den Erwartungen anderer entspricht oder nur mit anderen Schritt halten will.
- Die Mastermind-Theorie. Aus der harmonischen Zusammenarbeit von mindestens zwei Leuten, die bereits Erfolg haben, ergeben sich Vorbilder und Ziele, die es anzustreben gilt.
- Angewandter Glaube. An Gott zu glauben, ist nicht genug. Der angewandte Glaube muss Teil des täglichen Lebens werden.

Mr. Hill, dessen Spitzname »Nap, the Sap« lautet, weil er für Präsident Roosevelt für 1 Dollar im Jahr tätig war, ist so sehr von diesen vier Faktoren überzeugt, dass er darüber in Schulen in Australien und Neuseeland spricht.

Den Schülern wird beigebracht, wie wichtig positives Denken ist. Außerdem erfahren sie, wie wichtig passiver Widerstand ist.

Aus Niederlagen Chancen machen

Über passiven Widerstand äußerte sich Mr. Hill so: »Egal was das Leben für mich bereithielt, ich habe es nicht einfach nur hingenommen. Jedes Scheitern, jede Niederlage habe ich in etwas Konstruktives umgemünzt.«

Am Ende seiner Rede sprach Mr. Hill das Gebet, das er jeden Morgen und jeden Abend betet:

»Oh unendliche Intelligenz, ich bitte dich nicht um noch größeren Segen, sondern um mehr Weisheit, damit ich die Segnungen genießen kann, mit denen du mich am Tage meiner Geburt ausgestattet hast und die aus meinem alleinigen Recht bestehen, die Kontrolle über meinen Verstand zu übernehmen und ihn für den Zweck zu gebrauchen, den ich für richtig halte. Amen.«

* * *

Anfang 1964 kam es bei der Napoleon Hill Foundation zu einigen wesentlichen Änderungen. Bei einer Versammlung des Stiftungsrats im Januar reichte Hills Anwalt sein Rücktrittsgesuch ein und erwarb über die Stiftung

Rechte an der Napoleon Hill Academy. Die Academy diente dem Aufbau eines Franchise-Unternehmens, dessen Zweck die Lehre der Erfolgsprinzipien und der Vertrieb des Unterrichtsmaterials und der Bücher der Stiftung waren. Dieses Vertriebskonzept ging auf W. Clement Stones unglaublich erfolgreiches Vertriebsmodell zurück: Jeder Vertriebsmitarbeiter der Versicherungsgesellschaft war ein eigenständiger Unternehmer, der die Policen von Stones Gesellschaft kaufte, sie dann weiterverkaufte und den Gewinn behielt.

Durch diese Geschäftsmethode, Versicherungspolicen an den Mann zu bringen, war die Combined Insurance eine Partnerschaft von Tausenden Kleinunternehmern geworden und eben kein Riesenkonzern mit Tausenden von Angestellten. Das hatte mehrere Vorteile: Es gab keine Grenze nach oben, was das Einkommen anbelangte, und keine Eifersüchteleien wegen einer Beförderung: Diejenigen, die mehr verdienen wollten, arbeiteten härter und nutzten ihren Verstand.

Hill träumte davon, dieses Konzept auch auf die Vermarktung seiner Erfolgsphilosophie anzuwenden. Vor Ort ansässige eigenständige Franchise-Unternehmen der Napoleon Hill Academy sollten die Unterrichtsmaterialien, Bücher, Filme und Schallplatten von der Stiftung kaufen, ihre eigenen Kurse abhalten und weitere, ähnliche Leistungen erbringen, um damit Gewinn zu erwirtschaften. Hill ging davon aus, dass die Aussicht auf Gewinn Hunderte, vielleicht sogar Tausende von Leuten motivieren würde, für die Erfolgsprinzipien zu werben und sie Millionen zu lehren, was der Stiftung eine stetige Einnahmequelle beschert hätte.

Wie W. Clement es gesagt hatte, erforderte der Aufbau eines erfolgreichen Franchise-Unternehmens viel Zeit, eine straffe Organisation und viel Hingabe – und Napoleon hatte dann doch erkannt, dass er mit 80 nicht bereit war, für diesen Traum auf alles andere zu verzichten. Er und sein Anwalt waren sich einig, dass die Erfolgsaussichten für die Academy am größten waren, wenn man ihr Geschick in die Hände eines Einzelnen legte.

Nach dem Verkauf der Academy beschlossen Napoleon und Annie Lou, nun fünf Mitglieder in den Stiftungsrat aufzunehmen, um die Stiftung endlich voranzubringen. Gesagt, getan. Schon im März 1964 war es so weit, der Stiftungsrat hatte jetzt fünf Mitglieder und war bereit, leitende Angestellte einzustellen.

Die Satzung der Stiftung regelte ihren Zweck, nämlich die Erfolgsphilosophie der ganzen Welt zu vermitteln. Die Mitglieder des Stiftungsrats waren einstimmig dafür, sich vor allem auf Strafanstalten, Jugendklubs und psychiatrische Einrichtungen zu konzentrieren. Zudem erörterten sie Möglichkeiten, wie sich die Bekanntheit der Stiftung und ihrer Programme durch Napoleons Auftritte in Rundfunk und Fernsehen und vor großem Publikum steigern ließe.

Napoleon Hill wurde im Oktober 1964 81 Jahre alt. Er war immer noch geschäftlich unterwegs, aber nicht mehr so oft. Er saß weiterhin selbst hinter dem Steuer seines Wagens.

Etwa zu dieser Zeit in seinem Leben fuhren Napoleon und Annie Lou eines Tages von ihrem Zuhause in der Nähe von Greenville nach Gaffney, South Carolina, um Annie Lous Schwester Leila einen Besuch abzustatten. Leila war nach ihrer Heirat mit Ben Hatcher nach Gaffney gezogen. Die enge Bindung zwischen Leila, Annie Lou und Napoleon hatte in der Zwischenzeit keineswegs gelitten, ganz im Gegenteil: Ebenso wie Napoleon in den 1940er-Jahren in den engsten Kreis der Familie aufgenommen worden war, war auch Ben mit seinem Schwager Napoleon und seiner Schwägerin Annie Lou seit Langem sehr gut befreundet, und sie unterstützten sich gegenseitig. Napoleons und Annie Lous Besuch hatte einen ernsten Hintergrund. Da Napoleon mittlerweile über 80 und Annie Lou bald 70 Jahre alt war, war der Tod für sie etwas, auf das sie vorbereitet sein wollten. Sie waren an diesem Tag nach Gaffney gefahren, um sich auf dem Friedhof von Ben Hatchers ein Grab zu kaufen. Schließlich hatten sie keine Verwandten in Greenville, und sie wollten sichergehen, dass sich jemand nach ihrem Tod um ihre Grabstätten kümmern würde, wie sie Leila und Ben erklärten. Außerdem wollten sie in der Nähe von Leilas und Bens Grab die ewige Ruhe finden.

»Deshalb fuhren wir gemeinsam zum Friedhof Frederick Memorial Gardens«, erinnerte sich Leila. »Napoleon sagte zu Ben: ›Hör mal, Ben, ich möchte gleich hier am Eingang liegen, damit ich unter den Ersten bin, die in den Himmel aufsteigen – aber bevor es so weit ist, können wir ja dann in der Nacht zusammen angeln gehen, während Annie Lou und Leila Rezepte austauschen.‹«

Auch wenn Napoleon Vorkehrungen für seinen Tod traf, hatte er noch längst nicht mit dem Leben abgeschlossen. Aus dem Sitzungsprotokoll des Stiftungsrats von 1965 geht hervor, dass er sich mit voller Kraft seinem Programm für Strafgefangene widmete; es stand quasi in den Startlöchern. Darüber hinaus war die Stiftung im Magazin *Success World* über den grünen Klee gelobt worden, was neben Hills Auftritten und Interviews ihren Bekanntheitsgrad weiter erhöht hatte. Ein Jahr später bestätigten die Steuerbehörden, dass die Stiftung nunmehr steuerbefreit sei, womit ein weiteres wesentliches Ziel Hills erfüllt war.

Doch es war auch die Zeit, in der Napoleon langsam begann, sich zurückzuziehen, sowohl was seine öffentlichen Auftritte als auch was seine Aktivitäten für die Stiftung betraf. Nach 80 Jahren voller Mühsal, Aufregung und anstrengenden Predigten wollte er nun mehr Zeit mit Annie Lou verbringen. Endlich war er bereit für ein gemächlicheres Leben. Müßiggang dürfte das Einzige gewesen sein, mit dem er in seiner langen, erfolgreichen Karriere noch keine Bekanntschaft gemacht hatte.

Napoleon zog sich nie ganz aus der Arbeit für die Stiftung zurück, übertrug aber immer mehr seiner Rechte und Pflichten den Mitgliedern des Stiftungsrats und Angestellten der Stiftung. Bis in die späten 1960er-Jahre, als er unter gesundheitlichen Problemen litt, genoss er es, hin und wieder einen Vortrag zu halten oder einen öffentlichen Auftritt wahrzunehmen.

Ein Großteil von Hills Arbeit Mitte der 1960er-Jahre schien darauf abzuzielen, die letzten noch ungelösten Probleme seines Lebenswerks zu lösen – wie zum Beispiel die Nachfolgerfrage. Schließlich sollte seine Erfolgsphilosophie auch dann noch verbreitet werden, wenn er schon längst nicht mehr da wäre. Außerdem wollte er all jenen Tribut zollen, die sich im Laufe der Jahre für seine Sache eingesetzt hatten. Der wohl ergreifendste Moment dürfte 1964 gewesen sein, als Hill nach Chicago reiste, um W. Clement Stone seine Aufwartung zu machen. Hill stand vor einer kleinen Gruppe aus Topmanagern und Angestellten und überreichte Stone eine eingerahmte Erklärung, die hier nur auszugsweise wiedergegeben werden soll:

> Ich, Dr. Napoleon Hill, Autor von *The Science of Personal Achievement*, möchte hiermit bekannt geben, dass der ehrenwerte W. Clement Stone den dritten Platz auf der Liste derer einnimmt, die sich alle 17 Prinzipien aus diesem Werk zunutze gemacht haben. Der erste Platz gebührt Andrew Carnegie, der zweite Thomas Alva Edison; und der dritte geht an ihn, weil er mit großem Geschick, Geduld, Ausdauer und Mut der lebendige Beweis dafür geworden ist, dass es wirklich stimmt, wenn ich behaupte, der menschliche Geist kann alles, was er sich vorstellen kann, auch in die Tat umsetzen.

Sichtlich bewegt nahm Stone das Dokument entgegen und sprach davon, welchen Einfluss Napoleon und seine Philosophie auf sein eigenes Leben und das von Tausenden anderen Menschen gehabt hätten.

> Genau vor zwölf Jahren sind wir uns zum ersten Mal begegnet, und ich war so begeistert davon, dass ich ihn bat, seinen Ruhestand zu vergessen – und den Rest seines Lebens lieber mit der Vollendung seines Lebenswerks zu verbringen. Er stimmte unter einer Bedingung zu: dass ich seine Geschäfte führe … Wie hätte ich diese Bitte abschlagen können? Dann geschah etwas Wunderbares, etwas, das den Verlauf meines Lebens und, wie ich glaube, auch das Leben vieler anderer völlig verändert hat. Denn in meinem Bestreben, Napoleon Hill bei seiner Lebensaufgabe zu helfen, begann ich auf einmal, Reden in der Öffentlichkeit zu halten … Ich begann, Leitartikel zu schreiben und Artikel über den Verkauf … Seinetwegen betätigte ich mich sogar als Autor.

Als Stone fertig war, überließ er Napoleon Hill das Rednerpult. Napoleon sprach frei in der für ihn typischen kerzengeraden Haltung und verließ sich auf seine deutlich vernehmbare Stimme und seinen Sprachrhythmus, um die Zuschauer in seinen Bann zu ziehen; er nahm sie mit auf eine Reise in die Vergangenheit, zu den Ursprüngen seiner Erfolgsphilosophie vor über einem halben Jahrhundert:

> Als ich mich aufmachte, um Mr. Andrew Carnegie 1908 einen Besuch abzustatten, wollte ich eigentlich nur einen Artikel über ihn schreiben. Er gab mir drei Stunden, und als diese vorüber waren, sagte er zu mir: »Erst jetzt fängt das eigentliche Interview an. Kommen Sie mit in mein Haus und bleiben Sie über Nacht, dann können wir nach dem Abendessen weitermachen.«
>
> Mir fiel ein Stein vom Herzen, weil er mich zu sich einlud. Wenn er gesagt hätte, ich soll ins Hotel gehen und am nächsten Morgen wiederkommen, wäre ich verloren gewesen, denn ich hatte nur noch so viel Geld, um mir die Rückfahrt nach Washington, D. C., leisten zu können.
>
> Nach dem Abendessen ergriff er das Wort und sagte zu mir: »Was diese Welt braucht, ist eine Philosophie, die auf dem Wissen von Männern basiert, wie ich einer bin. Männer, die durch Versuch und Irrtum gelernt haben, was klappt und was nicht.« Er setzte mich darüber in Kenntnis, wie lange es dauern würde, diese Philosophie zu erarbeiten, auf wessen Unterstützung man dabei angewiesen sei, was sie für unsere ungeborenen Kinder tun könnte und natürlich, was sie für den Mann tun würde, der sie zusammengetragen hat.
>
> Er zeichnete eines der schönsten Bilder, die ich je gesehen habe. Doch ich fragte mich, weshalb er das alles tat. Nun, ich fand es am Ende des dritten Tages heraus, als er mir sagte: »Jetzt habe ich seit drei Tagen mit Ihnen über diese neue Philosophie gesprochen, darüber, weshalb sie nötig ist und wo man die notwendigen Informationen dafür findet. Ich möchte Ihnen eine Frage stellen und bitte Sie, diese erst zu beantworten, wenn Sie sich entschieden haben, ob Sie das tun wollen oder nicht. Wenn ich Sie nun beauftrage, diese Philosophie zu verfassen, und Ihnen Empfehlungsschreiben für die Männer mitgebe, auf deren Unterstützung Sie angewiesen sind, stellt sich die Frage, ob Sie bereit sind, 20 Jahre Ihres Lebens der Forschung zu widmen. Denn so lange wird es in etwa dauern. Von mir erhalten Sie außer den Reisekosten keinen Cent. Was sagen Sie: ja oder nein?«
>
> Was hätten Sie an meiner Stelle geantwortet? Was hätten Sie getan, wenn Sie praktisch ohne einen Cent in der Tasche vor dem reichsten Mann der Welt gesessen hätten, der von Ihnen verlangt, dass Sie 20 Jahre ohne jeglichen Verdienst arbeiten? Was hätten Sie gesagt?
>
> Alles, was Ihnen jetzt durch den Kopf geht, habe ich zu formulieren versucht.

Mir fielen ein Dutzend Gründe ein, vielleicht sogar 20, weshalb ich das unmöglich machen könnte. Erstens verfügte ich nicht annähernd über die gleiche Bildung wie die Männer – erfolgreiche Männer wie Mr. Carnegie –, auf deren Unterstützung ich angewiesen wäre. Ich habe die Highschool nur um Haaresbreite geschafft – und wenn ich nicht so dickes Haar hätte, wäre mir das wohl nicht gelungen.

Aber ich sehe schon, Sie haben keine Ahnung, wovon ich rede. Sie sind ja noch so jung!

Zweitens hatte ich nicht genug Geld auf der hohen Kante, um davon 20 Jahre leben zu können. Und drittens, und das ist ein viel schwerwiegenderes Argument als die beiden anderen, war ich mir überhaupt nicht sicher, was der Begriff *Philosophie*, mit dem Mr. Carnegie seit drei Tagen und Nächten um sich warf, überhaupt bedeutet.

Doch irgendetwas tief in meinem Inneren sagte mir: »Antworte ihm, du machst es!« Und dann platzte ich damit heraus: »Mr. Carnegie, ich nehme diesen Auftrag nicht nur an, sondern Sie können sich darauf verlassen, Sir, dass ich dieses Projekt von Anfang bis Ende durchziehe.« Daraufhin packte er meine Hand, schüttelte sie und sagte: »Mit gefällt nicht nur, was Sie gesagt haben, sondern auch die Art, wie. Deshalb haben Sie den Auftrag!« Und ich dachte bei mir, du liebe Zeit, was habe ich nur getan?

Doch bevor ich ging, und das ist der Grund, weshalb ich Ihnen diese Geschichte erzähle, sagte Mr. Carnegie noch zu mir: »20 Jahre sind eine lange Zeit, die Bedingungen für dieses Vorhaben sind sehr hart, und es wird jede Menge Dinge geben, die Sie in Versuchung bringen könnten, das Projekt hinzuwerfen und etwas anderes zu tun. Ich gebe Ihnen eine Formel an die Hand, mit deren Hilfe Sie diesen Verlockungen widerstehen und immer weitermachen können.« Ich habe alles mitstenografiert. Er sagte dann: »Bitte schreiben Sie diese Formel langsam Wort für Wort mit. Und so lautet sie:

Andrew Carnegie, ich werde nicht nur mit Ihnen gleichziehen, was die Errungenschaften Ihres Lebens anbelangt, sondern ich werde Sie spätestens auf der Zielgeraden überholen.« Ich ließ meinen Stift fallen und sagte: »Mr. Carnegie, Sie wissen genauso gut wie ich, dass das nie der Fall sein wird.« Er erwiderte: »Natürlich wird das nie eintreffen, außer Sie glauben daran. Wenn Sie das tun, wird es Ihnen auch gelingen!«

Dann fügte er noch hinzu: »Probieren Sie das einmal 30 Tage lang aus – wirklich nur einen einzigen Monat!« Und ich antwortete: »Na gut, dann drücke ich mir mal die Daumen.« Ich wusste genau, wie dumm es von mir war, es überhaupt zu probieren, aber ich hatte es ihm ja nun versprochen.

Dann reiste ich nach Washington zurück, [wo] mein Bruder und ich uns eine Wohnung teilten. Ich wollte nicht, dass mein Bruder mitbekam, dass ich mich zum Narren gemacht hatte, weshalb ich mich immer ins Badezimmer einsperrte, wenn ich diese Formel aufsagen wollte. Ich stellte mich ganz dicht vor den Spiegel und sagte sie ganz leise vor mich hin. Und immer wenn ich mich dann wegdrehte, stand vor meinem inneren Auge der wahre Napoleon Hill und rief mir zu: »Du verdammter Lügner! Du weißt ganz genau, dass du niemals dazu in der Lage sein wirst.« Und so ging das Ganze eine Woche lang, ich wusste ja, ich mache mir selbst etwas vor. Ich hielt es für töricht und hätte beinahe einen Rückzieher gemacht. Vielleicht hatte Mr. Carnegie ja den Verstand verloren … Es war zu absurd, um es überhaupt in Worte fassen zu können.

Dann, gegen Ende der ersten Woche, sagte etwas tief in mir: Schau mal, Andrew Carnegie steht in dem Ruf, sich nur die besten Männer auszuwählen, weil er ein Händchen dafür hat. Außerdem ist er der reichste Mann der Welt. Vielleicht hat er etwas in dir gesehen, das dir selbst nicht bewusst ist. Weshalb änderst du deine Einstellung nicht einfach und gehst davon aus, dass schon etwas Gutes dabei herauskommen wird?

Meine Damen und Herren, ja, ich habe meine Überzeugung geändert, und ich möchte Sie nun wissen lassen, dass ich am Ende dieses Monats nicht nur davon ausging, mit Mr. Carnegie erst gleichzuziehen und ihn dann zu überholen, sondern ich wusste tief in mir drinnen und von ganzem Herzen: Ich würde es schaffen.

In aller Bescheidenheit möchte ich noch darauf hinweisen, dass ich Andrew Carnegie schon längst hinter mir gelassen habe. Ich bin zwar nicht so reich wie er, aber ich habe alles, was ich brauche. Und ich habe mehr Menschen zu Millionären gemacht, als es Mr. Carnegie je gelungen ist. Ich glaube, bei ihm waren es höchstens 20, eher weniger. Und er war lediglich Hunderten von Menschen eine Hilfe, ich aber Millionen von Menschen in der ganzen freien Welt.

Und das ist mein größtes Vermögen. Ich habe so vielen Menschen dabei geholfen, sich selbst zu entdecken, sich ihres Verstandes bewusst zu werden, und ihnen gezeigt, wie sie bessere Beziehungen zu ihren Mitmenschen aufbauen können. Ich weiß nicht, wie viele Jahre mir noch vergönnt sind – ich bin 81 Jahre jung und habe ein neues Programm für die nächsten 25 Jahre

> am Laufen –, aber ich kann Ihnen eines sagen: Solange ich lebe, werde ich mich weiterhin bemühen, anderen Menschen nützliche Dienste zu leisten, wann immer sich mir dazu die Gelegenheit bietet. Und ich hoffe von ganzem Herzen, Ihnen zu einer neuen Sichtweise, einem besseren Verständnis verholfen zu haben, was Sie mit Ihrem Verstand alles bewirken können. Und zu der Entschlossenheit, dass Sie von nun an nicht nur all den anderen, mit denen Sie in Kontakt kommen, dabei helfen, sich besser zu verkaufen, sondern dass Sie auch den Menschen verkaufen, der Ihnen jeden Morgen im Spiegel entgegenblickt, und zwar auf die bestmögliche Art und Weise. Ich danke Ihnen.

Als sich sein 84. Geburtstag näherte, fingen Napoleon Hills gesundheitliche Probleme an. Da er an grauem Star litt, durfte er nicht mehr Auto fahren und brauchte eine Lupe zum Lesen. 1968 unterzog er sich deshalb einer Augenoperation.

Im April 1969, ein Jahr später, teilte Senator Jennings Randolph W. Clement Stone mit, dass Napoleon erneut im Krankenhaus lag. Da er befürchtete, Napoleon könnte in Bälde sterben, fügte Randolph hinzu: »Sein Dienst an der Menschheit war für uns beide ein Segen.«

Napoleon hatte eine Hirnblutung erlitten und war halbseitig gelähmt. Seine Ärzte rechneten mit dem Schlimmsten. Doch Hill war schon immer ein Kämpfer gewesen und überlebte. Zwar gewann er nie wieder die Lebenskraft zurück, die ihn sein ganzes Leben lang begleitet hatte, aber er durfte noch zwei weitere Geburtstage mit seiner geliebten Annie Lou und Leila feiern. Er starb am 8. November 1970 im Alter von 87 Jahren.

Der Geschäftsmann Lee Braxton aus Tulsa, Oklahoma, ein langjähriger Anhänger und guter Freund von Napoleon Hill, hielt die Grabrede. Er sprach davon, dass Mensch und Arbeit untrennbar miteinander verbunden seien, was auch Hills Worte waren.

> Eine seiner größten Erkenntnisse war die des freien Geistes. Er war davon überzeugt, was immer sich der menschliche Verstand vorstellen und glauben kann, kann er auch erreichen.

Braxton beendete seine Rede mit einem ähnlichen Satz:

> Seine sterblichen Überreste werden nun der Erde übergeben, sie kehren zurück zu Gott, der sie ihm geschenkt hat. Aber Dr. Napoleon Hill wird in den Herzen und den Köpfen von Millionen weiterleben, solange wir Menschen die Freiheit besitzen, nach unserem Willen zu denken und zu handeln.

Epilog

Kurz vor seinem Tod hat Napoleon Hill davon gesprochen, es sei sein größter Wunsch, dass Annie Lou gut versorgt sei und dass sein Lebenswerk von der Napoleon Hill Foundation fortgeführt würde.

Da er Annie Lou als Millionärin zurückließ, brauchte sie sich um Geld keine Sorgen zu machen.

Annie Lou Hill war knapp 88, als sie die Napoleon Hill Foundation unter die Lupe nahm und versuchte, ihre Zukunft zu gestalten. Schnell entschied sie, wohin es mit ihr gehen sollte, und ließ ihren Worten rasch Taten folgen. Als Erstes berief sie einen neuen Stiftungsrat und beauftragte ihn damit, die Stiftung in Hills Sinne fortzuführen.

Annie Lou war noch nie eine Freundin halber Sachen gewesen. Die Menschen, denen sie das Los der Stiftung anvertraute, hatten es in ihrem Leben weit gebracht und waren schon lange Zeit begeistert von den Prinzipien Napoleon Hills. Beide standen im Rampenlicht der Öffentlichkeit. Es handelte sich um W. Clement Stone, der sich bereit erklärt hatte, das Ruder zu übernehmen, und um Jennings Randolph, den Senator von West Virginia, der Hill und sein Werk schon seit Jahrzehnten unterstützte.

Die anderen drei Mitglieder des Stiftungsrats waren zwar keine Personen von öffentlichem Interesse, aber sie waren zu einem Großteil für den kontinuierlichen Wachstumskurs der Stiftung verantwortlich, der bis in die 1990er-Jahre anhielt.

Eines der Mitglieder war Dr. Charles Johnson, M. D., Leilas Sohn und Annie Lous geliebter Neffe. Johnsons Beziehung zu Napoleon Hill war einmalig und herzergreifend und geht bis in das Jahr 1941 zurück. Zu der Zeit war Johnson gerade einmal vier Jahre alt. Napoleon heiratete damals Annie

Lou und zog nach Clinton, South Carolina, in das Mehrfamilienhaus, in dem er, seine Mutter und Annie Lou wohnten. Die beiden wurden beste Kumpel, denn jeder sah in dem anderen etwas, was er in seinem Leben vermisste – für Johnson war Hill eine Vaterfigur und für Napoleon, der die Rolle des väterlichen Onkels gerne einnahm, bot sich durch ihn die Möglichkeit, doch noch in den Genuss der Vaterrolle zu kommen, die er sich als junger, karrierebesessener Vater versagt hatte. In all den Jahren waren Charles und Napoleon miteinander eng und herzlich verbunden. Als Charles keine Lust mehr auf sein Hauptfach am College hatte, war es Napoleon, der ihn ermutigte, seinen Traum zu erfüllen und Medizin zu studieren. Und es war Napoleon, der ihm bei diesem kostspieligen Studium unter die Arme griff.

Auch Michael J. Ritt jr., einer der Vizepräsidenten der Combined Insurance Company, wurde in den Stiftungsrat berufen. Er hatte zur Zeit von Napoleon Hill Associates eng mit Hill und Stone zusammengearbeitet. Sein Talent im Schreiben und im Verkauf war entscheidend, um die Kurse, Vorlesungen und andere Veranstaltungen der Stiftung bekannt zu machen. Sein größter Verdienst dürfte aber wohl gewesen sein, dass er die ersten Versuche der Stiftung, finanziell auf die Beine zu kommen, überprüfte und dann neue Programme entwickelte, die diesem Ziel eher gerecht wurden.

Schon bevor er Mitglied des neuen Stiftungsrats wurde, hatte sich Stone bei einem Experten nach Möglichkeiten erkundigt, wie sich eine Stiftung am besten führen ließe. Senator Strom Thurmond, den er um Rat bat, verwies ihn an Dr. Horace Fleming, den Leiter des Strom Thurmond Institute. Fleming wurde dann auch in den neuen Stiftungsrat berufen.

So gut vorbereitet, wie Stone war, war er schon bei der ersten Versammlung des Stiftungsrats eine große Hilfe. Nachdem er sich die Zustimmung der beiden anderen Mitglieder und die von Annie Lou Hill gesichert hatte, bat er Michael Ritt, Geschäftsführer und Schatzmeister der Stiftung zu werden. Ritt war einverstanden. Sodann legte er einen Finanzplan für die Stiftung vor, die zu dieser Zeit ohne Kapital oder Einkommen generierende Programme dastand. Stone bot an, im ersten Jahr nach seiner Einberufung in die neuen Ämter sämtliche Gehaltszahlungen, die Büromiete, Werbungskosten und alle anderen Ausgaben, die für den Neustart der Stiftung nötig waren, zu übernehmen. Nach Ablauf dieses Jahres gewährte er der Stiftung zinslose Darlehen, wann immer es nötig war. Er betonte jedoch, dass die Stiftung ein Programm entwickeln müsste, um so schnell wie möglich finanziell unabhängig zu werden. 1987 war es dann so weit, und seitdem hat die Napoleon Hill Foundation immer mehr Programme ins Leben gerufen und ihre wirtschaftliche Grundlage kontinuierlich gestärkt.

Die Napoleon Hill Foundation setzt noch heute das Vermächtnis ihres Namensgebers fort. Sie ist noch immer eine gemeinnützige Organisation, die sich weiterhin der Mission verschrieben hat, »die Welt zu einem besseren Ort zu machen«. Dies gelingt ihr, indem sie die Prinzipien der Führung, der Selbstmotivation und der individuellen Leistung über unterschiedliche Medien kommuniziert.

> Die Aufgabe der Stiftung ist die Verbreitung von Napoleon Hills Erfolgsphilosophie in Colleges, Universitäten, Schulen, in der Wirtschaft und Industrie sowie in Haftanstalten. Ihr erklärtes Ziel lautet, dem Einzelnen dabei zu helfen, das höchste Maß an persönlicher Leistung und Selbstverwirklichung mithilfe von Napoleon Hills Prinzipien zu erreichen.
>
> Ihr Auftrag ist, Frauen und Männern die Prinzipien des Erfolgs und der Selbstmotivation zu lehren, indem ihnen gezeigt wird, welche Kraft in ihnen steckt, damit sie zu den »wahren Reichtümern des Lebens« finden und sich selbst verwirklichen können.

Das neuerliche In-Erscheinung-Treten der Stiftung, ihr weiteres Wachstum und ihre Entschlossenheit, ihr Programm noch umfangreicher zu gestalten, markierten die Wachablösung von Napoleon Hills Erfolgsphilosophie, die zu Beginn des 20. Jahrhunderts in Gestalt einer großartigen Idee von Andrew Carnegie ihren Anfang genommen hatte und dann zu einer fantastischen Vorstellung gereift war, von der Hill geradezu besessen war. Auch über 90 Jahre, nachdem Carnegie den Startschuss gegeben hatte, und über ein halbes Jahrhundert, nachdem *Think and Grow Rich* zum erfolgreichsten Selbsthilfebuch seiner Zeit wurde, lebt Hills Werk weiter. Und solange die Napoleon Hill Foundation blüht und gedeiht, so lange erfüllt sich auch Napoleon Hills letzter Traum – dieser und künftigen Generationen dabei zu helfen, alles zu erreichen, was sie sich vom Leben erhoffen, ohne dabei gegen Gottes Gesetze und die Rechte ihrer Mitmenschen zu verstoßen.

Nähere Informationen über Produkte von Napoleon Hill erhalten Sie hier:

Napoleon Hill World Learning Center
Purdue University Calumet
2300 173rd Street
Hammond, IN 46323-2094
Judith Williamson, Director
Uriel »Chino« Martinez, Assistant/Graphic Designer
Telefon: 001-219-989-3173 oder 001-219-989-3166
E-Mail: nhf@purduecal.edu

Napoleon Hill Foundation
University of Virginia, Wise
College Relations Apt. C
1 College Avenue
Wise, VA 24293
Don Green, Executive Director
Annedia Sturgill, Executive Assistant
Telefon: 001-276-328-6700
E-Mail: napoleonhill@uvawise.edu
Website: www.naphill.org

Think and Grow Rich – Deutsche Ausgabe

Napoleon Hill

Über einen Zeitraum von mehr als 20 Jahren interviewte der blutjunge Napoleon Hill mehr als 500 Millionäre, unter ihnen die mächtigsten und einflussreichsten Persönlichkeiten seiner Zeit wie Thomas Edison, Alexander Graham Bell, Henry Ford, John D. Rockefeller oder Theodore Roosevelt.
Herausgekommen ist eine ebenso zeitlose wie überzeugende Anleitung für persönlichen Erfolg, in der Napoleon Hill zeigt, wie man in nur 13 Schritten sein Leben verändern kann – das womöglich wichtigste Finanzbuch, das jemals geschrieben wurde. Nun ist erstmals die vollständige und ungekürzte Ausgabe von 1937 auf Deutsch erhältlich.

320 Seiten | Softcover | 14,99 € (D) | 15,50 € (A) | ISBN 978-3-95972-171-4

Die Mental-Dynamite-Serie – Schuber

Napoleon Hill

Die Mental-Dynamite-Serie erstmals gesammelt in einem hochwertigen Schuber! Napoleon Hill verfasste die Reihe bereits vor dem Zweiten Weltkrieg, doch in den Kriegswirren geriet das Werk in Vergessenheit. Nun erscheinen seine bisher unveröffentlichten Erkenntnisse erstmals auf Deutsch. Alle drei Bücher helfen Ihnen auf dem Weg zum Erfolg: Wie man seine Gedankenkraft gewinnbringend einsetzt, warum der Wunsch nach Ruhm und Reichtum alleine noch lange nicht zum Ziel führt und wie man seinen Weg zum Erfolg geht.

Enthaltene Titel: »Nutzen Sie die Kraft Ihrer Gedanken«, »Warum Wünsche keinen Reichtum bringen«, »Der Weg zum persönlichen Erfolg«.

750 Seiten | Paket | 39,99 € (D) | 41,20 € (A) | ISBN 978-3-95972-317-6